イラストレート
社会心理学

齊藤 勇 [著]

誠信書房

はじめに

　本書は，社会心理学の諸領域についてエビデンスベースで解説し，図表を
多く用いた分かりやすい基本テキストである。

　社会心理学というと，社会という言葉に堅苦しさを感じて，初めから関心
を示さない人も少なくない。しかし，社会は人でできているので，社会の中
の人や人々に関する心理学だととらえ直してもらうと，堅苦しさが消え，少
しなじみを感じてもらえるかもしれない。社会は人でできていて，その人と
人の間にいろいろなことが起こる。協力することもある，対立することもあ
る，集団を作り，友だちを作る。そのとき，いろいろな心理が働く。好き嫌
い，優越感や劣等感を持ち，共感する，尊敬する，そして愛することもあ
る。

　さまざまな心理がそこに働いている。その心の動きと行動を研究している
のが，社会心理学である。そう考えると，社会心理学は日常生活と直結した
身近な学問であることが分かろう。さらに，社会心理学が身近なのは，社会
心理学が自分自身についての学問だからである。人は社会の中に生きている
ので，自分について考えるときも，いつも社会の中の自分を考える。ほかの
人と比較して自分を位置づけしていく。どう位置づけするかにより，自らを
幸せとも不幸とも感じる。誰もが幸せに生きたいと思っているが，何が人の
幸福感を決めているのか，それを研究しているのも社会心理学である。

　社会心理学では，このようなテーマについて研究が進められている。特に
最近では，データに基づく研究が中心となっている。エビデンスベースは，
大量データによる研究と詳細な条件統制による実験的研究が，両輪となって
展開されている。本書では，そのような調査や実験の具体的成果を，図表な
どを多用して全体4部にわたって分かりやすく説明していく。

　第Ⅰ部では，自己の社会心理学として，人が自分を取り巻く人間関係や環
境，そして自分自身をどのように認知しているか，さらには相手の人をどの
ように認知しているか，という社会的認知について見ていく。

第Ⅱ部では，社会生活の中で人が感じる社会的感情と，それに基づく行動を促す社会的欲求を見ていく。そして，対人関係の基本となる言語的および非言語的コミュニケーションについて見ていく。

第Ⅲ部では，人と人との関係について見ていく。友情や愛情などの親密な関係，協力や対立などの社会生活上の対人関係について，研究成果を紹介していく。

第Ⅳ部では，社会生活は多くが集団や組織の中で行われるので，集団の中の人間関係について見て，最後に，日常社会生活の消費行動，特にショッピングの心理を見ていくことにする。

本書の特徴のひとつは，社会心理学の実験や調査を，バーチャルではあるが自ら体験し，その心理を考えて，結果を推察できるように構成していることである。単に理論や実験を知るのではなく，一度，立ち止まって，自分の心の動きを考えることにより，人の心理的メカニズムをより深く理解できるようにと，TOPICS を構成している。

各 TOPICS は上下 2 段に分けてある。上段には，実験内容を読者が擬似体験的に参加できるように記述し，その実験を俯瞰できるように記述してある。これにより，読者はその実験の参加者あるいは観察者になったつもりで読むことができ，結果を予測することができる。下段には，「調査や実験の結果」と，その心理的メカニズムや心理学的理論を説明している。読者はまず，下段の結果の部分を白紙などで隠して上段の「考えてみよう」を読み，その心理と実験結果を予測し，その後，下段を開いて自分の予測と比較してほしい。予測どおりのことも，予測が外れることもあると思う。いずれにしろ，それにより社会心理学の知見を深めることができるであろう。楽しみながらやってみてほしい。

「社会心理学」の執筆については，長い間，中澤美穂氏をはじめ誠信書房の方々からお勧めをいただいており，今，やっとそれにお応えでき，ほっとしているところである。また，原稿整理におしみなくご尽力いただいた，甲府市の河野千織氏にも，心から感謝いたします。

2023 年 9 月 20 日

齊藤 勇

目　次

第Ⅲ部　対人的関係の心理と行動

第IV部　集団行動と経済的行動

［本文イラスト］園田京子

第 I 部

社会的認知と
印象形成

第1章

社会的認知

　社会心理学は，社会の中の人々の心理を対象とする学問である。ここでいう社会は，大きく3つに分けられる。

　1つ目は，広く，大きく，地域や日本全体，あるいはグローバルに世界全体を視野に入れた人々の心理である。地域の政治や経済，社会情勢，さらには災害や環境，気候変動等についての人々の心理である。2つ目は，より身近な社会の中の人の心理である。学校や職場など，組織の中の人の心理である。さらに身近な親やきょうだいなどとの家族関係，近所の人，友達など，小さな社会の人間関係における人々の心理である。この大きな社会と小さな社会がオーバラップする領域も，社会心理学の重要な研究対象となる。3つ目は，自分自身の心の中である。人は自身の心の中に社会を持っている。自分を社会の中の一人ととらえているので，その視点からの心理も，社会心理学の重要な関心となる。

　このように社会心理学は，大きな社会，小さな社会，そして自分自身という，3つの領域の人々の心理を研究している。本書では，自己，小さな社会，大きな社会の順に，100年を超える社会心理学の研究成果を，実証的研究を中心にエビデンスベースで紹介していくことにする。

1. 社会的認知

　社会的認知とは，社会を見る人の心理である。青年期になると，自分の周りだけでなく，広く社会を見て自分のことを考えるようになる。自分や社会の現状の知識を得て，自分の将来について現実的に考える（認知する）ことができるようになる。子どものときのように，空想的にプロ選手になりたいとか，花屋さんになりたいという夢は少なくなる。一人ひとりが社会に対す

少数者への無意識の偏見的認知
[ハミルトンとギフォードの誤った関連づけの実験]

■考えてみよう

　これは記憶の実験である。参加学生には記憶材料として，AとBという2つの集団に所属している 39 名の所属集団名と，個人の名前と，その個人の日常の生活場面での 1 つの行動が1枚のスライドで，順次提示される。それを見て，記憶するように言われる。

　スライドで提示されるAB両集団の人数は，A集団が 26 名，B集団が 13 名である。各人の行動として紹介されている内容は，図書館に行くなど望ましい行動と，カンニングをしたなど望ましくない行動とがある。その数は，両集団とも，望ましい行動の人が望ましくない行動の人のほぼ倍になるように作成されている。つまり，A集団は 26 名なので，良い行動の人が 18 名，悪い行動の人が 8 名である。他方，B集団は 13 名なので，良い行動の人が 9 名，悪い行動の人が 4 名である。両集団とも行動は，良い行動と悪い行動が9対4である。

　スライド終了後，実験者は記憶の調査として，「（　　）集団のジャックは放課後図書館に行った」などを示し，その人の所属集団がAかBかを（　　）内に記入させた。結果はどちらの集団の人に，より悪い行動が割り当てられたであろうか。

　その後，AとBどちらの集団が優れているか，評価させたが，結果はどうなっただろうか。

表　誤った関連づけ実験の提示行動数

	望ましい行動	望ましくない行動	小計
A集団	18	8	26
B集団	9	4	13
小計	27	12	39

■実験結果

　この実験は表向きは記憶の実験であるが，本当の目的は，少人数集団と少数事例は少数同士ということで，無意識的に誤って関連づけがなされてしまうという，人の認知的誤りを実証した研究である。

　実験の結果，A集団の成員の望ましい行動数は，ほぼ提示どおりの数値であったが，B集団の成員の望ましい行動の数が提示より少なく，望ましくない行動の数が提示より多くなっていた。しかも，集団への評価でも，B集団は優れていない集団との評価がなされた。

　ハミルトンらはこの結果を，小集団と少ない行動とを誤って関連づけてしまう認知的歪みにより生じた，と解釈している。しかもこの**誤った関連づけ**は無意識に行われてしまうので，偏見のベースとなりかねないと指摘している。　　　　(Hamiltpn & Gifford, 1976)

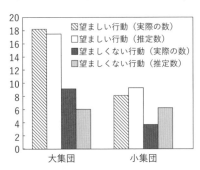

図　誤った関連づけの結果

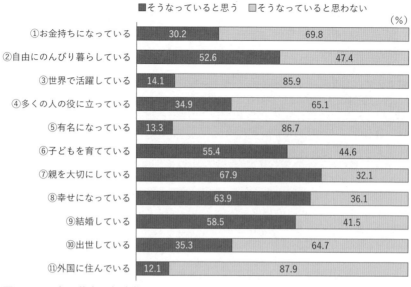

図 1-1　日本の若者の将来像予測　　　　　(内閣府，2018 を一部改変)

る自分の位置を知り，独自の認知を獲得していく。社会や友人，親との関係
などについても，かなり明確な考え（認知）を持つようになる。

　日本の若者が将来に対してどのように認知しているか，具体的な例として
内閣府による調査の一例を挙げてみよう（図 1-1）。若者約 1,000 人に対し
て，自分が 40 歳ぐらいになったときにどんな社会人になっていると思うか，
11 項目について質問している。図 1-1 の数値は複数回答で，「そうなってい
ると思う」と答えた若者の集計結果である。まずはご自身で，図 1-1 の左
側の①～⑪の項目ごとにそうなっていると思うか，答えてみてほしい。

　「そうなっていると思う」という回答の多い順に並べると，一番多いのは，
⑦親を大切にしている（67.9％），⑧幸せになっている（63.9％）が 60％以
上で，ついで⑨結婚している（58.5％），⑥子どもを育てている（55.4％），
②自由にのんびり暮らしている（52.6％）の各項目が 50％以上であり，こ
れらは，かなりの若者がそうなっていると答えている項目である。他方，社
会的出世や貢献は，⑩出世している（35.3％），④多くの人の役に立ってい
る（34.9％）は，30％台と少ない。さらに，③世界で活躍している（14.1％），

TOPICS 1-2

突然のゴリラの通過に気がつくか

[サイモンズとシャブリスのパス回し中のゴリラ通過実験]

■考えてみよう

実験参加者は，バスケットボールのパス回しのビデオを見る。その内容は，白Tシャツの3人と黒Tシャツの3人が，それぞれパス回しをしている。参加者は，白Tシャツの人たちのパス回しの数を注視するように言われる。ビデオは，6人のパス回しを映し出しているが，そのビデオの中に突然，黒いゴリラの着ぐるみを着た人が，パス回しの間を横切る。パス回しの間を通るので，かなりの時間，画面に映っている。

さて，ビデオ終了後，実験者は参加者に予告したように，白Tシャツチームのパスの回数を質問した。それに続いて，パス回しの間に何か変なことがなかったかと質問した。さらには，画面の中にゴリラは出てこなかったかと質問した。さて，参加者にゴリラは見えていただろうか。

■実験結果

この実験でパス回しの数は13回である。だが，それは問題ではない。それは，参加者の注意を白Tシャツの選手に向けるための手段であった。問題は黒いゴリラに気づいたかどうかである。注意が白Tシャツの選手に向いているとき，47%の参加者がゴリラに気づかなかったと答えたのである。参加者は実験者の指示に従い，白Tシャツの人たちのパスに注意を向けていると，それ以外のものは目に入っていても気づかないことが明らかになった。

白Tシャツに選択的注視が行われ，それ以外は見えない。これを**非注意性盲目**という。「心ここにあらざれば見れども見えず」という，ことわざどおりのことが生じたのである。

この研究は，人の認知においては注意することが重要であることを指摘した実験である。一方で，実験者が黒Tシャツの人に注目するようにと指示した場合は，83%の人が黒ゴリラに気づいていた。黒への注視が，黒ゴリラへの気づきを容易にしたと言えよう。

(Simons & Chabris, 1999)

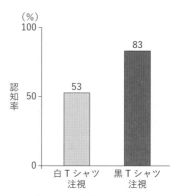

図　ゴリラの認知率

⑤有名になっている（13.3％），⑪外国に住んでいる（12.1％）は，10％台と非常に少ない結果であった。

　この調査結果から，日本の若者は，将来に対する認知は極めて現実的であることが分かる。現在の青年は，金持ちになったり有名になったりするという野望を抱かず，大半が安定志向をしながら，いずれ結婚し，子育てしながら幸せで自由な生活をしていると予測して，安定的なポジティブな将来を考えていることが分かる。これは多少楽観的であり，現在の40代の現状とは少し異なるが，現在の若者はこのような認知のもとに日々の生活をし，社会に対応しているという認識は，社会心理学的に重要である。

2．社会を見るときの知覚傾向

　人は目や耳などの感覚器官を通して，外の社会を見て，聞いて，肌で感じて，自分の状況を知る。目や耳で知覚したものが求心性神経を通して脳に伝わり，自分の周りに誰がいるか，身の周りや社会で何が起こっているかを知る。これを心理学では**認知**という。一般的心理プロセスとしては，認知されたものから知識が蓄積され，また，感情が生まれ，その感情により欲求が生じ，行動が起こされる。このため，認知は外の状況に対応する心理過程の入口となる。**社会的認知**は自己や対人的状況や社会的な事象などについての認知を対象としていく。

　ただ，人の認知は，人間関係や社会的状況を単に受動的に知覚し，受け入れているのではない。むしろ，人や状況を意識的あるいは無意識的に取捨選択し，かなり主観的に認知している。対人関係など社会的に複雑な関係の認知においては特に主観的になり，さまざまな自己バイアスのかかった認知をしている。

　人は，主観的認知により自分に関わることを最優先し，自分にとって都合の良いように認知していく。それが人の認知の特徴である。たとえば，TOPICS 1-3 に示すように，人は見たものを擬人化して人間関係的に認知する。これは極めて主観的ではあるが，人の自らの生存に関わる認知バイアスである。この認知の仕方は，AI などテクノロジーが発達した現在，逆に人

TOPICS 1-3　動くものは擬人化して認知する
［ハイダーとジンメルの図形移動の対人的認知実験］

■考えてみよう

　この実験は，図形の動きの認知実験である。実験者は実験参加者に，「これから短編の図形映像を見せるので，見た後，そのフィルムの内容を説明してください」と指示する。このとき参加者には，説明の仕方について何も指示しない。参加者は各自の仕方で自由に説明することになる。別の条件では，「フィルムの動きを人間の行動としてとらえて説明してください」と指示する。

　映像の内容は，右図や下図に示されるような大きな三角形（T）と，小さな三角形（t）と小さな円（c）が，画面いっぱいに動き回る。3つの図形が，一部が開閉する長方形の周りを次のように動き回る。「Tが長方形の中

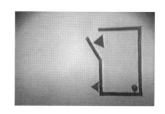

にいったん移動し，その後に再び外へ出てtと何度かぶつかり合い，その間にcが長方形の中に入る。Tがcの後を動き，ぶつかり合った後，cが外に出て，Tも出て，3つの図形が再び長方形の周囲を動き回る」。

　この図形の動きを，2つの条件の参加者は各々どのように説明したであろうか。

■実験結果

　3つの図形の動きを人として説明するように指示された参加者は，図形の動きを，「Tがtと争っているがTのほうが強い」「Tがcを追い回し，cが逃げ回っている」というように説明した。また，「Tは弱い者いじめである」と，Tの性格まで決めて，それが全体の動きの主たる原因であると，3つ（図形）の動きの因果関係を認知した。

　一方，実験者から何も指示されていない条件の参加者の説明を分析すると，この場合も，人としてとらえるように指示した条件とほぼ同じように，参加者はこの3つの図形を人になぞらえた。図形の動きも擬人化条件と同じように，争ったり逃げたりと説明し，3人の因果関係を認知していた。

　つまりこの実験は，人は物の動きを擬人化して認知する傾向が強く，移動する物体そのものを主体的に動く人として認知し，そこに因果関係をつけてストーリーを作り，説明する傾向が強いことを明らかにしたのである。日常生活でもこのような擬人化した関係認知が多いことを示唆している。

（Heider & Simmel, 1994）

図　幾何図形の現象的因果関係認知の実験材料

間特有の主観的認知能力として注目されている。もちろん，主観的なので現実と異なることもあるが，多くの場合は，生活するうえで非常に効率の良い情報収集をしているのである。

3. 人の認知の基本原則

人は，外の事物をただ単に受動的に知覚し，受け入れているのではない。人や物を意識的 / 無意識的に取捨選択し，主観的に解釈していく。社会心理学においては，社会的認知のバイアス研究が盛んに行われている（TOPICS 1-4）。ただ，それらは人間の持つ基本的な知覚 - 認知の原理をベースにしているので，まず，人の基本的知覚傾向を社会心理学的に概観していく。

(1)「図と地」的知覚

人が環境の中で特定の人や事物を認知できるのは，その人や物を他と区別しているからである。その区別された物は，明確な輪郭を持っていて，見る人に強い印象を与えるのである。ルビンはそれを「図」と呼び，それ以外の背景を「地」と呼んでいる。人はこの**図と地**的知覚により，特定の人や物を認知しているのである。心理学で最も有名な図として知られる**ルビンの花びん**（図 1-2）は，このことをよく示している。

図 1-2 の左図を見ると，白の部分が明確な輪郭を持っているので，花びんに見える。しかし，右図のようにその輪郭をはずすと，黒の部分に目が向き，2 人の対面する顔が見える。それは，白い部分が背景（地）をとり，顔のほ

図 1-2　ルビンの花びん（右は，輪郭の周囲を消した図）

TOPICS 1-4　中国人に対するホテル側の接客態度
[ラピエールの偏見とホテル応対のフィールド実験]

■考えてみよう

この実験は，東洋人への人種差別や偏見が現在より強かった1930年代の米国で行われた。その内容は，中国人旅行者へのホテルやレストランのスタッフらの対応行動を観察し，社会的態度（偏見）と実際の行動との関係を調べたものである。これは，社会心理学の態度研究の古典的フィールド調査である。

研究者のラピエールは，若くて上品で魅力的な中国人のカップルと一緒に米国中を旅行し，旅先のホテルやレストランのスタッフが，中国人カップルに対してどのような応対をするかを少し離れたところから観察し，調査した。

ホテルなどに到着した際，中国人カップルが宿泊や食事などの交渉をした。アジア人に対する偏見や差別意識が強かった当時の米国で，この中国人カップルに対し，ホテルスタッフらはどのように応対したのであろうか。

ラピエールは，社会的態度（偏見）と実際の行動の違いを明白にするためにこの調査実験を行った。さらに，中国人の訪問から6カ月後に，訪問先のホテルなどに質問紙を郵送して，中国人を客として受け入れるかどうか尋ねた。さて，ホテルやレストランからはどのような回答が返ってきたであろうか。また，訪問していないホテルなどにも同様の質問紙を送り回答を求めたが，その回答はどうだったであろうか。

■実験結果

実験の結果，中国人カップルが宿泊や食事を申し出た251のホテルやレストランにおいて，申し出を拒否したのはわずか1つであった。その1つとは，オートキャンプ場であった。それ以外は，どのホテルもレストランもカフェも，申し出を拒否することはなかった。さらにラピエールの観察によれば，そのうちの約3割，72カ所において，中国人カップルは通常以上の好意的な対応を受けたと評価している。

他方，6カ月後，中国人を実際に受け入れた同じホテルやレストランへの質問紙への回答は，まったく異なっていた。実際に使用したホテルの91%，レストランの92%から，受け入れ拒否の回答が返送されてきたのである。また，訪問しなかったホテルの94%，レストランの81%も，中国人は受け入れないとの回答を返送してきた。

この実験により，質問紙への意見表明と実際に客を目の前にした状況では，対応行動が異なることが明らかにされた。ただし，このときの中国人カップルの，上品な感じで礼儀正しく申し込みをしていたことが，相手側の対応に影響していたかもしれない。

(La Piere, 1934)

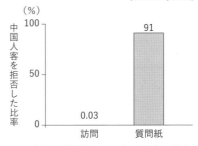

図　訪問と質問紙による拒否回答の比率

うが図となるからである。人はもともと，人に敏感である（TOPICS 1-2）。

(2) ゲシュタルトの体制化

　人は物や人々や集合を認知対象とするとき，複数の物や人をひとまとめにして認知しようとする傾向を持つ。これを**ゲシュタルト的認知**という。では，どのようにまとめて認知するのかというと，体制化の要因に従って認知する。**体制化の要因**とはゲシュタルト心理学の基本原理で，人が環境を見たとき，そこに点在する事象をできる限りまとめて簡略化して見ようとする，簡素化の認知傾向である。

　体制化の仕方は，全体として良い形態を形成する方向になされる。具体的には図 1-3 に図示される 5 法則が挙げられる。

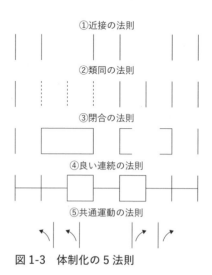

図 1-3　体制化の 5 法則

Keyword

■ゲシュタルトの体制化■
①近接の法則（近いものはひとまとめにする）。
②類同の法則（似たもの同士はひとまとめにする）。
③閉合の法則（閉じた空間はひとまとめにする）。
④良い連続の法則（良い連続のものはひとまとめにする）。
⑤共通運動の法則（一緒に動くものはひとまとめにする）。

　このような体制化の傾向は，対人認知や集団の認知など，社会的認知にも大きな影響を及ぼすことになる。また，簡略化するため，偏見などの認知的ベースになるとされ，社会心理学ではその関連が研究されている。

TOPICS 1-5

コインが欲しいと大きく見える？
［ブルーナとグッドマンのニュー・ルック知覚実験］

■考えてみよう

　この実験の参加者は，10歳の子どもたちである。実験には箱型の光の円の作成器を用いている。子どもはハンドルで調整することにより，円の大きさを決めることができる。実験者は，「これから見せるものと，同じ大きさの円を作るように」と指示する。

　課題は，本物の1セント，5セント，10セント，25セント，50セントのコインを見せ，それと同じ大きさの光の円を作るように指示する。また，別の条件として，コインの代わりに

コインと同じ大きさの灰色のボール紙で作った円を見せて，それと同じ大きさの光の円を作らせた。本物のコインと丸い紙と，どちらのほうが大きな円を作成したのか調べられた。

　また，この実験は，富裕家庭と貧困家庭の2つの社会的階層の子どもを参加者として，貧富の差が作成する円の大きさに影響するか調べた。

　さて，結果はどうなったであろうか。

■実験結果

　この実験は，欲求が認知に及ぼす効果を実証した研究である。実験の結果，子どもたちが作成した円は，実物のコインを見せたときのほうが，灰色のボール紙を見せたときの円よりも大きかった。コインのほうは価値があり，子どもたちがそれを欲しがるため，より大きく知覚したと考えられた。しかも，コインの額面が高いほど，実際よりもより大きな円を作成していた。

　このことは，個人の欲求が知覚に影響を与えていると考えられた。さらに，貧困家庭の子どもは富裕な家庭の子どもより，コインの円を大きく作成していた。このことも，欲求が知覚に影響していることを明らかにしている。
（Bruner & Goodman, 1974）

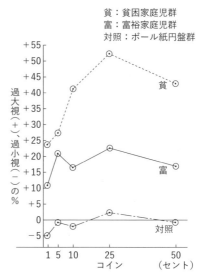

図　コインの見かけの大きさ

(3) 恒常的知覚

　人は，日頃見慣れている人物や事物の特徴については，ときに，その人や物から受ける大きさや形が多少違っていても，それ本体の大きさや形が変わったとは認知せずに，それらは一定の大きさや形を常に持ち続けていると認知する。これにより，日常の知覚の安定が保たれる。その傾向を**知覚の恒常性**という。そのため，人や事物が本当に変わった場合も，この恒常性知覚によって変わったと知覚せず，元通りだと知覚し続けることがあるため，誤った知覚をしてしまうこともある。

　この認知傾向を社会現象の理解に応用したのが，社会心理学の**平常化バイアス**である。平常化バイアスとは，予想を超えた出来事に出くわしたとき，その状況を正確に理解できず，そんなことがあるわけがない，事態はいつもと同じであると認知する傾向である。これで，心の動揺を抑えることができる。実際，事態は正常の範囲内であることが多い。しかし，事態が本当に異常な場合でも，この正常化バイアスのために事態の危険性を見逃してしまい，緊急の対応をとらず危機に陥る場合がある。予想を超えた災害や事件が起きている昨今，この平常化バイアスに対して注意喚起がなされる必要がある。

(4) 対比的知覚

　まったく同じ人や物でも，周囲の人や事物との関係によって異なって知覚される。対比的知覚の代表例として，図 1-4 のような**エビングハウスの円錯視**が挙げられる。図の左右 2 つの真ん中の円は，どちらが大きいだろうか。

　右の円が大きく見えるであろう。しかし，2 つの円は同じ大きさである。スケールで測ると分かる。しかし，そう思い直して注視しても，同じ大きさ

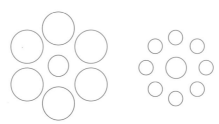

図 1-4　エビングハウスの円錯視

には見えない。対比による錯視は変わらない。人は構造的に対比的知覚をしているのである。

　図形だけでなく，人に対しても同じように対比的知覚をしている。背の高い人が多いバスケットボールの選手の中で，175 cm の選手は小柄に見えるが，背の低い人が多い体操選手の中では，175 cm の選手は大柄に見える。これは，私たちは人や物を知覚するとき，それらを単独に知覚するのではなく，常に周囲との比較を通して**対比的知覚**をしていることによる。

　この傾向は，体型などの視覚の対比効果だけでなく，知的能力や，やる気などの心理特性に対しても，同様に生じる。ある人のことを頭がいいとか明るいというときも，周りの人の比較で見ているのである。このような知的能力や性格などの対比的比較は**社会的比較**と呼ばれ，後述するように社会心理学のひとつのテーマとなっている。

(5) 主観的知覚

　人は対象を，自分の感情や欲求に合わせて知覚するという主観性を持っている。

　たとえば，**主観的認知**の代表例を見てみよう。図 1-5 は何に見えるだろうか。若い娘さんに見えるか，年とったおばあさんに見えるか。日本人には，首にネックレスをし，向こう側を見ている若い女性に見えるだろう。ところが，西欧の女性の中には，怖いおばあさんに見えるという人がいる。どんなおばあさんに見えるかというと，若い女性に見えたときの横顔の輪郭を，おばあさんの大きなカギ鼻と見る。すると，おばあさんの大きな顔が見えてくる。後述するように，社会的認知には文化差があることが明らかにされている。

図 1-5　ボーリングの老若の女性

4. ヒューリスティックス（直観的認知）

　ビジネスでも，日常生活でも，人は物事を即座に判断する場面が少なくない。そのときの判断は必ずしも正解とは限らないが，時間がなく即決しなければならない状況であれば，適応的な行動と言える。そのときに利用されるのが即断傾向で，それを**ヒューリスティックス**という。進化心理学者は，この傾向は人類が進化させた認知の仕組みだとしている。現代人も日常生活において，時に間違いながらも多くの決定をこの方法を利用して効率的な生活をしている。このヒューリスティックスにはいくつかの種類があるが，ここでは代表的な3つを説明する。

Keyword

　■代表的なヒューリスティックス■
　①典型性ヒューリスティックス
　②利用可能性ヒューリスティックス
　③アンカリング・ヒューリスティックス

(1) 典型性ヒューリスティックス

　典型性ヒューリスティックスとは，たとえばある職業には典型的と思われるタイプがあり，そういうタイプの人を見るとその職業だと思い込んでしまい，また，その職業の人はそういうタイプだと思ってしまうという認知バイアスのことである。病院で白衣の男性を見ると医師だと思い，白衣の女性を見ると看護師だと思ってしまう。しかし，最近の現実ではその逆も多い。バレーボールの選手だと聞くと，背の高い人と思ってしまう。しかし，なかには背の低い人もいる。大学教授と聞くと，メガネをかけた白髪の難しそうな顔をした人を想像するが，実際にはスポーツマンタイプの人も少なくない。このため，この典型性ヒューリスティックスで直観的に人を判断すると，間違うことが少なくない。

　ただ，この傾向は論理的思考ではなく直感的思考なので修正が効かず，何

TOPICS 1-6　哲学科卒のリンダの現在は平凡な銀行員？
［カーネマンの典型性ヒューリスティックスのリンダ問題］

■考えてみよう

　この実験では，参加学生にリンダという女性の学生時代の経歴を紹介し，その女性の現在を予測させる問題を出し，解答を求めた。紹介文は次のとおりである。

　「リンダは 31 歳の独身女性である。純真でとても頭が良い。大学では哲学を専攻し，学生の頃から人権や社会正義の問題に熱心に取り組んでいて，戦争反対のデモにも参加していた」

　参加者が読んだ後，実験者は「リンダの現状はどうだろう」と参加者に問い，次のⒶⒷⒸの項目を挙げ，可能性の低いものから順に並べるよう求めた。

　Ⓐリンダはグローバル化に反対の活動家である。
　Ⓑリンダは銀行員である。
　Ⓒリンダは銀行員でグローバル化に反対の活動家である。

　参加者はどのように答えたであろうか。

■実験結果

　実験の結果，大半の学生は可能性の低い順にⒷⒸⒶと答えた。その判断は，彼女の経歴から見て，単なる銀行員Ⓑである可能性よりも，グローバル化に反対の活動家のⒶの可能性のほうが高いと考えるからである。

　ここで問題なのは，ⒷとⒸの順序である。文面からは，単なる銀行員よりもグローバル化反対の銀行員である可能性が高い。これは経歴から考えて，間違った判断とは言えない。ここに典型性ヒューリスティックスが働いている。

　しかし，冷静に精査，熟考すれば，この判断には論理的間違いがあることが分かるであろう。グローバル化反対の銀行員も，銀行員全般という，より大きな枠組みに入る。そう考えれば，リンダが銀行員の確率のほうが高いのである。ところが，即時の判断で典型性ヒューリスティックスを使うと，典型

をベースに判断してしまう。すると，リンダはグローバル化に反対の活動家として典型的だと思えるので，グローバル化反対の銀行員のほうが受け入れやすい。このため，判断を間違えてしまうのである。

(Tversky & Kahneman, 1973)

回間違えても，また間違えてしまう。この傾向をカーネマンらは，TOPICS 1-6 のようなリンダ問題の実験で確認している。

(2) 利用可能性ヒューリスティックス

　凄惨な殺人事件が起こると，マスコミは連日，大々的に取り上げて騒ぎたてる。新聞でもテレビでもネットでも，その話題で持ちきりになる。そんなとき誰かから，「他殺と自殺はどちらが多いだろう」と話しかけられたとする。殺人事件のニュースを大量に見聞きしているときだと，それは他殺のほうが多いだろうと，とっさに思ってしまう。事件もののドラマが好きな人も，殺人事件ものを多く見ているのでそう思ってしまう。しかし実際には，最近の日本の自殺者数は年間約 2 万人，他殺者数は 300 人くらいである。マスコミ報道の影響によるバイアスは大きい。

　人は自分自身にとって重要ではないことを判断するときは，さして考えずに簡単に利用できる情報を使用する。メディアに流れている情報は手っ取り早く手に入るので，利用しやすいのである。これが**利用可能性ヒューリスティックス**である。

　新型ウイルスが流行ると，テレビやウェブなどのメディアは連日発症状況を伝え，マスクの必要性を伝えた。そうなると，マスクを売っていると買わずにはいられなくなる。そしてマスクは売り切れる。

　このように，見るとすぐに頭に浮かぶものを容易に利用し，行動する傾向を，利用可能性ヒューリスティックスと呼ぶ。

(3) アンカリング・ヒューリスティックス

　アンカーとは船の碇のことで，船が碇を降ろすと，その船はその地点から遠くには流れなくなり，船の行動範囲は限定される。**アンカリング・ヒューリスティックス**とは，1 個の情報がアンカーになり，判断の範囲が限定されることを指す。そのことをカーネマンとトヴェルスキーは，次のような実験で確認している。

　その実験は別々の学生に対し，次のような 2 つの種類の掛け算を示し，計算できないくらい短時間で解答を求めた。

　①8 × 7 × 6 × 5 × 4 × 3 × 2 × 1

　②1 × 2 × 3 × 4 × 5 × 6 × 7 × 8

　示された数字は同じであるが，結果は①のときは中央値が 2,250，②のときの中央値が 512 であった。正解は 40,320 である。答えがいずれもかなり小さな数字になったのは，暗算を始めるとき，最初の数字は一桁で，それを掛けても小さな数値なので，それがアンカーとなり，答えが小さくなったのである。さらに，問題の最初のほうの数字が小さい②のほうが答えが小さくなり，大きい①のほうが答えが大きくなったのである。これもアンカリング効果である。このことは，最初の情報がフレーム（枠組み）となり，その後の判断を決めていくことを，**フレーミング効果**とも呼ばれている。

　このように，人の認知ヒューリスティックスによって歪められ，判断が制限される。しかし，これらの判断はすべて不適切というわけではない。むしろ，全体的に見ると，状況に対して即断が適応的であると言えよう。進化心理学的にいえば，進化の過程でこのような即断力を身につけた人が生き残ったとも言えよう。

　進化過程において，身につけた即断的認知能力のひとつとして，裏切り者の発見能力があると指摘する研究者がいる。それを知るために，まずは TOPICS 1-7 の**4枚カード問題**を解き，その後，次の (4) 項の「カフェの飲料問題」をやってほしい。

　さて，「4枚カード問題」は正解できたであろうか。できなくても仕方ない。これはかなり難しく，その正解率はわずか 18% である。では，次項の「カフェの飲料問題」はどうであろうかである。

(4) 裏切り者発見能力

　あなたはあるカフェの店員である。そのカフェは厳格で，店員が客を一人ひとり確認して，19歳以下ならアルコールは売らない。客はカードを渡され，その片面には年齢を，もう片面には飲みたいものを書くように言われている。問題は，客が図 1-6 のようにカードを持っていて，このうち2人だけ裏返しにできるとしたら，店員としてどの人のカードを裏返す必要があると考えるのだろうかという問題である。

図1-6　カフェの飲料問題の4人

　答えは簡単であろう。最初の人のカードには「21」と書いてある。20歳以上なので裏返す必要はない。2番目の人は「オレンジジュース」が飲みたいので，これも裏返す必要はない。3番目は「ジントニック」が飲みたいと書いてある。この場合，裏返して20歳以上であることを確かめる必要がある。4番目は16歳なので，アルコール類が飲みたいのかどうか，この場合もカードを裏返す必要がある。つまり，正解は3番目と4番目のカード2枚である。

　この問題の正解率は80％を超える。易しい問題だと言える。しかし，実はこの問題の性質は，先の「4枚カード問題」と同じ構造の推理問題であり，規則に反するカードを見つけることである。ところが，カード問題は正解率が18％で，カフェの飲料問題は80％であった。この違いは何が原因であろうか。その理由として，一般的には，人は抽象的推論は苦手であるが，未成年の飲酒問題のような具体的でなじみがあるものは正解を探しやすい，と説明されている。

　しかし，進化心理学者は，カフェの飲料問題で正解率が上がるのは，問題がなじみ深いだけではなく，人類は集団生活でサバイバルしてきたので，即断的に仲間の裏切りを見破ることに特化した探知能力を進化させてきているのだと説明している。そのことを証明するために，なじみのない問題でも，

TOPICS 1-7

カードの裏を推測する課題
[ウェイソンの4枚カード問題の実験]

■考えてみよう

実験者は参加者に，下図のような4枚のカードを示す。そして，「それぞれのカードには，片面にはアルファベットが書かれ，その裏面には数字が書かれている」と言う。つまり，左の2枚のカードの裏には数字が書かれており，右の2枚のカードの裏にはアルファベットが書かれている。

そして，「これらのカードは，片面に母音が書かれていたら，その裏面には偶数の数字が書かれているという規則になっている」と言う。さて，「目の前のこのカードは，本当にその規則のとおりになっているだろうか」と問う。そして参加者に，「この真偽を知るのに4枚のうち2枚のカードを裏返せるとしたら，どのカードとどのカードを裏返したらよいだろうか」と質問した。正解はどのカードとどのカードであろうか。

図 4枚カード問題

■実験結果

これはウェイソンによって考察された課題で，**4枚カード問題**と呼ばれている。簡単そうだが実は難しい。設問が簡単なので，言語の違いを超えて，世界各国で実験が行われている。

多くの参加者は簡単に考え，すぐに解答する。正解はEと4だと答える。しかし，それは典型的な誤りである。Eは確かに正解であるが，4は間違いである。正解はEと7である。この問題は実は難しく，正解率は世界各国で20%以下である。

論理的に考えれば，7の裏を確かめなけ

ればならないことが分かる。もしそこに，たとえばAと書いてあったらルールに反するからである。ところが，大半の人は，4の裏を確認したいと思ってしまう。しかし，4の裏はどんなアルファベットでも良いはずである。これは簡単な論理的推論である。しかし，多くの人ができない。人は抽象的論理的思考に強くないということである。

そこで，17頁に戻り，これに対応する裏切り問題をやってみてもらいたい。

(Wason & Johnson-Laird, 1972)

裏切り者探知能力による正解率は高くなることを実証している。

5. セルフ・サービングバイアス

　人は自分に有利になるように，状況を認知をする傾向を持っている。その
ほうが自分にとって都合が良いからである。この認知傾向を，**セルフ・サー
ビングバイアス（自己奉仕的認知）**という。たとえば，自分の勝利や成功は
自分が原因と考えて内的に帰属し，他方，自分の敗北や失敗は誰か他の人の
せいや状況に原因があるとして外的に帰属させる傾向がある。これを**基本的
帰属錯誤**という。この自分自身にとって都合の良い帰属をする傾向は，以下
のような実験で確証されている。

　その実験は，スポーツ選手の試合後の勝敗についての，選手自身の原因分
析の調査である。プロスポーツは，試合も楽しみだが，勝敗が決まった後の
監督や選手のコメントも興味深い。この実験では，プロスポーツ選手やコー
チが，試合後スポーツ記者のインタビューに，その試合の勝因や敗因をどの
ように話したかを新聞記事で分析している。勝敗の決定因は自分のチームに
あったのか，相手のチームにあったのか，勝因と敗因とでは原因帰属の仕方
が違うのかが調べられた。

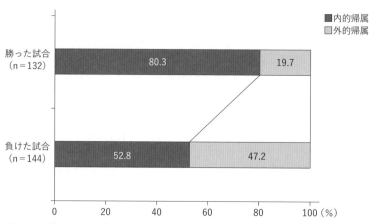

図1-7　**試合の勝ち負けに関するスポーツ選手とコーチの帰属**
(Lau & Russel, 1980)

TOPICS 1-8

何人助かるのか，何人死亡するのか
[カーネマンらのヒューリスティックスの疫病問題]

■考えてみよう

この実験では，参加学生に次のような二者択一の問題を出し，選択させた。

「アジアで恐ろしい疫病が発生し，600人の死者が出ると予測された。この病気から市民を守るために，次の2つの療法のうち1つを選ばなければならないことになった。どちらを選ぶのが良いであろうか」

第1グループの参加者には，以下のABどちらかを選択させた。

・A療法は，200人の命は確実に助かる。

・B療法は，600人の3分の1は助かるが，残りの3分の2は助からない。

第2グループの参加者には，以下のCDどちらかを選択させた。

・C療法は，400人の命が助からない。

・D療法は，600人のうち死ぬ確率が3分の2で，死者が1人も出ない確率が3分の1である。

各々の条件で，学生はどの療法を何%くらい選択したであろうか。

■実験結果

実験の結果，第1グループの学生の場合，学生の72%がAを選び，28%がBを選んだ。一方，第2グループの学生の場合，学生の22%がCを選び，78%がDを選んだ。しかし，冷静に4つの療法を比較してみると，どの選択肢を選んでも，結果は同じであることが分かる。

AとCは，どちらも400人が死亡するとしている。Aでは200人の命が確実に救われ，Cでは400人の命が確実に失われるとある。人数が600人なら，AとCはどちらを選んでも結果は同じである。

BとDの場合も，どちらを選んでも救われるのは200人である。しかし，学生の選択には，上記のとおり大きな違いがあった。実際は，Bでは，600人のうち3分の1，すなわち200人が救われ，Dでは600人のうち3分の2が命を落とす。つまり，いずれの場合でも400人が死亡し，200人が助かることになり，同じである。

この違いはどうして生じたのであろうか。

カーネマンは，人は人命に関わる状況を判断するときには，人命尊重のフレーミングが働き，データよりも感情的なヒューリスティックスが強く働き，それが認知を歪め，判断を曲げてしまうからだという。人の命が確実に助かるというフレームの治療法が重視され，逆に何人かが確実に死ぬというフレームの療法は受け入れられないのである。この実験で，そのヒューリスティックが明らかにされた。

(Kahnemanら，1982)

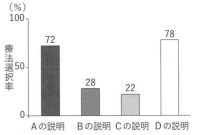

図　療法効果の説明の違いと療法選択率

　結果は図1-7のように，選手やコーチは，勝った試合においては，自分たちのチームの作戦や試合中の働きを原因として挙げることが多かった。80％以上の人が自集団への内的帰属を行っていた。一方，負けた試合においては，誤審や運の悪さなど自分たちのチームとは関係ない要因を原因として挙げることが多く，外的帰属が行われており，明らかにセルフ・サービングバイアスが見られ，自集団に好意を持つ**内集団ひいき性**が示されている。

　ところで，社会的認知は，その人の育った文化や環境により社会的学習が異なるため，対人認知にもその違いが表れることになる。マスダとニスベットはそのことを，TOPICS 1-9のような実験で明らかにしている。

6. 認知的不協和理論

　社会心理学の諸理論の中で最も有名な理論は，フェスティンガーの**認知的不協和理論**であろう。人間関係を含め社会生活の中で，人の認知と動機の関係を分析している理論である。認知的不協和の「認知」とは，自分の考えや感情，行動，あるいはさまざまな知識のことである。頭の中には多種多様な認知要素，つまり考えや知識がある。これらはたいてい協和的か，無関係である。しかし，なかにはその認知要素間，つまり考えや感情や知識の間が協和的でなく，矛盾していることがある。それが不協和な状態である。

　フェスティンガーが原著で挙げている不協和の代表的な例は，タバコは体に良くないという知識と，自分が実際にタバコを吸っているという行動認知の間の矛盾，また，晴れているのに傘を手に持っているという矛盾などが挙げられている。自分の考え同士が矛盾しているときや，自分の考えと行動が違っていてその間が矛盾するときが，認知の不協和状態である。

　この理論の前提は，人はいろいろな知識や意見を持ち，また，いろいろな行動をしているが，それらの考えや行動が不協和状態のときは不快なので，協和状態に向かおうと心的作用が働くとしていることである。そして，各認知要素の間は，①互いに調和している協和関係，②互いに矛盾している不協和関係，③互いに無関係のうちの1つにあるとしている。

　①は，2つの認知要素間に矛盾がなく調和している関係である。この状態

文化による対人認知の相違
[マスダとニスベットの日米の対人認識の違い]

■考えてみよう

この実験では，日本と米国の学生に，図のようなイラストAとイラストBを提示し，中央にいる若者がどのくらい幸せを感じているか質問した。実験で使用されたイラストは，中央の若者はAB両方とも同一の男子で，にこやかな表情をしており，幸せな顔をしている。ABのイラストで違っているのは，

後にいる4人の若者の表情である。イラストAの後ろの若者は，4人ともにこやかな表情をしており，イラストBの後ろの4人は，困ったような不快な表情をしている。この背景の4人の表情が中央の若者の表情判断にどのような影響を与えるか，そこに文化差はあるのだろうか。

A 　B

図　日米の対人認識の違いの実験図例

■実験結果

結果は，米国の学生は背景にあまり影響されず，中央の若者をABいずれのイラストの場合も，同程度の幸せを感じていると判断している。一方，日本の学生は背景の影響を受け，イラストAでは幸せな表情をしているが，Bの若者の判断では，Aよりも幸せ度を低く判断していた。これは，米国の学生が中央の若者を中心に分析的に判断しているのに対して，日本の学生はイラスト全

体を見て，背景の4人の若者の表情も考慮に入れて全体的に判断しているからだとされた。この結果は，文化による認知の枠組みの違いを明らかにしている。ここでは，米国人の主体を中心に認知する傾向と，日本人の周辺を含めた認知をする傾向の違いが，明らかにされている。

(Masuda et al., 2008)

では心理的に安定しており，平穏あるいは快の状態である。③は認知要素同士が無関連の知識の場合である。頭の中にそのまま併在していても問題はなく，無関係である。この状態も心理的に安定していて，平穏である。

　さて，問題は，②の認知同士が互いに矛盾している場合である。この場合は両者が矛盾し対立してしまうので，心理的に不安定で不快な状態となる。これが不協和状態である。このようなとき，この理論は，その不協和関係から協和関係になろうとする動機が生じるとしている。

　こうして，意識的あるいは無意識的に不協和解消のための心理的メカニズムが生じ，協和関係になるように意見や行動を変えることになる（図 1-8）。このメカニズムが，認知的不協和理論の最も重要なポイントである。

　たとえば，自分の考えと自分の行動が矛盾している場合は，不協和状態で，その不協和を解消するために次のような３つのうち，いずれかの動機づけが生じるとしている。

　①自分の考えに合わせて自分の行動を変え，考えと行動を協和状態にする。
　②自分の考えと自分の行動は矛盾しているが，そこには特別の理由があるとして，全体として協和状態であると考える。

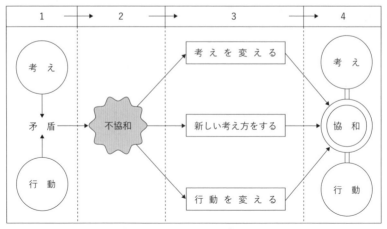

図1-8　考えと行動の不協和の発生と解消のプロセス（Festinger, 1957 を元に作成）

　　③自分の行動に合わせるように自分の考えを変え，考えと行動を協和状
　　　態にする。

　①の，自分の考えに合わせ行動を変えるというのは，分かりやすいだろ
う。人は，日常生活では大半，自分の考えに沿って行動している。行動が考
えと矛盾することもあるが，もし矛盾していたら，自分の考えに合わせてそ
の行動を変えるだろう。それにより，不協和を解消することができる。
　②の，特別の理由づけをするという解消法は，たとえば，やりたくないと
思っている業務を実際にやっている場合，これは上司の命令だからとか，給
与のためだからと考えて，自分の考えと合わない行動をしていることに自ら
が納得する理由づけをして，矛盾を合理化する方法である。この場合，もと
もとの考えを変える必要はなく，考えと違った行動をしていることにも大き
な不協和を感じないで行動することができる。
　フェスティンガーが最も注目したのは，③の，行動に合わせて考えを変え
るという解消法である。この方法で考えを行動に合わせれば，考えと行動の
間の矛盾はなくなり，不協和は解消されることになる。しかし，人は自分の
考えに合わせて行動していると考えており，行動に合わせて考えを変えるこ
とは，考えにくい。しかし，嫌々だったけれどやってみたら結構面白いなど
ということも少なくなく，人の心理メカニズムには，行動に合わせて考えを
変えていくことも実際には少なくない。そのことに注目し理論化したのが，
フェスティンガーの認知不協和理論である。そして，実際に TOPICS 1-10
のような実験によって，この理論を実証したのである。

7. 認知と行動

　認知が無意識に行動に影響を与えることを証明した簡単な実験がある。こ
の実験では，まず参加者に一定の単語を提示し，それらを含めて文章を作ら
せた。その単語の中には高齢者を連想させるような，「退職した」「グレー」
「感傷的な」などが含まれている。別の条件の参加者には，ごく普通の単語
で文章を作らせた。実験課題はこれで終了する。参加者は実験室を退室し，

廊下に出てエレベーターまで歩いた。このとき実験者は，各参加者がエレ
ベーターまで歩く時間を測った。このとき，高齢者を想定させる単語で文章
を作文した参加者の歩きは，他の参加者に比べ速かったか，遅かったかが調
べられた。

　実験の結果，課題で高齢者を連想させる単語を多く使用して作文した参加
者は，廊下を歩くスピードがゆっくりであった。この結果は，作文中，高齢
者に関係したことを考えていたことが，参加者の行動に影響したと考えられ
る。認知が自分自身の行動に無意識に影響していたと言える。

言ったことが本心になる
[フェスティンガーとカールスミスの強制承諾の実験]

■考えてみよう

　この実験は認知的不協和理論の有名な実証的研究である。実験の参加者は男子学生で、実験は「作業効率の測定」と言われる。課題は、小さな糸巻形状のものを別の受け皿に移し入れるという単純な作業である。そして、全部終わったら、また元に戻すように言われる。この退屈な作業を1時間行う。実験終了後、実験者から「この実験の目的は、作業に対する予備知識の有無の作業効率への影響を調べており、今回は予備知識の無いほうの条件で行われた」と言われる。一方、予備知識のあるほうの条件では、学生は作業を終了した学生から、「作業が非常に面白かった」と聞いてから作業をすることになっている、と説明される。

　その後、実験者は続けて、実は次の人にそのことを伝える役のアルバイト学生が、都合悪くなって来られなくなったという連絡を今受けて困っている。そこで、アルバイト代を払うので、代わりにその役をやってもらえないか、と依頼する。このときのアルバイト代は、20ドルの場合と1ドルの場合がある。

　代役を承知した学生は、次の参加者の女子学生に、あたかも自分の印象であるかのように、「実験の作業は非常に楽しかった」と話すことになる。

　この役割を終えた学生に、最初に行った実験の作業に関する感想を求めた。そのなかには、作業の面白さや、再度このような実験に参加したいかなどについての質問もあった。そして、20ドルあるいは1ドルで代役を引き受けた学生と、代役をしなかった学生の、最初の作業に対する面白さやの評価において違いがあるかどうか調べられた。

　その他に、このようなアルバイト要請のない条件（統制条件）があった。

■実験結果

　各条件による作業の面白さについて比較した結果、アルバイト代の安い1ドルで代役を引き受けた学生の場合のみが、作業は面白かったと答えていた。この結果は、認知的不協和理論が実証されたと言える。

　自分の意見と矛盾することを伝える行動は、高額な報酬の場合は、高いアルバイト代のためだと納得して、私的意見は変えなかったと考えられた。それに対してアルバイト代が1ドルの場合は、それでは納得できない。このような心理状態は認知的に不協和なので、その不協和を解消するために自分の意見を行動に合わせて変えて、作業は面白かったと思うようになった、と考えるのである。

(Festinger & Carlsmith, 1959)

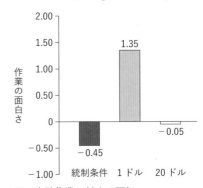

図　実験作業に対する評価

第 2 章

自己認知

　自己認知は，自分自身をどんな人間と見ていているか，どのように評価しているかという認知である。自己が対象ではあるが，自分をひとりの人と見ており，また，相手や周りの人が自分をどのように見ているかという他者の目の意識が含まれていて，それが自己認知の形成に大きな影響を及ぼしている。この点から自己認知は社会的認知のひとつと考えられ，社会心理学の重要な研究分野となっている。

1. 自己認識

　青年期になると，人は社会の中に位置する自分について，より正確に，より多角的に知るようになり，自らの内に社会的心理を持つようになる。集団の中に自分をはっきり位置づけ，より大きいグローバルな社会の中の一員として自分を見つめ，その中に自らを位置づけることができるようになる。そして，その中の他の人々との位置関係を知り，その人たちとの関係の中で自分を認識し，より明確な自己を知り，社会的活動を行うようになる。

　では，現在の日本の若者は，どのような自己認識を持っているのであろうか。まず，内閣府が行った国際的調査（2019 年）の一部から，日本の若者（13 〜 29 歳の男女）の自己認識を見ていく。以下の各質問に対して答えてみて，次に日本の若者の答えがどのようになっているかを考えて調査結果を見ていくと，興味深いであろう。

【質問事項】
　①私は，自分自身に満足している。
　②自分には長所があると感じている。

**TOPICS
2-1**

日本の若者が誇りに思っていること
［内閣府の国際比較調査］

■答えてみよう

　内閣府は若者の意識調査を国際的に行い，日本と諸外国の若者との自己認識の比較を行っている。対象国は，日本，韓国，米国，英国，ドイツ，フランス，スウェーデンの7カ国で，対象者は 13 ～ 29 歳の男女各国1,000 名である。調査日時は 2018 年である。調査項目は，次の 10 項目である。

　① 明るさ，② やさしさ，③ 忍耐力，努力家，④ 慎み深さ，⑤ 賢さ，頭の良さ，⑥ 真面目さ，⑦ 正義感，⑧ 決断力，意思力，

⑨ 体力，運動能力，⑩ 容姿。

　各々の項目について，「あなたは誇りを持っていますか」と聞き，持っている，どちらかといえば持っている，どちらかといえば持っていない，持っていない，の4択で答えるように指示している。

　日本の若者はどんな自己に誇りを持ち，また，他の国の若者との違いはあるのかが調べられた。まずは自分で答えてみて，それから，調査結果と比較してみてほしい。

■調査結果

　調査の結果，下図に示されるように，日本の若者は性格的な面として，やさしさと真面目さが誇れるとした人が多く，60％を超えていた。逆に，誇りを持っているという答えが少なかったのは，容姿（31.9％）と体力（34.2％）であった。身体については，外見的にも能力的にも，誇れない若者が多く，自己評価が低いことが示されている。このことが自己に満足していない原因のひとつと考えられよう。

　これらは西欧諸国と比較すると，大きな相異が見られた。調査では，西欧諸国の若

者の 60％以上が，自らの容姿も体力も誇りを持っていることが示されている。また，性格面においてもほとんどの項目において，80％以上の若者が誇りに思っている。

　これらの西欧の結果は日本の若者の自己認識とは対照をなしている。欧米の若者は正義感ややさしさなども 80％を超えており，自己に対するポジティブな評価が見てとれる。また，知力においても同様の傾向が見られ，西欧の若者が日本の若者よりも自分の頭の良さを誇りにしていることが分かった。

（内閣府，2019 a, b）

図　自己評価による日本の若者の特性

③自分の親から愛されている（大切にされている）と思う。

④自分の考えをはっきり相手に伝えることができる。

⑤今が楽しければよいと思う。

⑥自分は役に立たないと強く感じる。

⑦人は信用できないと思う。

　調査の結果，各質問に日本の若者が肯定的に答えている割合（％）は以下のとおりである。① 45.1，② 62.3，③ 79.0，④ 46.3，⑤ 60.4，⑥ 51.8，⑦ 56.0。この結果を見ると，日本の若者は自分の現状にはあまり満足していないが，自分には長所があり，家庭では親から大切にされている思っていることが示されている。

　この調査は，米国，英国などでも行われている。比較すると，米英仏など西欧諸国の若者は，80％以上が現状の自分に満足していると答えており，比較文化的には，日本の若者の自己満足度の低さが，明らかにされている。

2. 公的自己意識

　社会心理学では，他の人の目を強く意識したときの自己意識を**公的自己意識**と呼ぶ。これに対して，自分が自分の内面に目を向けたときの意識を**私的自己意識**と呼ぶ。

Keyword

■自己意識の種類■
①公的自己意識　　②私的自己意識

　人が周りの人の目を気にしたときの公的自己意識は，自分の心理や対人行動へどのような影響を及ぼすであろうか。人に見られたり，鏡に映る自分を見たりすると，公的自己意識が高くなるとされ，現実の自己と理想の自己との食い違いが強く意識される。このため，多くの人の場合，自己評価が低下して不快な感情になる。そして，その不快感への対応的心理として，自分が

TOPICS 2-2　自分の額に大文字の E を書いてみると

[ハスの公的自己意識の実験]

■やってみよう

この実験では，実験者が参加者に，自分の額の真ん中に，利き手の人さし指で「E」の字を書くように言う。

このとき，「実験の様子を心理学の授業で紹介するため撮影したいので，カメラに顔を向けてほしい」と言い，実際設置されているビデオカメラを参加者に向けて行った。別の条件では，部屋の隅にカメラは置いてあるが，参加者には向いておらず，電源も入っていない状況で，実験者は単に額に E を書くように言った。

この 2 つの条件で，参加者は自分の額の上に，どのように E を書いたのかが調べられた。E の書き方は二通りある。図のように他の人から見て正しく見える書き方と，自分の内側から見て正しく見える書き方である。

自分で書くと，どちらの書き方になるだろうか。

■実験結果

実験では，公的自己意識を高めるために，参加者にビデオカメラが向けられた。人はカメラを向けられると公的自己意識が高まる。

実験の結果，カメラを向けられた高い公的自己意識条件では，55％の人が外から見て正しい E の字を書いた。他方，カメラを向けられていない低い公的自己意識条件では，外から正しく見える向きの E を書いた人は 18％と少なかった。この結果，公的自己意識が高められると相手に自分がどう映るかを，より意識することが明らかにされた (Hass, 1984)。

この実験を日本人に行った結果，カメラなしでも外から見て正しい E を書く人が，半数を超えた。このことは，日本人は公的自己意識が日常的に高い傾向があることを示していると言えよう。

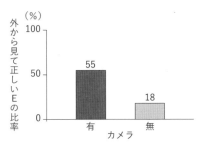

図　カメラの有無と外から見て正しい E を書いた人の比率

より良い人間に見えるように行動する，とされている。

公的自己意識が高まると，たとえば，寄付など向社会的な行動を行い，反社会的な攻撃行動などをより抑制する。公的自己意識が高められた男性はより紳士的な行動をとることが，いくつかの実験で明らかにされている。ただ近年，プリントシールやスマートフォンでの自撮り，その加工などにより，自分の顔や姿を積極的に見たり，発信したり，またエゴサーチをする機会が増え，それが自信となり，朝，自分の顔を見ると自信が持て，頑張る気持ちになるという若者の報告もある。ちなみに，人は自分の本当の顔よりも鏡に映った顔のほうを好むという実験結果がある。これは，第8章で言及する**単純接触効果**によるものとされる。

3. 自己評価

自己意識の中で対人行動に大きな影響を及ぼすのが，自分に対する自らの評価，自己評価である。これは，その人の持つ自尊心，プライド，あるいは逆の劣等視や自己卑下と強く関係すると言える。自分は「できる人間である」あるいは逆に「ダメな人間だ」など，人によって自分に対する評価は異なる。そしてこの評価が，その人の対人的行動や社会的行動に大きな影響を与えることになる。この自己評価の程度は，自分は有能であることへの自信の程度と，自分は価値があるという自尊心の程度から成り立っている。

次に代表的な自己評価スケールの例を表2-1に挙げる。自分をどう思うか，まず答えてもらいたい。質問の1と2はポジティブ評価なので，そう思うと答えた人は自己評価が高い人，3，4はネガティブ評価なので，そう思

表2-1 自己評価の略式スケール

1. 自分はいろいろな良い資質を持っている。
2. 自分は自信がある。
3. 自分はだめな人間である。
4. 自分は敗北者だと思う。

(Rosenberg, 1965 を元に作成)

TOPICS 2-3

クイズ番組の司会者は頭がいい？
［ロスらのクイズ番組の出演者の知性帰属実験］

■考えてみよう

この実験は，テレビのクイズ番組を模倣して，出題者と解答者の互いに対する能力評価を調べている。参加者は2人一組で，一方がクイズの出題者，他方が解答者となり，一問一答のクイズを繰り返す。

このとき，実験者は出題者に，出題内容は自分の知識をもとに自由に決めて出題するように言い，さらに，できるだけ難しい問題を出すように言う。出題者は自分の興味や専門の知識から難問を出す。このため，解答者は多くの問題で正解できないことになる。解答者が答えると出題者は正解を伝え，次の問題に進むという進行である。

ゲームの終了後，実験者は出題者と解答者に，自分と相手について，その人の一般的な知識量や知性を評価させた。また，この実験では観察者がおり，出題者が問題を自分で作成するという状況を知らせたうえで実験を観察させた。そして，実験終了後，観察者にも両者の知識量や知性を評価させた。

実験の結果，出題者，解答者，観察者は，各々の知識量や知性をどのように評価したのであろうか。

■実験結果

このクイズ実験の条件では，出題者に圧倒的に有利で，解答者にはまったく不利である。このような状況では，出題者も解答者も，各々の一般的知識量も知性も正確には判断はできないはずである。

ところが，実験の結果は，解答者は自分が答えられなかった難問において正解を示す出題者を，自分よりも知識量が多く，高い知性を持っていると評定していた。また，逆に出題者は，正解が答えられない解答者の知性や知識量を，自分より低いと評価し

たのである。つまり，クイズの応答の結果を，出題者も解答者もそのまま相手のトータルの知識量や知性の程度に当てはめたのである。さらに，観察者も状況を知っているにもかかわらず，出題者の知識量と知性を高く評価した。

つまり，出題者も解答者も観察者も，クイズの特殊状況を軽視し，目の前の見かけ上の事実を個人の内的属性として考えて**自己評価**し，また，**他者評価**をしているのである。　　　　　　　　　　　　(Ross et al., 1977)

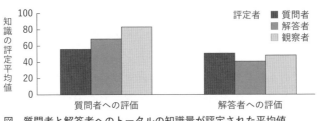

図　質問者と解答者へのトータルの知識量が評定された平均値

うと答えた人は自己評価が低い人である。

では，自己評価の高低を決めている自信や自尊心はどうやって形成されるのであろうか。それは単に，本人が自分自身についてどう思っているかだけではなく，自分が周りの人からどう受け入れられていると思っているかによっても決まる。周りからの評価が自尊心を決めているという点を強調しているのが，**自尊心のソシオメーター理論**である。

レアリーらが主張するこの理論によると，自尊心は自分が周囲に受け入れられているかどうかを示すシグナルとして，進化してきた指標であるとしている。個人の自己評価（自尊心）は発達過程において，周りの人からの多くの称賛や多くの侮りによって形成される。このため，子どもの頃から，足が速い，成績が良い，可愛いなどと周りから称賛されて育った子どもは，大人になっても自己評価（自尊心）が高く，それが性格特性となる。これを**特性自己評価**が高い人という。逆に，侮られ，イジメられ，蔑視されてきた人は，特性自己評価が低くなってしまう。

一方，スポーツで勝ったりアートで賞をとったりしたとき，周りのみんなから称賛を浴びる，そんなとき自己評価が高められる。逆に上司に叱られたり何かで失敗したりすると，低くなることがある。そんなときの自己評価の高低は一時的状態という意味で，**状態自己評価**と呼ぶ。この状態自己評価が長期的に維持されると，それに合わせて特性自己評価も変化していく。

一般的に自己評価の高い人は自信にあふれ，アクティブに行動する。幸福感が強く，ポジティブに生活していける。また，周りの人からも高く評価され，人間関係も社会生活もうまくいく。興味深いことに，欧米の研究では，大半の人が自らの自己評価をかなり高めに考えており，自分は他の人よりも優れていると思っている。この傾向は**平均以上効果**と呼ばれ，実験でも欧米人は，自分は人よりもビジネス能力に長け，車の運転も上手だと考えていることが実証されている。

大半が平均以上というのは統計学的におかしな話で，これは明らかに歪んだ自己認知である。このため，社会的行動を誤らせることになりかねないと危惧される。しかし，テーラーらはこれを**ポジティブ・イリュージョン**と名づけ，社会でよりポジティブに生きていくにはこの自尊幻想を持っている必

TOPICS 2-4

うまくいかなかったときの言い訳を用意しておく

[バーグラスとジョーンズの自己ハンディ化方略の実験]

■考えてみよう

実験参加者の男女大学生は，ある薬が知的作業に及ぼす効果を調べる研究であると説明される。このため，実験は薬を飲む前と飲んだ後，2回の知的能力の検査を行い，その結果を比較すると言われる。

まず，薬を飲む前の知的能力検査を受けることになる。問題は20個あるが，解答不可能な難しい類推や数列の問題である。別の条件では解答可能な問題である。検査終了後すぐに採点が行われ，結果が知らせる。参加学生の結果は，20問中16問が正答で，難問にもかかわらず非常に優秀な成績であると伝えられる。

さて，最初の検査の好結果が知らされた後，参加者は，実験者から2種類の薬AとBが示される。実験者はそれぞれを薬について医学的データを示されながら，Aは知的作業を促進する薬とされ，反対にBは知的作業を抑制する薬と説明する。次に，後半の検査の前に，実験者からどちらの薬を飲んでもよいと言われ，どちらを飲むかと聞かれる。

1回目で難問にもかかわらず，成績の良かった参加学生は，A，Bどちらの薬を飲むと答えただろうか。

■実験結果

この実験は**自己ハンディ化方略**を実証する研究である。

実験の前半の問題が解答不可能な難しい問題で自信がなかった学生が，実験者から良い成績だったと伝えられた。この場合，後半の実験で多くの男子学生は，知的作業を抑制する薬Bを選んだ。これは，自分の好成績に自信がないので，次も同じような良い成績が取れるかどうか分からない。そこで，失敗しても薬が原因であったと帰属させることができるB薬を選択をしたと考えられる。それにより，自分本来の能力の評価を下げる必要がないからである。これをバークラスとジョーンズは，自己ハンディ化方略と呼んだ。

ただし，女子学生の場合は元々，成績を運に帰因する傾向が高いためか，同じような傾向は見られなかった，としている。

(Berglas & Jones, 1978)

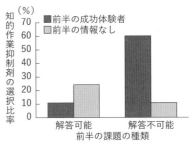

図　男性の知的作業抑制剤の選択比率

要があり，持っている人のほうが幸せで積極的に生きていけるとして，好意的に評価している。また，ダニングとクルーガーは，能力の低い人は自分を過大評価し，他の人を過小評価するという傾向があるとしている。

　ところで，日本人は欧米人ほど自己評価は高くないことが，比較文化研究や内閣府の若者の国際比較調査から明らかにされている。このため，自尊幻想を持っているどころか，本来低くはないのに劣等幻想を持っている人も少なくない。このような人の中には，優れた業績を残しているにもかかわらず，それは自分の本来の力でなく偶然や運によるもので，自分は人をだましていると思い，自己評価を上げない**インポスター（詐欺）症候群**の人も見られる。

　では，日本人は自己評価が低いために幸せではないのかというと，幸せか幸せでないかの二択調査では，日本の若者の 90％以上が現在幸せであると思っていることが明らかにされている。また，日本人は自己評価が低いとされているが，それは文化による自己評価への視点の違いや対人的自己卑下傾向からきているのではないか，という指摘もされている。

　日米を比較する際，自己信頼など個人的特性を評価すると，確かに米国人は自らを高く評価し日本人は低く評価する。しかし，協調性のような関係性の評価では，日本人は自らを協調的だとし，米国人よりも高い自己評価をしている。所属する文化がどんな特性を高く評価するかにより，自己評価も異なってくるので，欧米との比較で単純に日本人の自己評価は低いとは言い切れないと言えよう。

　ところで，これまでの自己評価の研究は，自己評価の高低が注目されてきているが，自己評価の壊れやすさの重要性を指摘している研究者もいる。それは，自己評価が高くても壊れやすく，もろい人がいて，そのような人は他人からの批判に過敏で，社会的に不適応行動を起こしやすいとされている。自己評価は高低だけでなく，安定性が重要であると言える。また，自己評価と他の性格特性との関係も注視されている。たとえば，自己評価の高低とナルシシズムの関係をみた研究では，自己評価が高くナルシシズム傾向の高い人は，攻撃性が高い傾向にあるとされている。

TOPICS 2-5

自分のことについて判断したことは, よく記憶している

［ロジャースらの自己関連づけ効果の実験］

■考えてみよう

この実験は, 単語を一定の基準で判断するものである。実験時の作業内容が, 記憶にどのように影響するかを見ている。

まず, 以下の4種類の判断基準のうちの1つが, パソコンの画面に提示される。それに続き, 形容詞が1つ提示される。課題は, その形容詞をその基準に基づき判断することになる。課題の形容詞は48個である。

判断基準は, 次の4つのうちのいずれかである。

① 形態的基準：「大文字かどうか」
② 音韻的基準：「○○（別の形容詞）と韻を踏んでいるかどうか」
③ 意味的基準：「○○（別の形容詞）と同じ意味かどうか」
④ 自己関連づけ課題：「あなた（自分）に当てはまるかどうか」

答えはイエスかノーかで, コンピュータのキーボードで回答する。

この判断課題の終了後, 記憶の調査が行われる。参加者は, 実験で判断した形容詞をできる限り多く思い出すように言われる。実験後, より多く記憶されていたのはどの判断基準の課題であっただろうか。

■実験結果

実験の結果, 4種類の判断基準の中で記憶の再生数が最も多かったのは, 「自己関連づけ基準」であった。これは, 自分と関連づけて考えた場合, 深く思考するため, より記憶に残りやすいとされる。これは**自己関連づけ効果**と呼ばれている。

各項目について出題から回答するまでの時間も測定していたが, 自己関連づけ基準が, 最も回答に時間がかかっていた。

一方, 最も記憶されなかったのは形態的課題で, 続いて音韻的課題が低かった。それに比べて意味的課題は, かなり記憶再生量が多かった。また, 回答がイエスの場合とノーの場合の再生数を比べると, イエスの場合のほうがノーの場合よりも, より多く記憶されていた。この結果から, 肯定的な内容のほうが否定的な内容より, 記憶に残ることが明らかにされた。　　　(Rogers et al., 1977)

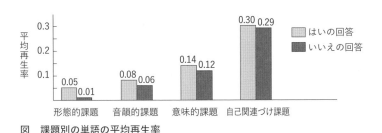

図　課題別の単語の平均再生率

4. 社会的比較

　人は自分を評価するとき，そのレベルを知るために，他の人と比較をする。これを**社会的比較**という。他の人と比較することにより，自分の位置を知ることができるのである。たとえば，テストの成績の結果として点数を知らされたとき，その点数だけでは自己評価は分からない。70点の成績だとしても，クラスの多くが40点前後なら自己評価が上がる。しかし，クラスの大半が80点以上の場合は，自己評価を下げることになる。この社会的比較の影響は大きく，社会心理学の調査によると，太った友人が多い人は太る傾向にあるという報告もある。

　人はこのように他の人との比較を頻繁に行うが，フェスティンガーは社会的比較理論の中で，それは心理的に安定した生活をしようとして正確な自己評価を求めるためで，自分と同程度の人と比較する傾向があるとしている。

　ところで，人は周りの人と比較するときに，自己の心理状況により比較対象を変えていく。自分の能力を向上させようと積極的なときは，より上を目指したいので向上性動機が働き，自分よりレベルの上の人と比較しようとする。これを**上向性比較**と呼ぶ。しかし，落ち込んでいるときは，自分の能力や状態はそれほどには低くはないと思いたいので自己防衛的動機が働き，自分より下の人と比較しようとする。これを**下向性比較**と呼ぶ。

5. 社会的リアリティ

　自己評価の確信度は，たとえば身長や体重などは物理的に測定できるので**物理的リアリティ**があるが，社会的意見や性格についての自己評価は，物理的には測定が難しい。このような場合，**社会的リアリティ**に依存することになる。

　社会的リアリティとは，周りの人やメディアの意見である。周りの人が自分と同じ意見だと思うことによって，真実性が得られるのである。能力や性格など大半の自己評価は，社会的比較によって形成されている。このため，

TOPICS 2-6　目の前の人と比較して自分を評価する
［モースとガーゲンの自己の社会的比較実験］

■**考えてみよう**

この実験の参加学生は，誰もいない小さな実験室で実験者から質問紙を渡され，回答するように言われる。質問紙には自己評価項目と自己安定性の評価項目が含まれている。最初の学生が前半部を回答し終わったとき，もう一人の学生が実験者に案内され，テーブルの反対側の正面に座り，同じように質問紙を渡される。

後から来た参加者は，スーツをキチンと着て，席に着くとアタッシュケースを開き回答準備をする。ケースの中には数学や哲学の本が入っている。そして，手際よく答え始めた。

最初の学生は前半の回答を終え，後半の質問紙を待っている。その間，正面の学生の様子を見ることになる。

しばらくすると実験者が来て，後半部の質問紙が渡され，回答するよう言われる。このとき，渡される質問紙の内容にも，自己評価の項目が含まれている。

この実験は，途中で入ってきた優秀そうな学生を見た後，先着学生が自己評価を前半と後半でどのように変えるか調べられた。別の条件では，後から入ってくる学生が，風采の上がらない，だらしない格好の学生で，質問紙への回答態度ももたもたしていた。この学生を見た後での，先着学生の自己評価への影響も調べられた。各々の学生を見た後，参加学生の自己評価はどのように変わったであろうか。

■**実験結果**

この実験は，自己評価が他の人との比較により，いかに影響されるかを実証した研究である。

実験の結果，先着学生は優秀そうな学生を見た後では，自己評価を低下させていた。逆にだらしない学生を見た先着学生は，その後，自己評価を上げていた。さらに，この傾向は自己安定性の低い学生ほど，目の前の学生の様子によって，自己評価を大きく変えていたことが明らかになった。

(Morse & Gergen, 1970)

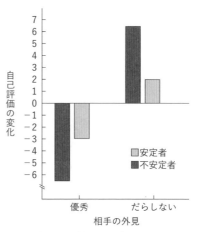

図　他者との比較による自己評価の変化

友人など周りの人の評価を知ることは重要で，人は常に周りの人から情報を集めている。ただし，友人には自分と同じ考え方をする人が多いので，それをもとに，社会全般も自分の考えと同じだと実際以上に思ってしまう傾向がある。これを**フォルス・コンセンサス**と呼ぶ。最近ではSNSによる情報が多いため情報を正確にとらえられているかのように思えるが，自分の考えに合った情報を集め，また集まってくるので，むしろバイアスのかかった情報により，誤った確信を生じさせやすいとも言える。

6. 自己評価維持モデル

　自己評価は周りの人との社会的比較によってなされるが，テッサーらは，人には友人との評価関係を利用して，自らの自己評価を高めようとする心理が働くとしている。それが自己評価維持メカニズムである。

　この自己評価維持には，**反射の心理**と**比較の心理**の2つのメカニズムがある。

Keyword

■自己評価維持モデルの2つのメカニズム■
　①反射の心理　　②比較の心理

　反射の心理とは，知り合いがメディアなどから注目され高い評価を受けた場合，その人と自分を同一視して，その人への高い評価を自分への評価として，自分も高い評価を受けていると思う心理である。友人の栄光を自分のものとすることから，**栄光浴**と呼ばれる。

　この場合，友人の成功や能力を我が事のように感じ，友人を高く評価する。同郷の人がオリンピックで勝ったときなども高く評価して，自分も勝ったかのように喜び，それを周りの人に伝える。自分がファンのチームが優勝したときも同様，喜びは大きく自己評価を高める。

　一方，比較の心理では別の心理が働く。友人の成功は自分の能力の否定につながり，友人に相対的劣等感を持つことになる。このため，自己評価が下

TOPICS 2-7　友人よりは優れていると思いたい
［テッサーらの自己評価維持モデルの実験］

■考えてみよう

　この実験は，友人の能力と自分の能力とをどのように比較し，評価するかを調べている。参加者は実験の前に，親しい友人と2人で一緒に来るように言われる。実験室にはすでに，同じように友人同士と思われる2人が座っている。実験者は，「この実験は，友人の能力と知らない人の能力を評価するとき，どのような違いがあるかを調べる実験です」と説明する。その能力とは，対人能力と芸術的能力の2つである。各設問について まず自分が答え，次に他の人がどのように答えたかを予測する。これにより，「人の行動の予測をどれくらい正確にできるか，そのとき友人の場合と知らない人の場合ではどう違うかを比較できる」と説明される。

　実験では，コンピュータの前に，「芸術的能力テスト」と「対人能力テスト」と書かれた2冊の小冊子が置かれている。

　実験が始まると，コンピュータが小冊子の項目を指定する。テストの答え方は二者択一で，キーボードで①か②を打ち込むように指示される。答えを打ち込むと，すぐにその正誤が示される。次に，画面に，「一緒に実験している友達あるいは他の人は，この問題にどう答えたと思うか，予測して答えなさい」と指示が出る。

　さて，このテストはいずれもかなり難しい問題である。しかし，問題に答えると正解はすぐ知ることができる。参加者のテスト結果は，芸術的能力テストも対人能力テストも，正解は半分くらいである。このように自分の成績を知り，問題の正解を知ったうえで相手の選択を予想することになる。予測といってもこの場合は正解を知った後なので，本当は友人や未知の人がどれくらい正しく答えられると思っているかを聞いているのである。

　自分の成績が半分くらいのとき，友人の成績を自分より上に予測するか，下に予測するかを調べることが，この実験の本当の目的である。参加者の予測はどちらであったろうか。

　この実験にはひとつの前提があり，参加者は自分の能力として，芸術的能力よりも対人能力が重要だと考えている学生である。

■実験結果

　実験の結果，参加者は友人の成績評価を，芸術的能力については自分より良い成績をとると予想した。しかし，対人能力については，自分より成績が良くないと予測した。

　これはどうしてであろうか。このことは，自分があまり重要視していない分野の能力については，友人の能力を高く評価するが，自分にとって重要な分野では，自分のほうが優れているとしたのである。

　この結果から，自分の自己評価を高く維持しようとする自己評価維持の心理的メカニズムが，意識的あるいは無意識的に働いていると考えられた。

（Tesser & Paulhas, 1983）

がる。そこで，そうならないため，友人の成功を低く評価しようとする。特に自分にとって重要な分野では，友人の優秀さを認めることは自己評価を下げることになるため，友人の業績を下げようとする。友人の成功を聞かされると「ヤマがあたったらしいよ」「昇給したのはコネだよ」などとおとしめようとする心理が働き，周りの人にもそのように言うことになる。

　このことを実証するために，テッサーらは TOPICS 2-9 のような実験を行っている。また，次のような調査を行い，現場実証も行っている。

　その調査は小学 5・6 年生に，自分とクラスの友達の関係やさまざまな能力を評価させた調査である。調査はまず，クラスの中で一緒にいたい人と一緒にいたくない人の名前を挙げさせた。次に，勉強，スポーツ，美術，音楽の 4 分野について，その中から自分にとって重要なものを 2 つと，重要ではないものを 2 つ書かせた。その 1 週間後に，この 4 つの活動分野について，自分，親友，疎遠な級友の 3 人について，その能力を 5 段階で評価させた。小学生は自分の能力と親友の能力を，どのように評価したのかを調べた。

　実験の結果は，自己にとって重要な活動分野の評価については，本人自身の能力も親友の能力も高く評価をしたが，親友より自分のほうが能力が高いと評価し，自己評価を維持しようとしていることが明らかにされた。他方，重要でない活動分野については，自分も親友も低く評価した。ただし，比較すると親友より自分のほうを低く評価していた。さらに，一緒にいたくないクラスメイトの能力に関しては，自分にとって重要な活動分野であってもなくても，低く評価していた。このように，自己評価維持のため友人評価を変えることが，学校現場でも明らかにされた。

7. セルフ・モニタリング

　人には自己を認知する能力があり，自分の行っている行動や考えを自ら認知している。自分自身の行動を，自分で監視（モニター）しているのである。そこから情報を得て，適切な次の行動を考え，状況にうまく対応しているのである。この自己監視傾向を，**セルフ・モニタリング**と呼ぶ。セルフ・モニタリングは対人場面や集団場面など社会的状況において，自分の行動を

TOPICS 2-8　強そうな相手とポーカーをするときは弱気になる

[ランガーの自己コントロール錯覚の実験]

■考えてみよう

この実験は, 参加者の学生が未知の相手と単純なポーカーのようなゲームを行う実験である。各々に各回ごとの賭け金を報告させた後, 2人がカードの山から1枚1回だけカードを引き, 点数の高いほうが勝ちというゲームである。

1つの条件では, 学生参加者が相手を見ると, 相手は良いスーツを着ていて, 実に自信ありげで有能そうな人であり, ゲームにも強そうな外見である。別の条件の場合, 相手は, 安っぽい上着を着ていて, 行動はぎこちなく, 少々要領が悪い様子でゲームにも弱そうな外見である。

ゲームは全体で4回行われる。各試行前に2人は, いくら賭けるかを紙に書いて実験者に渡すように言われる。各試行での相手の賭け金および勝ち負けの結果は, プレー中は知らされなかった。

4回終了後, 各試行での参加者の賭け金を調べ, 強そうな相手と弱そうな相手への賭け金が比較された。参加者は, 相手がどちらの場合, 賭け金を多くしたであろうか。また, 終了後, 相手の有能さについての質問がなされた。

■実験結果

この実験は, 結果が完全に偶然が決める勝負であっても, 相手の外見によって対応が異なることを実証した研究である。

実験の結果, 4試行の平均の賭け金は, 強そうな相手に対しては11.04セント, 弱そうな相手に対しては, 16.25セントであった。特に第1試行での賭け金は, その差が大きかった。偶然が左右するゲームであっても相手が弱そうでおどおどしている場合, 自信を強め, 自分が勝てると思ってしまい, より多くの金を賭けるが, 相手が強そうな場合, 自信を失い, 負けそうに思えてしまい, 賭け金を少なくしたと考えられる。

このような対戦ゲームでは, 勝負は偶然によるものである。しかし, それと分かっていても, 相手の印象により, 対人行動を変えることが明らかにされた。　　(Langer, 1975)

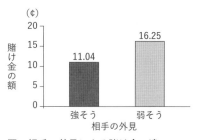

図　相手の外見による賭け金の違い

表 2-2　セルフ・モニタリングのチェック項目例

1．人を楽しませようとして冗談を言うことができる。
2．本当は嫌いな人でも，親しげにふるまうことができる。
3．人のマネをするのは下手である。
4．人前に出ると気まずく感じ，思うように自分が出せない。

(Snyder, 1987 を元に作成)

客観的にとらえ，自らを監視し，その状況に合った行動をとることができる能力である。人は誰でも自己監視しているが，人によりセルフ・モニタリング傾向の高い人と低い人がいる。まず，表 2-2 の項目について，自分のモニタリング傾向をチェックしてみよう。

1，2 が当てはまり，3，4 が当てはまらないと答えた人は高モニター，3，4 が当てはまり，1，2 は当てはまらないと答えた人は低モニターである。

セルフ・モニタリング傾向の高い人は，社会的状況や対人場面においてより多くのモニタリングを行い，その場に適合した行動をとろうとする。一方，セルフ・モニタリング傾向の低い人はモニタリング度が少なく，周りの人に左右されず，自分の思ったとおりに行動する。このため，状況判断が悪く，周りとうまくいかないこともある。しかし，表裏がないので，長い付き合いのなかではその実直さが評価されることもある。

スナイダーは，対人場面において相手との関係を重視し，気配りが多い日本人は，他の文化の人よりもセルフ・モニタリング傾向が高いとしている。

8. 世界公平観

人には，社会は公正であるとの思いがある。社会生活でも公平公正な世界を信じて生活していて，不公平，不公正があるとそれを批判し，不満に思う。この社会正義は，間違った行動規範ではない。しかし，社会はいつも公平公正ではない。このため，この公平な世界観が認知バイアスを生じさせてしまうことが，社会心理学の研究により指摘されている。

そのひとつが，**犠牲者非難**という認知バイアスである。公平な正義感を持っている人にとって，大事件や大事故が誰にでも起こるとは思いたくな

TOPICS 2-9　家事を多くやっているのは自分，それともパートナー？

［ロスとシッコリィの自己中心的歪みの実験］

■考えてみよう

　この実験は，大学の家族学生寮に住む学生夫婦が参加者である。夫婦には別々に，日々の家庭生活のさまざまな家事，雑事について，自分と相方の各々がどの程度ずつ負担しているかを評定させた。

　質問内容は，食事の支度，皿洗い，掃除や買物，子どもの送迎，余暇の計画，金の使い方，友人選択，親戚との付き合い，家族計画の決定などで，日常的で具体的な項目が挙げられている。そして，その各項目について，自分が負担している割合と相方が負担している割合を100%で分けるとしたら，自分と相方それぞれ何%ぐらいやっているか，その割合を評定させた。両者の割合を合計した結果はどのようになっただろうか。

■実験結果

　この調査では，夫婦各々が負担しているとした割合の合計を足した場合，2人が正確に各々の分担を認識していれば，合計が100%になるはずである。しかし，実験の結果，両者を足した数値は100%ではなく，それを超える家事や活動が多かった。73%の夫婦が，両者の合計が100%を超えていたのである。

　それは，どちらかあるいは両方が，自分自身の負担を相方が思っているより多いと考えていることによる。これは，どちらかに，あるいは双方に，**自己奉仕的バイアス**が働いていることによる。

　このようなバイアスを生むのは，自己奉仕的認知によると言えるが，その他の理由として，自分のしていることは実体験があり，必ず見えているが，相手のしていることは見えないことも多いという認知的差異も，関係しているとも言われている。具体的なインタビューの内容分析でも，相手のやっていることよりも，自分のやったことのほうが回答として多かったとことも明らかにされた。

（Ross & Sicoly, 1979）

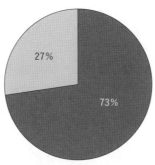

図　夫婦の家事負担率が100%を超えた比率

い。誰にでも起こるとすると，勧善懲悪の世界観は崩れてしまい，また，それはいつでも自分にも起こることになる。それは受け入れ難い。そこに自己奉仕バイアスが生じ，事件や事故に遭った人は，それなりに非難されるべき行為をしたり，良くない性格や態度を持っていたりしていて，それが原因で事故や事件が起きたのだと考える。自己責任という点から犠牲者を非難し，自分の公正感と安全を維持しようとするのである。いじめ事件が生じると，いじめられる側にも悪い点があり，責任があるという批判が生じる。このため，犠牲者は事件に遭っただけでなく，公平観の強い周りの人からも非難されるという，二重の苦痛を負うことになってしまう。

　しかも，困ったことにこの認知バイアスは，周りの他の人は強く持っているが，自分はあまり持っていないと誰もが思っていることが，社会心理学の研究で明らかになっている。犠牲者非難も，他の人は強いが自分はそんなことはないと思っている。実は，このことこそが，**自己奉仕的バイアス**なのである。

優秀で人間味のある人が好き
［アロンソンのピットフォール効果実験］

■考えてみよう

　この実験は，インタビュー途中で自己評価を下げるような行為をしてしまった人を，聞き手がどう評価するかの実験である。インタビューの録音を聞いて，インタビューされている人への印象を尋ねた。

　録音の内容は，米国の大学クイズ選手権へ出場した学生が，50 問のクイズに答えているときの様子である。その学生は頭が良く，クイズが得意で，ほとんど正解で 1 割も間違えない。解答後のインタビューで，彼は高校時代，成績優秀の特待生でアルバムの編集長，さらにはトラック競技の選手だったと答えており，スポーツも勉強も優秀であるという。

　さて，録音では，インタビューが終わる頃，突然ガチャガチャとカップがぶつかる音がする。そして，その学生が「まいったな，コーヒーこぼしちゃった，このスーツ，買ったばかりなのに……」とボヤいている。そこで録音は終わる。聞き手の参加者は録音内容から，この学生への有能さや好意について質問される。

　この実験は別の条件として，コーヒーをこぼさないで，優秀な解答を続けたままで終わる録音でも行われる。また，学生が平凡な学生である場合の実験も行っている。そして，それぞれの人への好意が比較された。どの場合が一番好意的に評価されたであろうか。

■実験結果

　実験の結果，優秀な学生はコーヒーをこぼしてもこぼさなくても有能とされ，好意を持たれた。ただ両者を比較すると，コーヒーをこぼしてしまった学生のほうが好意を持たれた。あまりに完璧な人よりも，優秀だが少々おっちょこちょいの人のほうが好かれることが明らかにされた。

　これをアロンソンは，**ピットフォール（失態）効果**と呼んでいる。この実験結果は，他者への好意を評価するときは，単に優秀さだけでなく，自分と同じような失敗をしたり，あるいは多少劣っている点があると思われる人のほうが，人間味があると思われ，共感を感じ，好意を感じることが明らかにさ

れた。ただし，平凡な学生の失敗は，好意度を下げていた。　　　（Aronson et al., 1966）

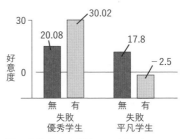

図　失敗をした学生への好意度

第3章
対人認知

1. 第一印象

　初めて会った人に対する認知，それが第一印象である。第一印象は重要である。初対面のときの印象が，その後のその人との関係を決定づけることが多い。さらに，第一印象が重要なのは，第一印象が悪いとその後，会おうとしないし，会っても親しくしようとしないなど，第一印象は後の付き合い方を決めることになるからである。第一印象が良いと，その人とまた会いたくなるし，親しくなりたいと思う。安心してその人と関係を深めることができる。

　社会心理学では古くから，第一印象による印象形成の心理メカニズムが研究されている。印象形成において第一印象が重要なのは，それにより全体が決められ，その後の情報は，最初の情報により作られた印象に影響されて色

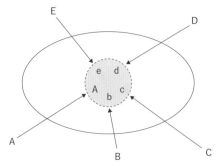

大文字は各性格特性，A は第一印象，小文字は一人の性格特性として統合化された性格特性

図 3-1　印象形成のゲシュタルト・モデル

(Asch, 1946 を元に作成)

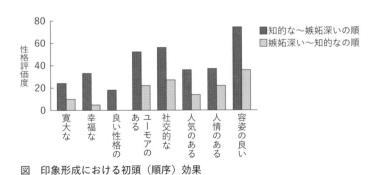

TOPICS 3-1　第一印象は効果的

[アッシュの印象形成の初頭効果の実験]

■考えてみよう

　この実験は印象形成の実験である。実験は，参加者にある人物についての性格特性のリストを読み上げ，その人の印象を聞く。その性格特性のリストは，次のABの二通りで，参加者はそのどちらかを聞く。

　A：知的な，勤勉な，衝動的な，批判的な，頑固な，嫉妬深い，の順。

　B：嫉妬深い，頑固な，批判的な，衝動的な，勤勉な，知的な，の順。

　この2つのリストは順序が逆になっているだけで，内容はまったく同じである。A群の参加者は，社会的に評価が高く，良いとされる性格特性から順番に聞く。B群の参加者は逆に，社会的に悪いとされる性格特性から順番に聞く。社会的評価が逆の順序で同一の性格特性を聞いたとき，その人に対する印象形成にどのような影響を与えるであろうか。

■実験結果

　この実験は印象形成における初頭効果の古典的実証研究である。

　実験の結果，A群の良い性格特性から順に聞いた参加者の印象は，その人に好意的で，多少の欠点はあるが全体として有能であるという印象を形成した。一方，B群の良くない性格特性から順に聞いた参加者の印象は，全体としてその人は，欠点が多く，あまり有能ではないという印象を持った。

　実験では，両群の参加者に，ABの人の性格特性をチェックリストで性格判断をさせ

ている。その結果からも，参加者のAとBに対する性格評価が大きく異なり，寛大さ，幸せな，良い性格，ユーモアのある，人気のある，人情のあるなど，良い性格においていずれも，Aのほうが評価が高かった。さらには，容姿までもが良いとされた。情報内容はまったく同じにもかかわらず，聞いた順序が逆なだけで，かなり違う全体印象が形成されることが明らかにされた。最初に聞いた性格の印象が強い。これが**初頭効果**と呼ばれる現象である。

(Asch, 1946)

図　印象形成における初頭（順序）効果

づけされ，判断されるからである（図3-1）。

　最初の情報が印象形成に大きな効果を持つことを，アッシュは**初頭効果**と呼び，TOPICS 3-1 のような実験でその影響力を実証している。

　アッシュは印象形成において，初頭効果と同じように重要なのは，**中心特性効果**であるとしている。印象を形成するとき，印象を決定づけるような重要な性格特性があり，それが全体の印象形成の決め手となる。アッシュは，その効果も実験で実証している。

　中心特性効果の実験は，TOPICS 3-1 の初頭効果の実験と同じ方法で行われている。まず，参加者をA群とB群の2つに分け，それぞれに，以下のような7つの性格特性を聞かせ，その人の印象を質問している。A，B群の性格リストは次のとおりである。

> A：知的な，器用な，勤勉な，**温かい**，決断力のある，実際的な，注意深い
> B：知的な，器用な，勤勉な，**冷たい**，決断力のある，実際的な，注意深い

　さて，参加者は，A，Bの人に対して，どのような印象を持ったであろうか。実験の結果，Aの人には好印象を持ち，Bの人には良くない印象を持った。AＢは対照的な印象を与えていたのである。その具体的性格評価は図3-2のとおりである。

　Aの人はより寛大で賢く，幸福で，良い性格で，ユーモアもあり，社交的

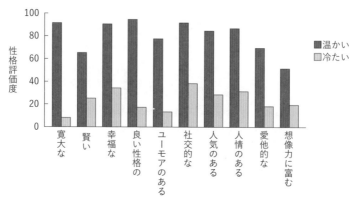

図3-2　**印象形成における中心特性効果**（Asch, 1946 より作図）

TOPICS 3-2 "温かい"先生は好印象
[ケリーの印象形成の中心的特性の実験]

■考えてみよう

　この実験の参加者は，大学の心理学の講義に出席した学生である。授業の直前に心理学部の助手が教室に入り，学生に次のように話す。

　「講義の先生は急に出張になりました。そこで，今日は別の先生が授業を行います。ところで，私たちは講師が違うことによって，学生にどのような影響を与えるかを研究しています。今日は代わりにブラウン先生が担当しますので，講義の終わった後，先生についてのいくつかの質問をさせていただきます。ここに，ブラウン先生がどのような人なのかについて，先生の知人が書いたメモがあります。今，配りますので，先生が来る前に目を通してください」と話し，メモを配布する。

　メモは 2 種類あり，同一のように見えるが，1 カ所異なっている。一方は，「温かく」とされ，もう一方は「冷たく」となっている。

　このメモはすぐに回収された。その後，ブラウン先生が来て，実際に講義と討論が行われた。実験者は教室内に留まり，各学生が討論で何度発言したか数えた。討論が終わり，先生が教室を出た後に，実験者は学生に先生の印象と好意度を聞く質問紙を配り回答を求めた。学生はブラウン先生をどう評価しただろうか。

> ブラウン先生は，MIT 大学の社会科学部の卒業です。先生は，他の大学で 3 学期間，心理学を教えた経験がありますが，この大学で講師をするのは初めてです。先生は 26 歳で，経験豊かです。そして結婚しています。先生を知る人は，先生は，どちらかというと**温かくて**（**冷たくて**），勤勉で批判力に優れ，現実的で決断力があると言っています。

図　配布されたメモ

■実験結果

　この実験は，中心的性格の情報が印象形成にいかに影響を与えるかを現場で実証する研究である。

　実験の結果，メモ情報の「温かい」と「冷たい」の違いが，全体の性格特性の印象に大きな影響を与えることが明らかにされた。好意度において「温かい」とされた先生は，「冷たい」とされた先生に比べ，高く評価された。印象評価についても，「温かい」先生は「冷たい」先生より，より人に配慮し，形式ばらない，社交的で，人望があり，良い性質を持ち，ユーモアにあふれ，

より人情味があると，ポジティブに評価された。

　この結果は，「温かさ−冷たさ」が性格の印象を形づくる際に，中心的特性として印象全体に強い影響を与えることを明らかにした。また，討論に参加した学生の割合は，温かい先生の場合は 56％の学生が発言し，一方，冷たい先生の場合は 32％が発言した。学生は温かいと思われる先生のときは，より積極的に発言したのである。

(Kelley, 1950)

で人気もあり，愛他的で想像力にも富むとされている。Ｂの人には，その特徴が見られていない。しかし，提示されたＡとＢの性格特性の違いは，上記のとおり７つの性格のうちたった１つである。４番目が，Ａの場合は「温かい」，Ｂの場合は「冷たい」である。たった１つの性格特性の違いにより，印象がまったく逆になったのである。

　性格が温かいか冷たいかが，対人的印象に決定的な影響を及ぼしたのである。このような性格を**中心的性格**と呼び，その影響を**中心特性効果**という。日本人の対人印象でも，温かい－冷たいは中心的である。さらに日本人の場合，優しいかどうかも中心的特性となっていると思われる。ケリーはこの中心的特性の印象形成への影響について，TOPICS 3-2 のように，大学の実際の授業で実証している。

　ところで，近年の認知心理学で注目を集めている**プライミング効果**も，印象形成においても大きく働いていると言えよう。

2. プライミング効果

　プライミング効果とは，先行する情報が，無意識のうちに後の判断に影響を及ぼすことを指す。この効果が印象形成にも影響を与えることを，ヒギンズらは次のような実験で明らかにしている。

　この実験では，参加者は２つの別々の実験に続けて参加すると言われる。参加者はまず記憶の実験を行う。「この実験は単語をいくつも読み上げるので，それを覚えるように」と指示される。このとき，読み上げられる単語は，ある集団には「冒険心のある」「自信を持った」「独立心のある」「意志の強い」といったポジティブで積極的な形容詞を示し，別の集団には「向こうみずな」「うぬぼれの強い」「高慢な」「頑固な」といった，積極的ではあるがネガティブな形容詞が示された。読み上げが終わった後，しばらく時間をおいて，覚えた単語をテストされる。

　この記憶実験が終了すると，まったく別の実験として印象形成の実験が行われる。その実験では，参加者は，ドナルドという人物の紹介文を読む。紹介文は以下のとおりである。

　「ドナルドは，多くの時間を興奮や刺激を求めて過ごしている。マッキン
リー山に登ったこともあるし，コロラド川の急流を下ったこともある。また，
自動車レースに出場したこともあれば，モーターボートに乗ったこともある。
彼はけがをすることなど気にせず，命の危険を冒すようなことも何度かして
きた。彼は，今もまた新たな興奮を求めようとしている。おそらく，スカイ
ダイビングか，ヨットで大西洋を横断しようと考えている。彼は，どんなこ
とでもうまくやれると自信を持って行動している」

　この紹介文を読んだ後，参加者はドナルドの印象を質問される。
　実験の結果，参加者は，記憶実験と印象形成実験は別の実験であると思っ
ているにもかかわらず，先行した記憶実験で「意志が強い」などポジティブ
な形容詞を記憶した場合は，ドナルドへの印象は好意的であった。一方，
「向こうみずな」などネガティブな形容詞を記憶した人は，ドナルドに対す
る印象は否定的であった。先に記憶実験に出てきた単語が後の印象形成の際
に無意識に影響したと考えられる。この実験で，プライミング効果が印象形
成に大きな影響を与えることが明らかにされた。

3. 予測の自己実現

　第一印象が大事なのは，それがベースとなって，その後の対人関係を展開
させていくからである。そこには最初の印象に基づいて，その後の対応を自
分で方向づける心理と行動があるからである。この心理メカニズムを**予測の
自己実現**と呼ぶ。
　予測の自己実現のプロセスを図3-3で説明していく。人はある人に初め
て会ったとき，その人にある印象を持ち，それに応じた行動をする。たとえ
ば，相手を怖そうな人だと思ったとする。すると自分も緊張して，その人に
気を張って対応するであろう。それに応じて，相手も気を張って応じること
になる。それを見て，自分は，相手が予測どおり怖い人だと思うのである。
図の吹き出しの中が自分や相手の考え，矢印が実際の行動である。
　このように，予測に従い自らが行動すると，相手はそれに対応した行動を

段階1　AのBの性格に対する
　　　　予想

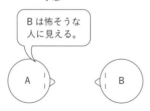

段階2　段階1の予測に基づく
　　　　AのBに対する行動

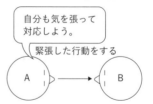

段階3　段階2に基づく
　　　　BのAに対する解釈

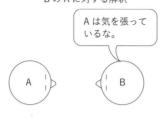

段階4　段階3に基づく
　　　　BのAへの行動

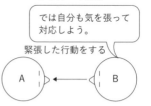

段階5　段階4に基づく
　　　　AのBの性格の確認

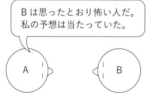

図3-3　予測の自己実現メカニズム

する。それを見て，予測どおりだと確信する。この心理プロセスでは，予測は正確に当たることになるが，実際にそのような人というのではなく，そうなるように自分が行動して，その結果，相手が予測どおりになったのである。第一印象はこのようにその後の行動を決め，相互作用に影響を与える。

4. ネガティブ印象形成

　前述のアッシュの印象形成の実験を日本の学生に行うと，やはり初頭効果が見られ，良い特性からの順序呈示のほうが，良い印象を与える。しかし，

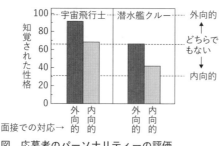

TOPICS 3-3　想定外の印象は，その人特有の性格
［ジョーンズらの役割演技と性格推定実験］

■考えてみよう

　この実験は，面接時の内容からその人の性格を推察するものである。実験参加者に，ある面接場面の録音を聞かせ，その内容から，面接を受けている人の性格が内向的か外向的かを判断させた。

　実験者は録音を聞かせる前に，その面接は，宇宙飛行士の採用面接の録音であること，宇宙飛行士には内向的性格が適していることを伝える。別の条件では，潜水艦のクルーの採用面接であること，クルーには外向的性格が適していることを伝えた。

　録音の内容は，操作されており，応募者が内向的に応対している場面か，外向的に応対している場面か，いずれかを聞かせた。参加者は録音を聞いた後，応募者の外向性，内向性を判断した。

　参加者は，外向的に応対した応募者は外向的性格であり，内向的に応対した応募者は内向的性格であると，録音の内容どおりに判断したであろうか。事前の適性の説明が，判断にどのような影響を与えたであろうか。

■実験結果

　実験の結果，性格判断に事前の適性情報が影響していた。宇宙飛行士には内向性が向いていると言われた参加者は，飛行士の応募者が内向的に応対している場合でも，応募者をそれほど内向的性格とは判断しなかった。また，潜水艦クルーには外向性が向いていると説明を受けた参加者は，外向的に応対しているクルー応募者でも，それほど外向的性格とは判断しなかった。

　それに対して，宇宙飛行士の面接で，適性とは反対の外向的な応対をした人は，非常に外向的性格であると判断され，同様に，潜水艦の面接では適性と反対の内向的な応対をした人は非常に内向的性格であると判断された。

　この実験の結果，人を判断するとき，適性的な行動は個人の個性とは判断されにくく，逆に不適性な行動はその個人の特性だと判断されやすい傾向が明らかにされた。

(Jones et al., 1965)

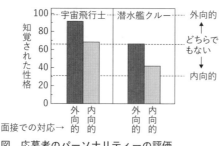

図　応募者のパーソナリティーの評価

その印象は特に良いとはいえず，他方，悪い特性からの順序は，かなり悪い印象を与えていた。

　この結果は，最初でも最後でも悪い性格特性が知らされると，その印象が強く残り，対象者を全体として良くない性格だと見てしまう傾向があるからである。これを，**印象形成のネガティブ・バイアス**と呼ぶ。また，いったんネガティブな印象を持ってしまうと，後からポジティブな情報を得ても覆りにくく，逆にポジティブな印象のほうは，ネガティブな情報が入るとネガティブ評価に変わりやすい傾向がある。

　このように，悪い情報は印象形成に大きな影響力を持つ。それは人は良い印象評価を聞いても半信半疑で，表向きの表現かもと思うが，一方，悪い印象評価を聞くと，それを本当のことと思う傾向があるからとされる。進化心理学者によれば，この傾向は進化上獲得したもので，対人関係上，危険な人からの回避が優先されてきたからである，とされている。

5. 自己呈示

　自己呈示とは，相手に与えたい自分のイメージを自ら印象操作し，相手に見せることである。自分に力があることを示すために，権力をふるったり，

表 3-1　自己呈示の種類別に見た操作したい印象内容と典型的な行動

自己呈示	相手に喚起させたい感情	求める評価	失敗した場合の評価	典型的な行為
取り入り	好意	好感が持てる人	卑屈な追従者	意見同調 表面上の好意，お世辞
自己宣伝	尊敬，評価	能力がある人	不誠実 自惚れな	自己のパフォーマンスの吹聴
模　範	罪悪感 恥	価値がある立派な人	偽善者	自己否定，援助 献身的努力
威　嚇	恐怖	怖い人	暴力的 乱暴	脅し，恐喝 怒り
哀　願	保護・介護	かわいそうで不幸な人	要求の多い人 被害者ぶる人	泣き落とし 援助の懇願

(Jones, 1964 を元に作成)

TOPICS
3-4

見る角度により対人評価が変わる
［テイラーとフィスクの視点の効果の実験］

■考えてみよう

　この実験は，会話している2人の人のリーダーシップを，観察者が評価する研究である。実験は部屋の中央で2人が向き合って話している様子を，観察者6人が斜め後ろと横の異なった３つの方向から観察した（図1）。

　観察者ＡとＡ'の角度からは，Ｘの顔が正面に見え，Ｙの後姿が見える。観察者ＢとＢ'にはＹの顔が正面に見え，Ｘの後姿が見える。2人の話者の横のＣとＣ'には，XY両者の横顔が見える。

　2人の話者は，実験者からバスの中で初対面の２人が自己紹介して，おしゃべりをするような感じで話をするように言われる。

　2人の会話は5分間くらいである。話の内容は，大学の専攻，出身，家族，課外活動等の話を同じくらい話すように実験者から指示されていた。2人の会話が終了後，実験者は各観察者に，2人の名前，そのと

きの会話の親密度や会話力，神経質の程度などを質問した。さらにＸとＹがそれぞれどのくらい会話をリードしたか，各々のリーダーシップの程度を聞いた。各位置の観察者は会話者をどのように評価しただろうか。

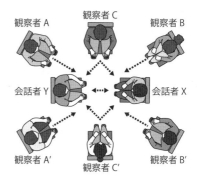

図1　実験のレイアウト

■実験結果

　この実験は，視点の違いからの**顕著性**（**セイリエンス**）が対人評価に及ぼす影響についての実証的研究である。実験の結果，2人の話者のうち，どちらの人が会話をリードしたかについては，観察者の見る位置が判断に大きく影響していた。

　Ｘの顔がよく見える観察者ＡとＡ'は，会話者Ｘが主導的であったと評価した。会話者Ｙの顔がよく見える観察者ＢとＢ'は，Ｙが主導的であったと評価した。XY両方の会話者が均等に見える観察者ＣとＣ'は，主導性は両方同じくらいであったと評価した。

観察者からの顕著性が，リーダーシップの判断に影響することが明らかにされた。

(Taylor & Fiske, 1975)

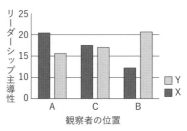

図2　知覚セイリエンスのリーダーシップ判断への影響

怒ってみせたりする。また，涙を流し，弱さを見せるなどである。ジョーンズは自己呈示の具体的内容と方法を，表3-1のように分類している。

(1) 取り入り

　取り入りとは，人から好かれるように自分を呈示をすることである。職場で上司から好かれると，それが高い評価につながり，昇進や昇格につながり，自己利益が増し，損失防衛につながると思い，この自己呈示を行うのである。そして，上司に好かれるように意識的に話を合わせたり，お世辞を言ったりして，ゴマをする。内心では思っていないのに，称賛したりする。

　しかし，人は誰に対しても取り入り行動をするわけではない。取り入りに積極的になるのは，相手が自分に対して多くの利益を与えてくれる人で，さらに自分の呈示する好意を素直に歓迎してくれそうな人に自己呈示するのである。そのことはTOPICS 3-5の実験で証明されている。

　この上司や権力者に対するお世辞やゴマすりなどは，**他者高揚の自己呈示**と呼ばれている。お世辞の内容は，大半が誇張称賛や好意，つまり相手に対する大げさな評価と極端なへつらいである。自己評価を高めたいと思っている上司には効果的である。上司は，自分を高く称賛してくれる部下がいると，その称賛により，自己評価を高めることができる。上司はそのような部下には好意を持ち，その部下の多少無理な要求も受け入れることになる。これで，称賛した部下は上司に取り入ることができ，自分の要求が思い通り，目的が達成できる。

(2) 自己宣伝

　自己宣伝は，自分の知識，技術，学歴，美貌，家系，資産などを吹聴して，自分がいかに優秀であるかを相手に印象づける方法である。ただ，飛び抜けた業績や資産を持っている人は，周りの人も分かっているので，自己宣伝を行う必要は感じない。それを持たない人が周りの人から高い評価を得ようとするとき，自己宣伝する。このため自己宣伝は，大げさにすると信憑性を失うというジレンマがある。また，自己宣伝は，日本では特にうぬぼれとか不見識，ホラ吹きといった否定的な印象を持たれてしまうことが少なくない。

TOPICS 3-5

上司の性格を見て，取り入る
［ジョーンズらの取り入りの迎合実験］

■考えてみよう

　この実験は，学生が上司と部下になり2人で課題を遂行する，ビジネス・シミュレーション実験である。

　部下の大学生は実験が3部構成になっていると言われる。第1部で課題のやり方を練習し，第2部でお互いをより良く知る機会が設けられ，第3部で本番の課題を行うと説明される。

　第1部の練習として，広告コピーのうち最も良いものを選ぶという課題を行う。課題が終わるとすぐにその場で成績が示されるが，部下は自分の成績が良くなかったことを知る。これにより，部下は本番での自信をなくすことになる。

　このとき，ある条件では，実験者から上司が成績を決める強い権限を持っていると伝えられる。別の条件では，上司は単にマニュアルで正解をチェックするだけであると伝えられる。さらに，上司は人間関係を重視するタイプであると伝えられる場合と，上司は課題の成果を重視するタイプであると伝えられる場合がある。

　さて，第2部で互いを知る時間になる。このとき，部下に知り合う材料の1つとして，いろいろな社会的問題についてのアンケート用紙が渡される。そこには，すでに上司の意見の評点が記入してある。部下は，それを見たうえで，自分の意見を上司の評点の隣に書くように言われる。そして，その回答は部下の意見を上司に知らせるために，再び上司に戻されると伝えられる。

　この実験の目的は，上司のタイプにより，第2部で部下が上司の意見に合わせて，自分の意見をどの程度，上司寄りに変化させるかを調べることである。

　上司の4タイプには，人間関係を重んじるタイプか，業績重視のタイプか，また，成績評価に強い権限を持つか，あまり権限は持っていないかがある。

　部下の学生は，どのタイプの上司に最も迎合しただろうか。

■実験結果

　結果は，部下は上司が自分への評価を決める強い権限を持っている場合で，しかもその上司が人間関係を重視するタイプであると知らされた場合に，最も多く上司の意見に自分の意見を合わせていた。

　この実験により，部下はどんなときでも上司に迎合し，取り入るわけではなく，部下は状況や上司の性格を知ったうえで，したたかに取り入り行動を行っていることが明らかにされた。

（Jones et al., 1965）

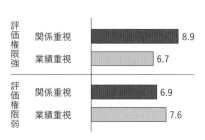

図　上司の特性と上司への意見同意数

(3) 模 範

模範は，みんなの前で目立つように社会の模範，組織や集団の模範となるような行動をしてみせ，それにより高い評価を得ようとする自己呈示である。上司に評価されるような行為を目立つように行うことが多いが，逆に，上司に反抗したり社会の不正を訴えたりなど，自分が正義のヒーローであることを示し，周りから高い評価を得ようとする場合もある。

(4) 威 嚇

脅したり怒鳴ったりして相手に自分の強さを示し，恐怖心を与え，自分の思いどおりに相手を動かそうとするのが，威嚇の自己呈示である。威嚇された人は恐怖心から，内心はともかく表面上は自分に従わざるをえないようにさせるという呈示である。

(5) 哀 願

哀願は，泣いたり，謝ったりして，自分の弱さを見せながら，その実，自分の思いどおりに相手を動かそうとする自己呈示である。

6. 自他評価のバイアス

性格や能力を評価するとき，同じ状況でも，自分の場合と他の人の場合ではかなり異なる。たとえば，他人が失敗したときは，その人の性格や能力に帰属する傾向がある。彼は怠け者だから，頭が悪いからなど，他者の内的特性に帰属とする。しかし，自分が失敗したときは，状況や相手の人あるいは運の悪さが原因だとして，外的特性に帰属しがちである。これを**基本的帰属の錯誤**という。

ニスベットらはこの傾向を**行為者−観察者帰属バイアス**と呼びTOPICS 3-6のような実験を行っている。

TOPICS 3-6　自分の場合と他者の場合では，同じことでも原因は違って見える

［ニスベットらの行為者と観察者の帰属の差異実験］

■考えてみよう

　この実験では，男子学生に次の項目について自分がなぜそのような選択をしたのか，その理由を回答させた。

　① 自分が現在のガールフレンドを好きな理由

　② 自分が今の専攻を選んだ理由

　自分について回答した後，親友を1人思い浮かべ，同じ内容の質問に対して回答を求めた。ここでの親友は，同性，同年齢の最も親しい友人とした。

　③ 親友が彼のガールフレンドを好きな理由

　④ 親友が今の専攻を選んだ理由

　さらに，自分と親友についての理由を比較し，簡単に説明するように求めた。

　両者の回答や，理由にどのような違いが見られたであろうか。

■実験結果

　この実験は，自分と他者の行動選択に対する原因帰属の違いを実証する研究である。

　実験の結果，自分の理由と親友の理由を比較すると，自分がガールフレンドを好きな理由については，ガールフレンド側の要因の容姿や社交性などを挙げることが多かった。しかし，親友のガールフレンド選択理由については，親友の要因とガールフレンドの要因とほぼ同数であった。

　また，専攻の選択については，自分の場合は，専攻領域の要因と自分の理由をほぼ同数を挙げていた。一方，親友の場合は，親友本人の得意科目などの要因をより多く挙げていた。このことは，他人の行動についての原因帰属には，その人の個人的要因を選択の理由として考えることが多いことを明らかにしている。

　ニスベットはこの傾向を，**行為者 – 観察者帰属バイアス**と呼んでいる。行為者（自分）側からは周囲の状況がよく見えるので，周りに理由を求め，一方，観察者としては行為者（相手）が知覚的に目立つので，それを理由としやすいとした。そして，この視角の違いから，帰属の違いが生まれると説明している。ただし，他に，両者の持っている情報量の違い，セルフ・サービング的帰属傾向の違いという点からの説明もある。

(Nisbett et al., 1973)

第 II 部

社会的感情・欲求とコミュニケーション

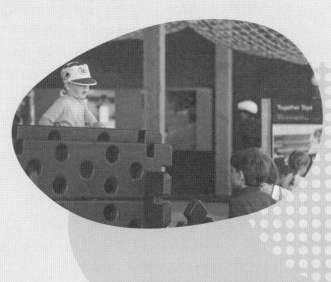

第4章
社会的感情

　人の人生，大きな出来事にも，日々の生活での出来事にも，さまざまな感情が常に伴う。ときに泣き，ときに笑い，人生は悲喜こもごも，喜怒哀楽に満ちている。その感情は個人の内面の発露である。しかし，その発生原因は極めて社会的，対人的である。感情の大半は社会生活や人間関係の中で感じる。入学試験や就職試験で受かったときの喜び，その喜びを親や友人と分かち合ったときのさらなる喜び，落ちたときの悲しみ，周りからの同情，試合や競争に勝ったときの有頂天と優越感，負けたときの失望感と悔しさや劣等感，団体競技で勝ったときの仲間との高揚感と一体感，集団から無視されたときの孤独感や恐怖心，また，家族との愛，友達との友情，恋人への恋心など，人はポジティブな感情もネガティブな感情も，その大半を集団や人との関係の中で感じる。

　このように，感情的体験は社会生活や人間関係と深く関係している。この点で感情は，社会心理学の重要な領域となっている。たとえば，人は他の人と一緒のときのほうが，一人のときよりよく笑う。また，人の涙もまた，人の涙を誘う。それを仕事としている泣き屋がいる文化もある。

1．情緒の生起プロセス

　人は，喜怒哀楽のような感情や情緒を，どのような機序で感じるのであろうか。それが行動とどう関連しているのであろうか。心理学では古くからそのプロセスが研究されてきている。常識的には，情緒と行動の関係は，試験に落ちて，悲しくて，泣いた。強盗に襲われ，怖くなって，逃げた，というプロセスが考えられている。しかし，米国心理学の創始者ジェームズは，人の情緒と行動の関係について驚くような逆説的な説明をした。ジェームズ説

TOPICS 4-1　誰かが怒っていると，自分も怒りを感じる

[シャクターとシンガーの情緒の生理・認知説の実験]

■考えてみよう

実験参加者は，この実験は生理的興奮と認知の関係を調べる研究であると言われる。参加学生は，サプロキシンと称する薬の注射を受ける（実際には興奮剤のアドレナリンである）。このとき，注射後の副作用として心拍の増加や震えなどが生じるという，アドレナリン反応の正しい情報を伝える条件と，注射の副反応については何も知らせない，2つの条件で行われる。アドレナリンは一時的に興奮をもたらすホルモン剤である。交感神経系を興奮させ，心拍の増加，震え，ほてり，呼吸増進などを引き起こす。

注射をした後，学生は同じ実験に参加している学生と一緒に控室で待つように言われる。そのとき，一緒の学生が控室で陽気にはしゃいで，紙飛行機を飛ばしたりしている場合がある。また，別の条件の学生の場合，一緒の学生は最初，質問紙に答えているが，その質問内容に声を立て怒り出し，質問紙を破って床に投げ，部屋を出て行く場合がある。

さて，このような様子を見たとき，学生は，どのような感情を持ち，また行動したであろうか。感情が質問紙により回答を求められ，また行動が一方視の窓から観察され調べられた。

■実験結果

実験の結果，事前に薬の副反応について正しい情報を与えられていた学生は，自分の興奮は薬によるものだと思うので，一緒の学生が陽気になっていても，怒っていても，影響はなかった。一方，薬の情報が知らされなかった学生は，一緒にいた学生の感情に影響された。一緒の学生が陽気な行動をしているのを見たときは参加者も陽気になり，一緒にいた参加者が怒った行動をとっているのを見た場合，参加者も怒りを感じていた。参加者は，自分の興奮の原因が分からない場合，周りの人の感情や行動に影響され，興奮の原因をその人と同じ感情に帰属させ，その人と同じような情緒を感じ，行動したのである。

(Shachter & Singer, 1962)

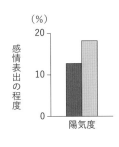
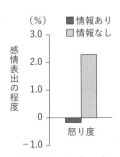

図　情報がある場合とない場合の感情表出の程度の違い

は，たとえば悲惨な状況に置かれると，涙が出たり声が震えたりするなど身体的反応が先に起こり，それが中枢神経に伝達され，脳がこの反応は悲しみの反応だと判断し，悲しみを感じる，というのである。これが「泣くから悲しい」という言で有名な，**情緒の末梢神経起源説**である。

　しかし，この説には多くの疑問が提出された。生理学者のキャノンとバートは，外からの刺激はまず間脳に伝えられ，そこから一方は中枢神経に向かい情緒を感じさせ，他方，同時に遠心性末梢神経系を通して，涙や震えなど身体的反応を生じさせる，とした。これが**情緒の中枢神経起源説**であり，以後，主流の考えとなっている。

　近年，脳の研究が発展し，脳波やfMRI（機能的磁気共鳴断層撮影）などの計測が利用され，この考え方のもと，脳と心理や行動の関係が詳細に研究され，生理社会心理学として多くの成果を生んでいる。

　ただ，一方で社会心理学者のシャクターらは，前述のジェームズ説を再検討し，**情緒の生理・認知説**という情緒の2要因説を唱えている。それによると，情緒を感じるときは，どんな情緒でも同じような生理的反応，つまり，心臓がドキドキしたり息がつまったりする。このため今，感じている情緒が恐怖のドキドキなのか喜びのドキドキなのかは，生理的反応だけでは決まらず，本人がそのとき置かれた状況をどう認知するかにより，どんな情緒であるかを判断し，決まるとしている。その実証として，同じ生理的反応に対して異なる情緒を感じることをTOPICS 4-1の実験で明らかにしている。

　しかし，最新の研究では，情緒の生理的反応やホルモンの分泌，脳内変化などの詳細な分析が可能となり，生理的反応もそれほど単純単一ではないことが明らかにされてきており，現在では情緒の種類と個別の情緒との関係が詳細に研究されている。

2. 泣き笑いの社会心理

　泣いたり笑ったりするのは人間の感情の大きな特徴である。しかも，この泣き笑いは主に社会的状況や対人関係の中で生じる。このことからも，人間は社会的動物であると言えよう。人はつらいとき，どうにもならないとき，

TOPICS 4-2　感謝の気持ちがやる気を起こす
[バートレットとデステノの感謝とやる気の実験]

■考えてみよう

　この実験の参加者は，課題を出され，コンピュータに向かって，各自の課題に取り組むように言われる。参加者は並んで作業している。各々独立した類似の課題をやっており，課題が終わったら集計して，実験者に報告して各自退出してよいと言われている。

　さて，ある参加者が作業を終え，最後の集計のとき，コンピュータがフリーズしてしまう。実験者にそれを伝えると，最初からやり直すように言われ，困惑してしまう。そのとき，作業を終え，帰ろうとする隣りの参加者がその参加者を見て，「大変ですね，困りましたね。私はコンピュータが得意なので，見ましょうか」と援助を申し出，フリーズを直して，作業を完了させる。

　実験を終えた参加者が外に出ると，先ほど援助してくれた人から呼び止められ，心理調査のデータを集めているので助けてくれないか，と援助を求められる。大量の心理調査である。そして，できるだけやってほしいと言われ，出来上がった分を，フォルダーに入れておいてほしいと言われる。当の要請者はそのまま外に出してしまう。

　実験は，この参加者がどの程度の量の心理テストに答えるか調べられた。

　比較のため，コンピュータが正常に動く参加者に，単に心理調査の援助を求め，両者がやった心理調査の量を比較した。どちらの参加者がより多くの援助行動を行ったであろうか。

■実験結果

　実験の結果，心理調査を終えた量は，コンピュータが故障して援助を受けた人のほうが，助けてもらわなかった人より30％多かった。また，故障し援助された人の，援助者への感謝の気持ちを測定した結果，感謝の気持ちが多い人ほど終了した心理調査の作業量は多かった。

　これは借りた借りを返す心理が働いたと考えられる。しかし，追加実験で，苦境を助けられ感謝の気持ちを持った参加者に，助けた本人ではなく，まったく別の人が心理調査の依頼をしたところ，やはり援助量が多かった。このことにより，感謝の気持ちは単に借りを返すだけの感情ではなく，誰に対しても協力したくなる感情を起こしたと考えられる。

　この実験は，感謝の感情を持つと，人は寛大になり，援助したくなることを実証したと言える。

(Bartlett & DaSteno, 2006)

強いストレスで涙を流す。人はなぜ悲しいと涙を流すのか。それについては分からない点が多く，説明には諸説ある。精神分析学的には，涙を流し泣くことには感情的にカタルシス効果（浄化作用）があり，ストレスが低減されるとしている。生理心理学的には，涙の成分にストレス解消ホルモンのコルチゾールが含まれており，ストレス緩和に役立つとされる。そして，社会心理学的には，涙を相手に見せることにより窮状を訴え，相手や周りから援助や許しを求める対人コミュニケーション手段の自己呈示であるとされる。

　一方，笑いにもストレス解消作用があるとされる。実際，落語を聴いた前後にストレスホルモンのコルチゾールを測定すると低下したなど，笑いの健康効果についての実証的研究がある。また，笑いは対人コミュニケーション手段として用いられている。一緒に笑うことにより一体感が生じ，緊張がほぐれ，ストレスが解消される。お笑いのビデオを1人より複数の人で見ているときのほうが，よく笑うことが実験で明らかにされている。

　笑いには，英語でラフ（Laugh）とスマイル（Smile）の2つがある。この2種類の笑いは，進化上の系統が異なり，笑い（ラフ）はダーウィンが指摘しているように優越感からの攻撃心の表出であり，心理的にも，笑い飛ばすことになる。一方，スマイルのような微笑みの表情は，防衛のため相手に従属を示す表情で，相手の攻撃を止め，関係を良くする手段となっている。

3. 感情の表出

　感情は顔の表情に表れる。表情とは，「情を表す」と書くが，人間が顔で感情が表せるのは，他の動物と比べ顔に表情を表す筋肉が図4-1のように数が多く，これを動かすことで豊かな表情を作り，感情を表出しているからである。

　では，ある情緒を感じたとき，どんな表情になるのか。そのときは，30以上もある**表情筋**が感情に応じて動くことになる。眉を上げたり下げたりなど，表情筋を意識的に動かすこともできる。ただ，表情筋は多くの場合，無意識的に，むしろ意識するより早く動く。エクマンは，どんな感情のときに，どの筋肉が動き，どんな顔面変化が生じるのかを研究し，表情筋による

TOPICS 4-3

人生で最もストレスが大きい出来事は何か？

［ホームズとレイエの社会的再適応尺度］

■考えてみよう

　この調査は，日常生活におけるストレスの基準を決める研究である。人が人生において経験するさまざまな出来事において，そのことをどれくらい大きなストレスと感じるかを数値化するための，ベースを作成する調査である。この尺度ではストレスの大きさを，ある出来事が起きたときから正常な元の生活に戻るまでに必要とした経過時間を指標とし，その時間を社会的再適応度とした。出来事の内容が望ましい場合も，望ましくない場合も，その出来事から正常な状態になるまでに必要な時間を基準として，ストレス度を決めたのである。

　リストに取り上げたのは，日常経験の 43 の出来事である。参加者は，その出来事の一つひとつについて再適応の時間を評定するが，その基準点として，結婚したときから普通の生活に戻るまでの時間経過を 500 点とし，それをベースとして各出来事を判断し，結婚のときよりどのくらい長い時間がかかったか，あるいは短い時間だったかを考えて評点するようにと言われる。

　下表の 10 項目の各出来事は，どのくらいの評価点となったであろうか。

■実験結果

　参加者の評点の平均値を示したのが下表である。これは実際の点を 10 で割っているので，基準の結婚が 50 点となっている。実験の結果，50 点以上の出来事は 6 項目あったが，いずれも自分あるいは近親者の不幸な出来事であった。

　一番大きなストレスは配偶者の死で，結婚のときよりも再適応まで，倍の時間を要するとされた。また，夫婦の離婚と別居が 2 位，3 位であった。このことから，夫婦の不幸な出来事が，最も大きなストレスであることが

明らかにされた。この調査は米国で行われているため，米国人の夫婦関係の重要さが大きく反映されていると思われる。ただ，日本の調査でも，これらの出来事が同じように重大なストレスとなっており，正常な生活になるまでに長い時間がかかり，再適応が難しいことが明らかにされている。また，基準点として挙げた結婚が，結果的にはポジティブな出来事のうち，最もストレスが大きいことが明らかにされた。

(Holmes & Rahe, 1967)

表　ホームズのストレス再適応度（ストレス度の高い 10 項目）

順位	ライフイベント	ストレス度	順位	ライフイベント	ストレス度
1	配偶者の死	100	6	自分のけがや病気	53
2	離婚	73	7	**結婚**	50
3	夫婦別居生活	65	8	解雇・失業	47
4	拘留	63	9	夫婦の和解・調停	45
5	親族の死	63	10	退職	45

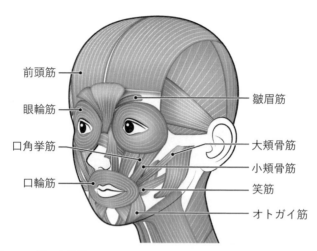

前頭筋

皺眉筋

眼輪筋

口角挙筋

大頬骨筋

小頬骨筋

笑筋

口輪筋

オトガイ筋

図 4-1　顔の表情筋

表情分析を行っている。

■**エクマンの 6 つの基本的情緒**■

喜び，嫌悪，驚き，悲しみ，怒り，恐怖

　エクマンの基本の 6 情緒の表情筋変化について以下に簡単に見ていく。自分で鏡を見ながら作ってほしい。実際の表情は，TOPICS 4-4 の写真に示した。

a. 喜びの表情

　喜びは，特に口と目に表れる。唇の両端が後方，上に引っ張られる。頬が上がるため，目の下まぶたが上がり，目が細くなる。目尻が下がる。

b. 嫌悪の表情

　眉が下がり，鼻に皺が寄る。上唇は上がり，下唇は上がる。

c. 驚きの表情

　眉が上がり，目が大きく開かれる。あごが下がり，口が開かれる。額に横

TOPICS 4-4	世界中で笑顔は同じ，怒り顔も同じ ［エクマンの表情判断の比較文化的実験］

■考えてみよう

　人は顔の表情から相手の人の感情を読み取ることができる。何も言わなくても，表情から，その人が喜んでいるか，怒っているか，悲しんでいるかを知ることができる。表情は対人関係の非常に重要なコミュニケーション・チャネルである。

　エクマンは文化の異なる５つの国民に対して，下の表情写真を見せて，Ａ〜Ｆのそれぞれがどんな感情を表しているか，推測させた。

　見慣れていない外国人の表情にもかかわらず，簡単に表情判断ができるかどうかを調べている。

〈問〉写真Ａ〜Ｆはどのような情緒を表していると思うか

　　Ａ　　　　　Ｂ　　　　　Ｃ　　　　　Ｄ　　　　　Ｅ　　　　　Ｆ

(Ekman, 1973)

■実験結果

　比較文化的実験の結果から，文化の異なったどの国民も，かなり高い率で各々の顔の感情を正しく判断していることが示された（表）。このことから，基本的な感情においては，表情表出と表情判断は人類共通で，顔の表情による感情的コミュニケーションが文化を越えて可能であることが明らかにされた。ただし，この結果を見ると，日本人は，他の国民の悲しみや恐れなどネガティブで受動的な表情の感情の判断は，ポジティブな表情に比較して，あまり正確でないことが分かる。

(Ekman, 1966, 1973)

表　５つの文化における表情写真と情緒判断の一致度（数値は％）

写真の記号 エクマンの情緒分類	A 幸福	B 嫌悪	C 驚き	D 悲しみ	E 怒り	F 恐れ
米国	97	92	95	84	67	85
ブラジル	95	97	87	59	90	67
チリ	95	92	93	88	94	68
アルゼンチン	98	92	95	78	90	54
日本	100	90	100	62	90	66

皺ができる。

d. 悲しみの表情

　眉が中央に引っ張られ，三角形ができる。目は伏し目になる。唇は両端が下がる。

e. 怒りの表情

　眉は中央下方に強く引っ張られる。眉間には強い縦皺ができる。目が緊張し，硬直し，飛び出す。鼻も緊張し，鼻孔が広がる。口は固く閉ざされるか，突き出される。

f. 恐怖の表情

　顔全体が緊張と震えに包まれる。目は上まぶたが上がる。下まぶたも緊張し，上がる。口も緊張し，後に引かれる。

　このような表情表出は多くの場合，意識して動かすのではなく，感情に応じて表情筋が無意識に動く。抑えようとしても，止めることができないことが多く，本心が顔に表れてしまう。このため，表情の判読により相手の本心を知ることができるとされ，対人コミュニケーションにおいて極めて重要なツールとなっている。エクマンは人の表情判断能力は，人類進化の過程で獲得したものであるとしている。民族が違っても，人は同じ感情に対して同じような表情をし，文化が違っても相手の表情から相手の感情が読み取れるとしている（TOPICS 4-4）。

　また，カシオッポは，好悪の表情筋の無意識の動きを調べている。その実験では，参加者にいろいろな事柄のスライド 50 枚を見せ，それぞれについて好き嫌いを聞いた。同時に顔面に表情筋の活動を測定した。実験の結果，好きなスライドのときは頬骨筋が動き，嫌いなスライドのときは皺眉筋が動くことが分かった。頬骨筋は口の周り，皺眉筋は眉のあたりの表情筋である。日本人は特に自分の本心を隠そうとするため，表情を抑えたり，作ったりするので，表情からの好悪の判断が分かりにくいと言われている。しかし，隠そうとする意識より無意識の表情筋のほうが速く反応するため，瞬間の筋肉の動きに本心が表れる。

　人の表情筋と感情の関係について，前述した**情緒の末梢神経起源説**に基づ

TOPICS 4-5

自己開示はストレスを解消する
[ペネベイカーとビールの自己開示のカタルシス実験]

■考えてみよう

この実験の参加学生は4つのグループに分けられ，4日間毎晩15分間，その日の出来事について自己開示の日記を書くように言われる。そのとき，4つのグループは，それぞれ次のような指示を受けた。

①日常の出来事を，できる限り客観的に書くこと。

②強いショックを受けたことについて，そのときの感情のみを書くこと。

③強いショックを受けたことについて，感情的なことは一切書かないで，客観的事実のみを書くこと。

④強いショックを受けたことについて，客観的事実とそのときの自分の感情の両方を書くこと。

参加者は，毎晩日記を書く際，血圧と心拍数を測定した。また，その時点での自分の悲しみ，罪悪感などの具体的な感情についても評価した。

この日記による自己開示の参加者の長期的な効果を調べるために，4カ月後，各参加者に健康センターへの訪問頻度や健康に関する質問を郵送し，回答を求めた。同時に学生健康カウンセリングセンターから，各学生のその間の来院頻度や病歴などのデータを得た。どの自己開示が健康に役立ったであろうか。

■実験結果

この実験は，自己開示と感情の関係についての実証的研究である。

日記を書いた直後の感情は，心理的に強いショックについて書いた②③④のグループの学生は，ネガティブな感情を強く感じていた。特に④の，事実と感情の両方を書いた学生は，強いネガティブ感情を表し，血圧も上がっていた。このことから，ショックな体験の自己開示は，その時点で感情的興奮を引き起こすことが分かった。その効果は精神分析でいうカタルシス効果とはいえず，むしろネガティブな感情を強めることを示していた。

一方，実験の4カ月後の健康状態に関して，④の両方自己開示の場合，健康センターへの来院頻度が他の条件よりも少なかった。

この結果は，外傷体験についての事実とそのときの感情の両方を開示することが，その後，長期的に見ると当事者の健康に望ましい効果を持つことが示されたものと言える。

また②と③，つまり感情開示条件と事実開示条件を比較すると，感情開示条件のほうがより長期的に健康に効果があることも明らかにされた。　(Pennebaker & Beall, 1986)

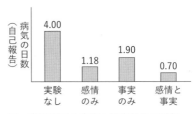

図　自己開示の内容と健康効果の関係

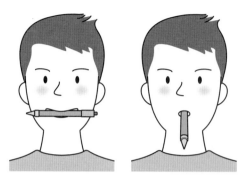

左：ボールペンを横に挟む　　右：ボールペンを縦にくわえる
図4-2　対人感情と対人行動

いた研究もなされている。その研究によれば，感情が表情に表されるのではなく，顔の表情筋の動きが脳に伝わり，そのときの感情を生み出すとしている。そのことは次のような実験により実証されている。ある参加者にはボールペンを歯で横に挟みながら，漫画を読む（図4-2）ように言う。別の参加者には，ボールペンを唇で縦にくわえながら，同じ漫画を読む。読み終えた後，両者は読んだ漫画の面白さを評定した。その結果，横に挟んだほうが，より面白いと評定した。それは，横に挟んだときの表情筋が，笑いの表情筋の動きと同じだからである。これは，**情緒のフィードバック理論**と言われる。このため作り笑いの表情でも感情を生じさせる，と説明されている。

4. 身体温度と対人感情

　相手の人への温かい行為と身体的温度との，無意識的関連を調べた実験がある。この実験では，実験助手が1階で待つ実験参加者を4階の実験室に案内する。このとき，1階からエレベーターで4階の実験室まで行く途中で，実験助手は，参加者に温かいコーヒーか冷たいコーヒーのいずれかを持ってもらい，参加者はそれを持ったまま実験室に移動する。さて，実験室での実験が終った後，参加者たちに一緒にいた実験助手に対する印象を聞いた。その結果，温かいコーヒーを持った参加者は，冷たいコーヒーを持った参加者

TOPICS 4-6　苦痛も終わりよければすべてよし？
［カーネマンらの冷水苦痛のピークエンド実験］

■考えてみよう

　この実験の参加者は前後2回，冷たい水に片手を入れ，その間に感じた苦痛の程度を数値で報告するように言われる。1回目と2回目の違いは，手を冷水につけている時間である。1回目の短時間のほうは，60秒間である。2回目の長時間のほうは，同じように60秒冷水に手を入れた後に，もう30秒間，最初の60秒間のときより少し温度を上げ，冷たいが前半よりも冷たくない水に手を入れ続けた。

　2回の実験を終えた後，実験者は参加者に，次の日同じ実験を1回だけ行うが，1回目の短時間のほうと2回目の長時間のほうのどちらを行いたいか，と尋ねた。参加者はどちらを選んだであろうか。

■実験結果

　実験は参加者に最初の60秒間の苦痛の度合いを聞いているが，長短，どちらの実験条件でもほぼ同一の苦痛であった。しかし，参加者が次の日行いたい実験として選んだ実験は，約70％の人が長時間を選んだ。物理的には2回目の長時間のほうは，短時間のほうよりも長く苦痛を受けたはずである。それにもかかわらず，最後，少々楽になっているほうが，終わった後の印象が良く，好まれていることを示している。この結果は，ある出来事の全体印象が，終わりの時点での印象によって強く決定されるということを示している。

　これは，カーネマンのいう，出来事の印象の**ピークエンドの法則**のエンドの効果である。人はある出来事が終わった後の印象は，そので出来事のなかで感情的に最大のこと（ピーク）と，最後の感情（エンド）により決定されるとされている。この実験はエンド効果を実証した研究である。

（Kahneman et al., 1993）

よりも，実験助手を「温かい人」であると評したのである。この結果は，物理的な温かさが，無意識に相手の人の心理的な温かさを決めていることを明らかにしたのである。

5. 対人感情と対人行動

　日頃の人間関係の中で一番に気にしているのは，相手の人の自分に対する対人感情であろう。相手の人は自分に好意を持っているのか，本当は嫌いではないのかと，相手の自分に対する好悪の感情を気にしている。また，相手は自分を下に見ているのではないかと，優劣の感情も気にして対人行動をしている。この対人感情は，対面する対人関係を強く左右するので，社会心理学的にも重要な分野と言えよう。

　対人好悪による対人行動の違いを，図 4-3 に示す。相手に好意を持っている場合，親和（友好）的，援助的行動が多くなされ，依存的行動もなされる。逆に相手に嫌悪的感情を持っている場合，回避的，拒否的，攻撃的な行動が多くなされる。

　ところで，感情は合否や勝敗などの行動結果により大きく左右される。勝てばうれしいし，負ければ悔しい。しかし，結果だけで感情が決まるのでは

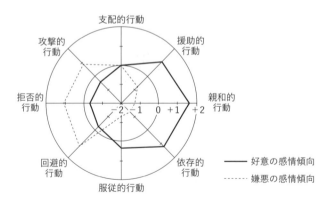

＊数値の高いほうがその行動をよくする度合いが高いことを示す。

図 4-3　対人感情と対人行動（齊藤, 1990）

なく，それをどう受け止めるかにより，感じる情緒は変わってくる。人の感情は対人比較で左右される。ある研究者が，オリンピックの金・銀・銅メダルの選手の表彰台での喜びの感情を比較している。当然，金メダルの選手は大喜びである。では，銀と銅の選手はどうであろうか。銀は 2 位なので，3 位の銅の選手より，喜ぶはずである。ところが，分析の結果，銀の人は，もう少しで金がとれたのにと悔しがっているのに対して，銅の選手は表彰台に上れたことを喜んでいたことが分かった。その喜びは 2 位の選手より大きかった。つまり，社会的比較が，喜びの感情の程度を左右していたのである。

6. ポジティブ心理学

　従来の心理学は，不安や神経症など，主にネガティブな感情面を多く扱ってきている。しかし，20 世紀の終わり頃，米国心理学界ではセリグマンにより，人間の強みや価値など肯定的な感情面に焦点を当てるポジティブ心理学が提唱された。彼は，人はポジティブな感情のもとで生きていかないと幸せになれないと考えた。このポジティブ心理学では，人生を長く幸せに生きるウェルビーイングが大事であるとしている。そして，その**ウェルビーイング**の具体的内容として **PERMA** を挙げている（表 4-1）。これは，幸せを作る 5 つの心理学的要素の頭文字である。ポジティブ心理学は，これら 5 つの心理的要素を継続的に持つことにより，幸せな感情で生活を送ることができるとしている。

表 4-1　PERMA

P：ポジティブ感情（Positive Emotion）——喜びや楽しみ，快い感じなど，ポジティブな感情でいること。
E：没頭（Engagement）——興味あることに夢中になり，それに没頭すること。
R：良い人間関係（Relationship）——喜びを一緒に感じることができる人間関係があること。
M：意味（Meaning）——今の活動が自分にとって，また，社会にとって意味があるものと思えること。
A：達成（Achievement）——やっていることが成就し，目標が達成できたとき。

7. 死への恐怖心

　グリーンバーグは，独特の**死への恐怖理論**を提唱している。その理論によると，誰でも死ぬのは怖いと思っていて，人は死への恐怖心を強く持っている。しかし，それを怖れていたら，平常心で日常生活を生きていけない。そこで，この根本的恐怖心から逃れるために，人は自分が生きることに価値を見つけようとする。そして，人は自らの自己評価を高くし，自分はこの社会に必要な人間であると自覚し，そのプライドの下で生きていこうとする。自尊心を高く持つことにより，死への恐怖心を抑え，強く生きていけるとしている。また，社会で必要とされていることを強く自覚しようとするため，自分の価値観を所属する文化の価値観と一致させようとする，としている。

　ただ，そのような死への恐怖心があり，それに怯え，それを意識から抑圧しようとする心理的メカニズムが本当にあるのか，疑問も提出されている。

8. 子どもの母親への愛情

　乳幼児期の子どもと母親（母親的な人）との感情的関係は，子どもの成長にとって極めて重要であり，大人になったときの対人関係や社会との向き合い方に大きな影響を及ぼす。フロイトは，生まれてから1年を口唇愛期とし，授乳を通して乳児と母親の愛情が生まれるとした。エリクソンは，この時期の母子関係が，その後の人間関係の信頼のベースとなるとしている。人に対し，また社会に対する基本的信頼感を育むのである。エリクソンは，人の一生のライフサイクルにおける感情の発達と人間関係の関連について，表4-2のように示している。

(1) エリクソンのライフサイクルと自我の発達課題
　エリクソンは，フロイトの精神分析による心理・性的発達理論を発展させ，生涯にわたる精神分析学的心理社会的発達論を提唱している。フロイトが人の発達を主に性的発達から理論化したのに対し，エリクソンは発達の諸

TOPICS 4-7

乳児は人の顔を特別に注視する
[ファンツの乳児の人の顔知覚実験]

■考えてみよう

実験者は，乳児を仰向けに寝かせ，その真上で6種類の円形の刺激を見せた。その円形刺激は，下図に示すように，人の顔，新聞の切抜き，同心円，それに赤，白，黄の単色の円であった。円形刺激の大きさは，いずれも直径約15センチである。乳児にこれらの刺激を見せ，各刺激への注視時間を調べた。乳児はどの図形を長く見たであろうか。

■実験結果

この実験は，乳児が人の顔へ関心を強く示し，生後2, 3カ月ですでに人の顔図形を注視していることを実証した研究である。人の顔刺激への注視率は，他の図形を含む総注視時間のなかで約30〜40%と圧倒的に多かった。このことは，2, 3カ月の乳児がすでに人の顔への関心が特別に高いことを示している。次に多かったのが，新聞の切り抜きや同心円であった。赤，白，黄の単色の円形は各々10%前後であった。乳児は単純な刺激よりもパターンのある円形を好んで注視していた。

さらに，生後48時間や2〜5日の新生児についても同様の実験をした結果，顔刺激への注視が多く見られた。また，別の実験で顔を構成する部品は同じでも，並びを変えた図形は，乳児の注視は少なかった。

このことから，人は生得的に，人の顔の知覚能力と顔への強い関心を持っていることが明らかになった。大人でも丸の中に黒点が2つ横に並んでいるだけで，それを顔と認識する傾向がある。　　　　(Fantz, 1961)

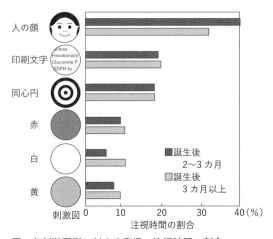

図　各刺激図形に対する乳児の注視時間の割合

表4-2　エリクソンの自我の発達段階

発達段階	A 心理社会的 課題と危機	B 重要な対人 関係の範囲	C 精神分析的 発達期
Ⅰ 乳児期	信頼 対 不信	母親的人	口愛
Ⅱ 幼児期	自律性 対 疑惑	親的な人	肛門愛期
Ⅲ 児童期	積極性 対 罪悪感	父母	エディプス期
Ⅳ 学齢期	生産性 対 劣等感	クラスメート	潜伏期
Ⅴ 青年期	同一性 対 同一性拡散	仲間と成人モデル	思春期
Ⅵ 初期成人期	連帯性 対 孤立	社会人と恋人	性器期
Ⅶ 成人期	生成性 対 自己停滞	分業と協同の家庭	
Ⅷ 老年期	統合性 対 絶望	人類愛	

(Erikson, 1959)

段階における人間関係や社会との関係を中心に，心理・社会的発達を分析している。また，フロイトが発達初期の乳幼児期のリビドーの方向を中心に検討したのに対して，エリクソンは**青年期の自我同一性**を重視し，さらに壮年期，老年期も発達と考え，各段階の自我の課題と社会を通して，それを克服する過程について分析している。

(2) 乳児の社会性の発達

発達心理学の研究により，乳児は生まれてすぐに，他の刺激よりも積極的に人間に関心を持ち，特に人の顔に注意を向けることが明らかにされている。母子関係は母親が乳児を見守るだけでなく，乳児のほうも母親をじっと見て，母子の絆を強くしている。またこのとき，母子には大量の愛情ホルモンのオキシトシンが分泌されており，生理心理学的にも母と子が関係を密にするようにホルモンが働いていることが明らかにされている。

母親と子どもの愛着関係の成立については，ハーロウのアカゲザルの研究で，スキンシップの重要性が明らかにされた。それまで学習心理学的に，乳児の母親への愛情は，授乳により生理的欲求が満たされることを通して学習され，成立されるとされていた。しかしハーロウは，TOPICS 4-8 のような実験により，子ザルは授乳に関係なく，安心感が得られる対象に愛情を感

スキンシップが大切である実証実験
［ハーロウの子ザルの愛着実験］

TOPICS 4-8

■考えてみよう

　この実験は，アカゲザルの赤ちゃんを対象として行われた。生まれたばかりの子ザルを，写真のように針金製の人工の代理母とその上に毛布を巻いた右側毛布製の代理母の2つが一緒に置かれたゲージの中に入れて育てた。哺乳ビンは，実験条件により針金製の母親だけか，毛布製母親だけに置かれた。この状況で，子ザルはこの2つの代理母親各々の下でどれくらい時間を過ごすか調べられた。また，部屋の中に動く大きなクマのおもちゃを入れ，それを怖がったとき，子ザルはどちらの代理母に，しがみつき，安心感を得るのかも調べられた。子ザルはどのような行動をとっただろうか。

■実験結果

　この実験は，母親への愛着行動が，生理的欲求を満たすことから生まれるのか，本能的なものなのかを実証した研究である。

　実験の結果，子ザルは哺乳ビンが針金製，毛布製のどちらに置かれていても，ミルクを飲むとき以外は，毛布製の母親と大半の時間過ごしていた。このことから，子ザルにとっては，毛布の身体的接触の快感が本能的に求められ，それが愛着の基盤となると考えられる。

　また，クマのおもちゃを入れて怖がったとき，どちらでミルクを飲んでいる子ザルでも毛布製の代理母のほうにしがみつき，安堵した様子を示した。このことからも，子ザルは毛布製代理母のほうに愛着を感じていることが示唆された。この実験により，人間の育児においても，スキンシップの重要性が指摘されるようになった。

（Harlow & Harlow, 1962）

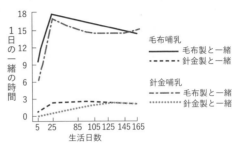

1日の一緒の時間

毛布哺乳
　── 毛布製と一緒
　------ 針金製と一緒

針金哺乳
　─・─ 毛布製と一緒
　‥‥‥ 針金製と一緒

5　25　　85　105 125　145 165
生活日数

じ，恐怖を感じたときもそれにしがみつき安心するという行動をとり，愛情の発生が生来的で本能的であることを明らかにした。

さらに，ボウルビィは，母親への愛着行動には，①接近愛着タイプ，②愛着拒否タイプ，③接近拒否タイプの３つのタイプがあるとした。このボウルビィの愛着行動のタイプは，エインズワースらの TOPICS 4-9 のような実験で実証されている。さらに社会心理学者により，この愛着の３タイプは成長した青年期の恋愛相手に対する対応においても，その傾向が引き続き見られるとされている。

TOPICS 4-9 母子関係の愛着行動の3タイプ
［エインズワースらの未知状況の幼児の愛着実験］

■**考えてみよう**

この実験の参加者は，1歳児とその母親である。実験は広さ2メートル×3メートルの小さな部屋で，乳児の移動が記録できるように，床に縦横16のマス目が書かれている。実験は最初，乳児，母親と，乳児にとって未知の女性の3人が，図のように位置して始められる。そして，しばらくして母子分離場面を作るため，母親が退室する。3分後，母親は再び部屋に入り，再会場面を作る。その後，再び退室し，2回目の分離場面を作る。1回目と同様また3分後，母親が戻り，2回目の再会場面を作る。この母と子の分離再会場面を隣室の窓から観察し，分離時の乳児の母親を捜す行動，再会したときの母親への接近愛着行動などが調べられた。乳児はどのような行動をしたであろうか。また，乳児により異なった行動をしたであろうか。

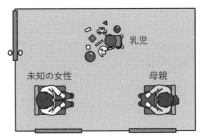

図 未知状況手続きにおける人の位置

■**実験結果**

この実験はボウルビィの乳児の愛着行動の実証的研究である。実験の結果，母親との分離，再会のときの乳児の行動に，① 接近タイプ，② 拒否タイプ，③ 接近拒否のアンビバレンツのタイプの，3つのタイプがあることが明らかになった。

①の接近タイプの乳児は，母親と一緒のときはまず母親に接近し，接触し，母親との相互交渉など愛着行動を示す。その後，母親がいる間は，母親を基地として，近くの探索行動を始める。母親が退室していなくなると，悲しみや苦痛の表情をする。そして母親と再会すると，母親への急接近など愛着行動を示す。

②の拒否タイプの乳児は，最初から母親から離れて勝手に遊んでいることが多く，母親が退出してもそのまま遊んでいる。母親が帰ってきても，母親を無視してそのまま遊んでいることが多い。

③の接近拒否のアンビバレンツタイプの乳児は，母親と一緒にいるときも不安を示すことがあり，分離場面では強い悲しみや苦痛の表情を示す。再会場面では母親との密接な接触を求めるが，同時に接触することに抵抗を示すこともある。接近と拒否の両方の行動が示された。

後に研究者により，家庭での実際の乳児の愛着行動も調べられているが，その結果，家庭でも同様に3つのタイプの行動が見られることが明らかにされている。

(Ainsworth et al., 1978)

第5章
社会的欲求

　人にはそれぞれやりたいことがあり，社会の中でその達成を目指してさまざまな行動をし，活動をしている。勉強し，仕事をし，友達と遊び，1人でのんびりもする。人は，自分がやりたいことをやっているときが一番幸せと感じる。ただ，将来やりたいことができるようにと，今やりたくないことを我慢して頑張ることもある。それも，将来のことまで考えるとやりたいことであろう。人の心の中には，あることを"したい"という気持ちがあり，それがその人を動かす力となっている。自分の心の中に自分を動かす力がある。心理学ではその内的な力を**欲求**と呼ぶ。

　人には基本的な欲求がある。何か食べたいという食欲求，眠りたいという睡眠欲求，それに性的欲求などである。社会心理学には，日々の社会的行動を動かしているさまざまな社会的欲求があり，その一つひとつがテーマとなっている。では，社会的欲求にはどんな種類があるのだろうか。

1. 社会的欲求の種類

(1) マレーの心理的欲求
　性格心理学者のマレーは，人の欲求全般を詳細に調査，分析し，社会的心理的欲求を表5-1のような7系列，27の欲求に分類している。マレーは，人の性格はこれらの欲求（内的力）と，その欲求を実現しようとするときの外的な状況（圧力）との関係によって決定されるとし，パーソナリティ（性格）の**欲求－圧力仮説**を提唱している。

(2) 本能的欲求
　20世紀初頭，はじめて『社会心理学』というタイトルの本を出版した英

TOPICS 5-1　競争心が活動を活発化する
［トリプレット社会的促進の古典的実験］

■**考えてみよう**

　トリプレットのこの実験は，19 世紀の終わりに，社会心理学に実験的な方法を初めて導入したことで画期的と言われている，古典的実験研究である。

　トリプレットは，実験室に釣りのリールを巻く装置を作成し，参加者が 1 人で巻くか，あるいは 2 人が対面で相手を見ながら巻くようにした。そして参加者に単独場面と競争場面を作り上げた。単独条件ではできるだけ速くリールを巻くように指示し，競争条件では，もう 1 人の人と競争して速く巻くよう

に，と指示した。

　参加者は，8～17 歳の 40 名である。まず，装置に慣れるまでリールを巻く練習をし，その後に6回の本試行を行った。最初は全員が単独で実施し，残りの5試行は単独と競争の試行を交互に行った。1試行には，平均 30～40 秒間にかかり，試行と試行との間には5分の休憩をとった。

　単独の場合と他者との競争場合とでは，結果は違っていただろうか。どちらのほうが速く巻けたであろうか。

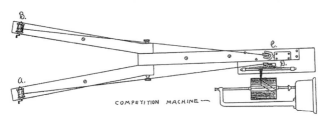

図　トリプレットの「競争マシン」

■**実験結果**

　データ処理の統計法がまだ確立していない時代だったので，トリプレットは結果から参加者を次の3種類に分類している。

　①他者との競争場面において，個人の場合より，より速く巻いた人たち。この人たちは競争場面によって，より競争的に動機づけられ，巻く力が促進されたとした。その人数は 40 名中 50% の 20 名であった。

　②他者との競争場面において，個人の場面より糸巻きがより遅くなった人たち。この人たちについてトリプレットは，動機づけが減少したとは考えず，他者に刺激され，興奮しすぎてリールを早く回そうとして，焦りか

らうまくできず，遅くなったと考えた。その人数は 40 名中 25% の 10 名であった。

　③競争場面でも個人場面と変わらなかった人たち。その人たちは，競争場面にあまり影響を受けなかった人とされた。その人数は 40 名中 25% の 10 名であった。

　この結果からトリプレットは，人は単独場面よりも競争場面のほうが，競争心，つまり，競争的欲求によって，より速く，より効率的に行動する人が多いとし，他の人と一緒だと行動が加速されるという**社会的促進**を実験的に明らかにした。　　(Triplett, 1898)

表5-1　マレーの欲求分類表　心理的発生的欲求（Murrey, 1938）

A. 主として無生物に関係した欲求……①獲得欲求　②保存欲求　③秩序欲求　④保持欲求　⑤構成欲求
B. 野心や権力に関係した欲求……⑥優越欲求　⑦達成（成就）欲求　⑧承認欲求　⑨顕示欲求
C. 地位防衛に関係した欲求……⑩不可侵欲求　⑪屈辱回避欲求　⑫防衛欲求　⑬中和欲求
D. 力の行使に関係した欲求……⑭支配欲求　⑮服従欲求　⑯同化欲求　⑰自律欲求　⑱対立欲求　⑲攻撃欲求　⑳屈従欲求
E. 禁止に関係した欲求……㉑非難回避欲求
F. 愛情に関係した欲求……㉒親和欲求　㉓排除（拒否）欲求　㉔養護欲求　㉕求護（依存）欲求
G. 質問応答に関係した欲求……㉖認知欲求　㉗証明欲求

表5-2　マクドゥガルの本能の分類と各本能に伴う情緒（McDougall, 1908）

①逃避の本能（恐怖）	⑧自己卑下の本能（服従感・劣等感）
②闘争の本能（怒り）	⑨自己肯定の本能（優越感・誇示）
③拒否の本能（嫌悪）	⑩群居の本能（孤独感）
④母性・父性の本能（慈愛）	⑪食物の本能（食欲（空腹感））
⑤求護の本能（無力感）	⑫獲得の本能（所有感）
⑥性の本能（性愛）	⑬構成の本能（創造・創作の感情）
⑦好奇の本能（好奇心）	⑭笑いの本能（楽しみ・愉快）

国のマクドゥガルは，人の行動は人の持つ本能によるとして，社会的行動の**本能説**を唱え，人の持つ14の本能のリストを挙げている。その本能説では，行動は本能によるが，本能は表5-2の（　　）内に記す基本的情緒と表裏一体を成すとし，行動は感情に動かされているとしている。

（3）マズローの欲求発達階層説

　マズローの心理学は，**人間性の心理学**と呼ばれる。人は自分自身の人間性を常に向上させ，創造性を高め，充実した豊かな精神生活を目指し，自己実現に向かう欲求を持って日々生活しているとしている。その最終段の欲求を**自己実現欲求**と呼び，人はこの欲求に基づき生きることが理想であり，究極の目標としている。マズローは，人の欲求の発達を図5-1のような5つの階層からなるとし，そのステップを下から順次上がっていくと考えた。最

TOPICS 5-2　成績優秀な女性のジェンダー問題
［ホーナーの女性の成功回避欲求の実験］

■考えてみよう

　この実験は，女子学生が大学でトップの成績を取ったことを知ったとき，どのような感情を持ち，対人的にどのような対応をしようとするかについて調べている。参加者は男女大学生である。参加者は，次のような文が示され，そのときのその人の感情や反応，対人対応，その後の行動を書くように言われる。渡された文の内容は以下のとおりである。

　「アン（女子名）は1学期の期末試験の結果，医学部でトップであることを知った」

　実験者は参加者に，この文の続きを自分の思うように書くように，と指示する。これは，**文章完成法**と呼ばれる深層心理テストの修正版である。

　別の条件では，文の最初がアンではなく，「ジョン（男子名）は〜」になっている。その他は同じ内容である。

　さて，これを渡された男女大学生たちは，この文に続けて，どのような文章を書いたであろうか。トップになったことへの対応が，女子学生の場合と男子学生の場合で違っていたであろうか。

■実験結果

　この研究は1970年代の米国での実験で，現在よりもジェンダーによる役割意識が強かった時代で，医師は男性の仕事と思われていた。そのような状況下で，女性の成功回避欲求を調べた実験である。男性にとって医学部でトップになるのは，社会的成功で，本人も望んでおり，恋人や友人，親など周囲からも称賛され，歓迎されることで，本人にとっても誇らしいことである。しかし，女性にとっては，同じ成功がジェンダー問題から当の本人にあまり歓迎されず，公表されることも望まない場合もある。これを**成功回避欲求**と呼ぶ。この欲求が実際にあるかを，実験的に調査している研究である。

　実験の結果，女子学生が書いた文章を分析してみると，成功回避的記述が多く見られた。内容は成功の結果生じる心の葛藤，それゆえの不快感，成功した後の恋人との人間関係の懸念などが書かれていた。この成功回避欲求は，発達期の社会の性役割形成によって作り出されるとされている。

　ただし，その後，この実験結果の解釈として，女性が一般的に成功回避欲求を持っていると考えるのは適当ではないとされている。この実験の場合，女性は医学部という当時男性優位場面での成功を回避しているのであって，成功全般を恐れているのではない。当時，女性優位場面，たとえば看護学校での成功は，回避されないのではないかとされている。いずれにしろ，この実験により，当時の米国のジェンダー認識や職業認識などと成功回避欲求との関係が，明らかにされたと言えよう。

（Horner, 1972）

初は一番下の生理的欲求を満たす行
動を中心に生きることになる。

　マズローの欲求階層を図 5-1 に
沿って具体的に見ていく。

　まず，最も下の基本的な欲求は**生
理的欲求**である。生理的欲求の中で
具体的に重要なのは，飲水欲求と食
欲求である。これらが満たされない
と，他の動物と同じように来る日も
来る日も飲み水と食物を探すことに
なる。危険を冒しても，食べ物を獲

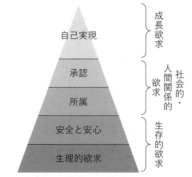

図 5-1　マズローの欲求の発達階層説
(Maslow, 1970)

ろうとする。これは，人類にとってもまだ過去の話ではない。現在，世界の
人口は約 80 億人であるが，その 10 分の 1 の約 8 億人が今でも飢餓状態で
あると言われている。また，栄養が十分にとれない食糧事情の人々が世界人
口の 3 割くらいはいるとされ，人類にとって食料不足による飢餓や栄養問
題は，今でも世界が克服しなければならないグローバルな大問題である。し
かし，この 50 年，100 年単位で見ると食料供給は向上しており，日本はも
ちろん，世界的にもこの欲求はかなりの程度，満たされつつあると言える。

　さて，そうなると人は危険を冒してまで食物を求めなくなる。欲求段階が
一段上がると，**安全安心欲求**が最優先となる。そこでは，安心して住める場
所（家や集落などの集団）が重要となる。戦乱が生じると，着の身着のまま
でも安全なところに移動しようとする。紛争や迫害により故郷を離れている
人の数は世界に 1 億人以上いて，国連は対応に苦慮している。マズローの
欲求階層の生理的欲求と安全安心欲求は，最も基本的で，これらが満たされ
て初めて次の段階の社会的欲求が生まれてくる。

　マズローは，社会的人間関係的欲求として最初に現れるのは**所属と愛情の
欲求**であるとしている。感情としては寂しさを強く感じることになる。家族
や友人など，自分を快く受け入れてくれる人が欲しくなる。一緒にいると居
心地が良い，そんな集団や人間関係を求める欲求が強くなる。

　所属と愛情の欲求が満たされると，次の欲求の階層は，他の人から高く評

生きがいが長生きの秘訣
［ランガーとロディンの老人施設での自己責任感の実験］

■考えてみよう

　この実験は，高齢者が草花を育てることにより，責任感ややる気（達成欲求）が生まれ，状況のコントロール感が幸福感をもたらすという研究である。参加者は老人ホームの住人で，4階建ての施設の2階と4階の住人である。各々の階の住人に別々の条件で実験を行った。まず，実験を説明する集会の1週間前に，各住人の自己コントロール感や幸福度，社会的活動参加度などを聞いておいた。実験当日，各フロアーごとに集会をもった。このとき，4階の住人には，管理者は「身辺に関する自己責任感と自分の時間の使い方の重要性」を話した。そして，

一人ひとりに「鉢植えの花を育てることを望むか」「実際に鉢が欲しいか」「どの花を望むのか」など，各項目について質問した。参加者は自己決定をし，希望に沿った鉢植えを手にした。鉢植えではなく，映画鑑賞の選択もあった。他方，2階の住人は，管理者から鉢植えの配布や映画鑑賞会があることを告げられ，集まると参加者は，一方的に特定の鉢をもらう人と鑑賞券をもらう人に振り分けられた。3週間後に再調査したが，花育てを自己決定した人は，自己コントロール感や幸福感は上がったであろうか，社会的活動が活発になったであろうか。

■実験結果

　この実験は，自己決定や自己コントロール感が幸福感を増し，社会的活動への欲求レベルを上げることを実証した研究である。
　実験の結果，自己決定をして自ら選んだ花を育てた人は，3週間後，幸福感が増し，社会的活動が活発になっていた。友人を訪問したりスタッフへの話かけが多くなったなど，対人的行動も増えていた。
　さらに1年半後の死亡率においては，2階

の高齢者は約30%が死亡したのに比べ，4階の高齢者の死亡率は約15%であった。
　この結果は，自分の身辺の事柄を自分で決定し，責任を持った行動をしていると感じていることが，やる気や幸福感を増し，社会的活動への欲求を増し，健康状態も向上させることを明らかにした。

（Langer & Rodin, 1976）

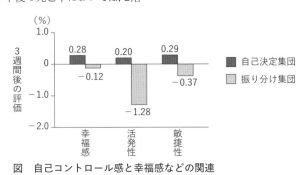

図　自己コントロール感と幸福感などの関連

価されたい，尊敬されたいという，**承認や尊敬の欲求**の段階になる。この階層では人は高いプライドを持ち，高い地位に就いたり，高い評価や名誉が欲しいと強く思うようになる。この4階層の欲求が満たされると，**自己実現欲求**が生まれる。自分自身をより向上させ，人間として自分の理想を実現させたいと思うようになる。マズローは，その自己実現欲求の目標として，真・善・美などの徳目の実現を挙げている。

　以上がマズローの人間性心理学の目指すところである。ただ，現在の人々が皆，下位欲求をクリアして，自己実現欲求の階層で生きているかというと，そのような状況にはない。現状は，いまだ十分に食や住を満たすことができない人も多く，また，愛情欲求を満たすこともできない人も，尊敬されたいのにされないと思っている人も多い。ただ，一方で，マズローの階層に関係なく，ユニークなアーティストとして自己実現に邁進している人も少なくない。

2. 達成欲求

　マレーの種々な社会的欲求の中でも，社会心理学で古くから研究されてきている欲求の1つが**達成欲求**である。達成欲求とは目の前の困難を克服し，高い水準の目標を成し遂げよう努力する欲求で，スポーツや受験，ビジネスのような競争社会において求められる，やる気と頑張りの欲求である。

　達成欲求研究の創始者マクレランドは，子どもの達成欲求の高い国は，その子たちが成人になる20～30年後，その国の経済が大きく発展することを経年分析で証明して注目を集めた。終戦直後，日本の子どもの達成欲求を測定し，戦後の高度経済成長を予測した米国の研究者もいた。

　さて，個人の達成動機の測定については，質問紙による調査が一般的である。一方，深層心理学的方法としては，図5-2のような1枚の絵を提示して，その絵から連想されるその人物の過去・現在・未来と続く物語を作らせる深層心理学的方法もある。達成欲求の高さは，作成された物語の中に，達成欲求に関係する次のような内容がどの程度含まれているかで判断される。

TOPICS 5-4

絶対に成功しないことをしようとする人
［アトキンソンらの輪投げ達成欲求の実験］

■考えてみよう

　この実験は，輪投げの的当てゲームを用いた達成欲求の研究である。参加者は，事前に質問紙テストを受け，各自の達成欲求と失敗回避欲求の程度が調べられている。

　この実験では，通常の輪投げと違い，参加者は各回ごとに自分の好きな距離から投げてよいと言われる。的からどれくらい離れた所から投げるかは，各回ごとに各自が好みで決めるように言われる。その距離は，的から約 30 センチから約 5 メートルの範囲内である。実験の前に欲求テストが行われ，欲求テストの結果で，達成欲求が高く失敗回避欲求の低い参加者や，逆に達成欲求が低く失敗回避欲求が高い参加者が，それぞれどれくらいの距離から輪を投げたかが比較された。さて，どちらが遠くから投げたであろうか。

■実験結果

　実験の結果，達成欲求が低く失敗回避欲求の高い参加者は，多くが 2 メートル以下の近さから投げた。その距離はかなりの高い確率で成功する位置で，易しい課題となった。これは予測どおり，失敗回避欲求の高い人が多く選んだ。ところが，4 メートル以上遠くから投げた人も，同じく達成欲求が低く失敗回避欲求が高い人が多かった。そこからではほとんど的に入らない難しい位置である。失敗回避が高い人が，あえて失敗する距離を選んでいたのである。その理由は，その位置から投げて入れば称賛されるが，失敗しても非難されない，自尊心も傷つかない，と思える位置となるからと考えられる。このことから，失敗回避欲求の高い人は自尊心が傷つくことを恐れて，自身が傷つかないように易しい課題か極端に難しい課題を設定していることが推測できる。

　一方，達成欲求が高く失敗回避欲求が低い参加者は，努力すれば入るいわば適度に困難な距離を好み，頑張って目標にチャレンジしようすることが分かった。このタイプの人は，一般的に，やる気のある人，挑戦的な人として評価される。ビジネス界からは，大いに歓迎されるタイプの人であろう。

(Atkinson & Litwin, 1960)

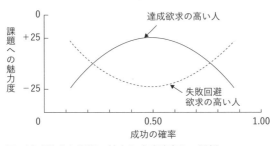

図　達成欲求と課題の魅力と成功確率との関係

図 5-2　マクレランドの達成欲求の測定図版
(McClelland et al., 1953)

---

(1)卓越した目標を立てて，それに挑戦しようとしている（チャレンジ性）。

(2)独自のやり方でやろうとしている（独自性）。

(3)長い期間にわたってやろうとしている（持続性）。

　ところで，現実の達成行動は達成欲求だけでは決まらず，失敗回避欲求に
も強く影響される。**失敗回避欲求**とは，失敗する不安が強く，それを避けよ
うと挑戦的の行動を回避する欲求である。達成欲求があっても失敗回避欲求が
強い人は，リスクのあるチャレンジ行動はとらない。

　アトキンソンは，達成欲求の高い人と失敗回避欲求の高い人が，課題
成功率がどのような確率のとき，課題に対してやる気を感じるかについて，
TOPICS 5-4 のようなモデルを示している。

　達成欲求が高く，失敗回避欲求が低い人は，成功失敗の確率が 50 対 50
のときに課題に最も魅力を感じ，やる気が出る。一方，失敗回避欲求の高い
人は，そのような事態では逃げ出したくなり，簡単な課題か，逆に失敗して
も批判されないような難しい課題をやろうとする，としている。

3. 達成結果の原因帰属

　人は，達成欲求に基づいて目標を持ち，それを実現するために行動してい
く。その目標実現のために努力し，競争や試合に勝ち，勉強をし，試験をク
リアしようとする。しかし，挑戦の結果は，成功することも，失敗すること

TOPICS 5-5　深層の偏見心理を知る方法
［グリーンワルドらの潜在的連想テスト法］

■考えてみよう

　実験の参加者は米国の白人である。1人ずつコンピュータに向かい，コンピュータの画面の情報を見ながら，課題を素早く判断して，正解のキーをキーボードで押すように言われる。画面上には，下図のように押し方のルールが書かれている。そして，画面中央に課題の画像や文字が映し出される。その内容をそのルールに従い判断し，できるだけ早く"d"は左手で，"k"は右手で押すように指示される（"dk"はキーボード上，すぐ押せる位置にある）。この試行は次の2種類が用意されている。試行1のルールは，画面中央にネガティブな単語（殺人など）や黒人の画像が示された場合は左手で"d"キーを押し，ポジティブな単語（幸せなど）や白人の画像の場合は右手で"k"キーを押すように，と指示されている。試行

2のルールは，ポジティブな単語と黒人の画像の場合には左手で"d"キーを押し，ネガティブな単語と白人の画像の場合は右手で"k"キーを押すように，と書かれている。実験では，各課題の画像や言葉が画面に提示され，参加者がキーを押すまでの反応時間が測定された。特に，各参加者が試行1と試行2の反応時間が異なるかどうかが調べられた。参加者が黒人に偏見を抱いている場合，黒人がネガティブな単語と同じ手のキーに割り当てられている試行1の場合，キー押し反応はスムーズに速く押せると予測された。一方，黒人とポジティブな単語とが同じ手の試行2の場合，キー押しが遅くなるだろうと予測された。結果は予測どおりになったであろうか。

試行 1		試行 2	
ネガティブな単語と黒人の画像には左手で"d"キーを押す	ポジティブな単語と白人の画像には右手で"k"キーを押す	ポジティブな単語と黒人の画像には左手で"d"キーを押す	ポジティブな単語と白人の画像には右手で"k"キーを押す

 課題の画像や問題文が映し出される

図　潜在的連想テスト（IAT テスト）

■実験結果

　この実験方法は，**潜在的連想テスト法**（Implicit Association Test：IAT）で，無意識の偏見を測定することができる手法としてグリーンワルドらにより開発された。実験の結果，参加者が白人の場合，試行1と

試行2の間に明らかな差が見られた。そして，この反応時間差が大きい人ほど，黒人に対する偏見が強いと考えられた。

(Greenwald & Banaji, 1995)

もある。そして，人はそのときどきに，喜びや優越感，悲しみやくやしさ，
挫折などの感情を味わうことになる。これらの感情は，成功や失敗，勝負の
結果によるが，それだけでなく，当人がその結果をどうして起こったかと考
える判断にもよる。それにより，結果が同じでも，人によって異なった感情
を持つことになる。

　結果の原因を考えることを，**原因帰属過程**と呼ぶ。たとえば，大学受験で
成功する人もいれば，失敗する人もいる。そして，その成否を知ったとき，
その原因を考え，帰属する。合格を自分の努力の成果と考える人もいれば，
運が良かったと考える人もいる。この原因の帰属傾向が，感情に大きく影響
する。結果が同じでも，その原因を何に帰属するかは人や文化によって異な
るので，そのとき感じる感情も異なることになる。たとえば，試合に負けた
とき，自分は能力がなかったからだと考える人は落ち込むだろう。しかし，
負けたのは相手がずるをしたからだと考える人は怒りを感じる。どう原因帰
属するかで，感じる情緒もその後の行動も大きく変わってくる。

　ワイナーは，このような達成行動の成功や失敗の原因帰属を要因分析し
て，その要因は内的－外的要因と，固定的－変動的要因の２つの次元から
構成されるとした。ここでの内的とは，原因が自分にあるとすることで，外
的とは，原因が自分以外にあるとすることである。固定的とは変動しにくい
原因であり，変動的とは変化しやすい原因である。この２×２は図5-3に
示すように具体的には，①能力，②努力，③課題，④運の４つになる。

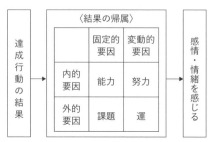

図5-3　ワイナーの原因帰属マトリックス

(Weiner et al., 1972 を元に作成)

TOPICS 5-6

自校が勝つと自校のTシャツを着たくなる

［チャルディーニらの栄光浴に関する野外実験］

■考えてみよう

　この実験は，米国の大学アメリカンフットボールのシーズン中に，参加7大学のキャンパス内で，自校のロゴ入りのTシャツやパーカーなどを着ている学生数の調査した。

　調査は，その前の週末に行われた試合で，自校チームが勝った次の月曜日と，負けた次の月曜日に，自校のロゴの入った衣服の着用率を調べた。試合に勝ったときの自校ロゴの着用数は，負けたときより多かったであろうか。

　また，自校チームが勝った試合と，負け試合の後に，実験者がまだ結果を知らないふりをして，その日の結果について電話で所属学生に尋ねた。そして，勝った試合について話すときと，負けた試合について話すときの「We（私たち）」の使用頻度を調べた。

米国大学フットボールのスタンド風景

■実験結果

　この実験は，自校チームの勝利を自己誇示し，自分の自尊心の高揚のため一体化したいという，欲求の**栄光浴**の実証実験である。

　キャンパスの服装調査の結果，7大学の大半で，前週末に自分の大学のアメリカンフットボールチームが勝利した次の月曜日には，より多くの学生が自校のTシャツなどを着用していた。

　2番目の電話会話実験では，「We」を使用した学生の割合は，勝った試合について聞いたときのほうが多かった。

　両実験の結果は，自チームの勝利と自分とを結びつけようとする自己誇示の一体化欲求による行動と考えられ，栄光浴効果と言えよう。　　　　　　　　（Cialdini et al., 1976）

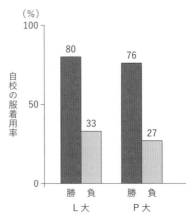

図　自校チームの勝敗別の自校ロゴ入り服装の着用率

a. 能力

　結果の原因を，自分の能力にあるとする帰属である。勝ったり合格したりした場合，それは自分の力によると考えるので，自信や自尊心を高める。負けたり失敗したりした場合，自信を失い，自己嫌悪感や劣等感を強く持つ。そして次回もダメだと思って気落ちしてしまう。

b. 努力

　結果の原因を，自分の努力の結果によるものとする帰属である。勝ったり合格したりしたときは，自分の努力が実ったと考え，喜ぶ。負けたり失敗したりしたときは，自分の努力不足を悔しく思う。そこで，次回成功に向けて努力しようとする。

c. 課題

　結果の原因を，当面の課題の難易度にあるとする帰属である。このため，勝ったり合格したりした場合，相手が弱かったから，あるいは課題が易しかったからと思う。負けたり不合格だったりしたときは，相手が強く，課題が難しかったとし，次回は適当な相手や課題を選ぼうとする。

d. 運

　結果の原因を，運に帰属する。このため，勝ったり成功したりした場合，運が良かった，ラッキーだと思い喜ぶ。負けた場合は，運が悪かったと考え悔しがる。この場合，次回の成功も運次第だと考えるので，ひどく落ち込むことはない。

　社会生活の中で，人は成功したり失敗したりしながら生きていく。しかし，人により日頃の結果に対する原因帰属の仕方は異なっていて，それが，勉強や仕事に対するやる気や心構えに大きな影響を与えている。ドゥエックはそれを人の**マインドセット**と呼び，やる気と帰属傾向の関係を説明している。そして，結果を能力に帰属する固定的マインドセットではなく，努力に帰属する成長的マインドセットを持つことが，人にやる気を起こし，将来的に良い業績を残すことができるとしている。

TOPICS
5-7

サブリミナルで人を動かすことができるか

[潜在欲求実験の真実]

■考えてみよう

　無意識の欲求が行動を起こす。このことで有名なのが，サブリミナル（潜在意識）効果である。サブリミナルな刺激とは，人が意識できないほどの速さあるいは小さな刺激である。このサブリミナルな刺激が人を無意識のうちにコントロールすることを，**サブリミナル効果**という。もし，これが効果的であれば，無意識の刺激を与えて人を動かすことができることになる。これに関して有名な

実験的逸話がある。

　1950 年代の米国のとある映画館で，映画を上映している間に，そのフィルムのコマの中に，意識できない，目に映らない間隔で，「コーラを飲もう」とか「ポップコーンを食べよう」というコマを入れた。そして，休憩時間のコーラとポップコーンの売り上げを調査した。結果はどうなったであろうか。

米大統領選挙で，テレビ放送に使用されたとされたサブリミナル刺激。政策放送の間に，閾下刺激の悪口（RATS）が入れ込まれていた，とされている。
図　テレビのサブリミナルメッセージ

■実験結果

　この結果，ポップコーンもコーラも，ともに売り上げが伸びたと言われた。これこそ無意識が人を動かしたということで，全米で大注目を集めた。また，心理学者も研究室で追実験を行った。しかし，その結果はかんばしくなかった。そして後に，これは映画館の宣伝のための作り話で，実験結果はまったくデタラメだったことが関係者の告白で判明した。しかし，この話により，本人に知られず外から人に欲求を喚起させることが

できるという，サブリミナル効果は注目された。映画やドラマの中でその効果が誇張され，使用された。

　心理学でも実験的研究が何度もなされた。その結果，サブリミナル効果はあまり大きな効果がないことが分かった。ただ，最近の研究で閾値以下の刺激を知覚することにより，当人は気づかずに，好みなどに多少は影響があることなどが実証されている。

(Berke, 2000)

4. 無意識の本能的欲求

　会議の開会を宣言する議長が,「それでは, これから会議を閉会します」と言ってしまった。フロイトはこの話を例に挙げ, 会議を早く止めたいという無意識の欲求が, この閉会宣言をさせたと説明している。そして, 人の心の奥には, 人を衝動的に動かしている無意識の欲求の世界があり, その力が意識世界より大きく, 強力であるとしている。このため, 人の行動を理解しようとしたら, その人の無意識の欲求を知る必要があるとし, 精神分析を創始した。無意識については実証できないため, 科学的心理学では疑問が持たれているが, 社会心理学の多くの実験がフロイトの理論にヒントを得ているため, 社会的欲求を考える際, フロイトの理論はないがしろにできない。また, 最近の社会心理学では, 精神分析に直接由来はしていないが, 無意識が行動に及ぼす影響についての実験が多くなされ, 注目されている。

(1) フロイトのパーソナリティ3領域

　フロイトは, 人の心は**意識**している意識世界と, 意識しようとすればできる意識世界（**前意識**）に加えて, 意識しようとしても意識できない**無意識**の世界の3つの領域があるとした。人は意識できる世界しか意識できないので, それが自分の心のすべてだと思っているが, それは氷山の一角で, 氷山の大部分が海の中にあって見えないのと同様に, 人の心もその大部分が無意識の世界にあり, 実はその力が人を動かしているとしている。この無意識から生じる欲求が, 人を動かしている欲求であるとしている。

　フロイトは人のパーソナリティを, **エス**, **自我**, **超自我**の3つの領域から成り立っているとしている。そして, 人を動かす心理的エネルギーは, エスにある2つの**本能的欲求**から生じるとしている（図5-4）。その本能的欲求は, 性的本能と破壊的本能（攻撃本能）である。

　生まれたときの人の心はこの2つのエスの欲求のみで, それにより行動している。しかし, 本能的欲求による衝動的な行動は, 現実の社会では満たされず, むしろ自己破壊に陥りかねない。たとえば, 大人の男性が見知らぬ女

TOPICS
5-8

部長はなぜいつも怒っているのか
[フロイトの自我防衛の置き換えメカニズム]

■日常の出来事への疑問

課長はいつも，部下を叱りとばしている。部下が大きな失敗をしたわけではないのに，小さなミスを見つけては，怒鳴っている。

また，母親が電車の中や道で，子どもはさして悪くないのに子どもをよく叱っている。

これら2つの怒りの行動は，なぜ頻繁に起こるのであろうか。

■精神分析的解釈

〈置き換え〉

この行動は，フラストレーションによる攻撃行動と見なされる。しかし，攻撃対象が置き換えられている。

人の本能的攻撃衝動（欲求）は，直接的で向こうみずで，相手や周りを考慮せず，猛進する力を持つ。このため，それを直接実行すると，欲求が充足されるどころか，逆に自己崩壊したり，社会的に排除あるいは制裁されてしまうことになる。そこで調整役の自我は，その本能的欲求の対象ではないが，その欲求の対象を，より容易に行使できる相手に置き換え，その欲求を満たそうとする。これが置き換えのメカニズムである。

典型的な例は上記のように，上司の暴挙に対して怒った部下が，当の上司に怒りをぶつけず，その攻撃欲求を，より攻撃しやすく，指導などと理由が立ちやすい部下への攻撃行動に置き換えることである。上司への攻撃行動は反発を招き，組織から排除されかねないが，部下への攻撃は叱責とか，指導ということに合理化しやすく，組織内でも受け入れられやすい。母親の子どもへの攻撃も，自らの不満を怒鳴りやすい子どもを

対象に，しつけに置き換えているのである。

置き換えは，社会的に許容されない相手への敵意や憎悪など，反社会的感情や衝動を，社会的に許容されやすい相手への行動に変えるのである。性的欲求も，相手から受け入れられないという不安から置き換えが生じる。性的欲求を直接異性ではなく，ビデオやグラビアなどを対象とする。

〈昇華〉

置き換えの中で，特に若者の性的エネルギーが社会的により高い価値のある活動に向けて置き換えられる場合，精神分析では，「昇華」と呼ぶ。社会が近代化すると，若者が大人になるまでの教育，学習期間が長くなり，青年期が長くなり，結婚年齢が高くなる。その期間の青年は，性的エネルギーの置き換えが必要となる。そのエネルギーが置き換えられて社会的活動に向けられ，勉学やスポーツ，芸術など，社会的に価値のあるものに向けられ，素晴らしい業績やずば抜けた記録を生むことになる。これが昇華である。この行動は社会的に評価されるため，自我は守られるだけでなく，高く評価されることになる。　　　(Freud, 1917, 1933)

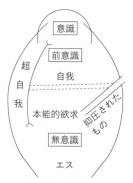

図5-4 フロイトによる心の構造（Freud, 1933 を元に作成）

性にいきなり身体接触したら，それはセクハラになり，欲求充足どころか犯罪者になってしまう。そうしないためには，自分の欲求を周りの人や環境に合わせて調整する必要がある。こうして心の中に，自分の欲求や行動をコントロールし，調整するための自我が生まれる。この自我が衝動的なエスの本能的欲求を抑え，無意識の世界に抑圧し，人の適切な成長を助けることになる。このため，発達過程において，自らの本能的欲求を現実の人間関係や社会関係の中で巧みに調整できる，自我防衛メカニズムを作り上げるとしている。

（2）自我防衛メカニズム

人には自身を衝動的に動かすような本能があり，そこから生じる欲求がある。それが**本能的欲求**であり，その中に性的欲求と攻撃的欲求がある。両者とも，人類の生存にとって，また個人が生きるうえでも，極めて重要な欲求である。しかし，人がこの本能的欲求のおもむくままに社会で行動すると，たちまち社会的に問題が生じる。むやみにその欲求を満たそうとすると，欲求を満たすどころか社会の反発を買い，通常の生活もできなくなってしまう。というのは，人は社会的動物で，他の人と一緒に集団を作り，その中で生活して，周囲と調和しながら生存しているからである。この2つの欲求は，本能的ではあるが，2つとも人間関係の中で満たすことができるので，相手や周囲の人との関係が重要となる。その調整をするのが**自我防衛メカニズム**である。このメカニズムは，精神分析の創始者，ジグムンド・フロイト

TOPICS 5-9

慇懃無礼にはほどがある
［フロイトの自我防衛メカニズムの反動形成］

■日常の出来事への疑問

腰が低く，実に礼儀正しい人がいる。しかし，必要以上に平身低頭し，よく顔を見ると苦虫をつぶしたように，それをこらえている人がいる。そんな人がある日，たいしたことでもないことに，あるいはアルコールが入ったときなどに大爆発して，周りをびっくりさせることがある。心の底に強い攻撃性があったように見える。

■精神分析的解釈

フロイトは，人の感情や欲求は，元来両面価値性を持っていると考えた。これを**アンビバレンツな性質**という。典型的なのが愛情と憎悪で，正反対の感情であるがそれはちょうどコインの裏表のように，両者は1つの感情の両面である。愛憎は相半ばすると言われるように，人に愛情を深く持つと，それと同時に憎悪の感情も強く持つことになる。創造と破壊もまた，コインの裏表である。創造的欲求を強く持っている人は，現状を壊そうとするため同時に強い破壊的欲求を持っている。

さて，ある人が非常に強い，本能的で反社会的衝動の攻撃欲求を持っていたとしよう。この衝動をそのまま周りにぶつければ，そのときは一時的に欲求は満足できるかもしれないが，たちまち反発され，社会的に制裁を受けてしまうことになろう。これでは，社会人として適応的に生きていくことはできない。

そこで，自我は防衛的にそれを抑圧しようとする。その抑える力を，よりしっかりとするのが，この反動形成のメカニズムである。それは感情の二面性を使い，対外的にその反社会的な衝動と真反対の行動を表面的に行うことである。つまり，攻撃的な行動と正反対の行動の，礼儀正しい親切な行動を行うことである。欲求とは真反対の行動を，表面的にとるのである。これは社会的に受け入れられる。

人はアンビバレンツな感情を持っているが，行動は同時に2つを行うことはできない。このため，礼儀正しい行動をすることにより，攻撃的衝動は外に出ることができなくなる。

このように，**反動形成**とは，社会的に受け入れられない欲求や衝動を感じているとき，それを抑えるため正反対の行動を外に表すことである。ただし，もともとの礼儀正しさから生じた行動ではなく，抑えるための行動なので，ぎこちなさややり過ぎが目立つことになり，慇懃無礼な行為ともなる。反動形成は自我防衛と社会的適応を兼ねた防衛メカニズムである。皮肉な見方をすれば極端に道徳的な人は，むしろその心の裏に強い反社会的衝動が隠されているかもしれない。羊の皮を着たオオカミと言える。そして，我慢の限界が来たとき，ちょっとしたきっかけで，本来の攻撃性が表に現れるのである。

(Freud, 1917, 1933)

により提唱され，その娘，アンナ・フロイトにより，詳しく理論化されている。ここでは，そのメカニズムについて社会心理学的，また人間関係的視点から，説明していくことにする。

　自我の防衛メカニズムの中で最も基本となるのは**抑圧**である。社会に受け入れられない欲求や衝動をその都度意識し，対応していたら，心身ともに疲れ果てて壊れてしまう。そして，これらの本能の力に負け，本能的な行動をしてしまうことになる。それでは社会的に生存できなくなる。そこで，自我は衝動を無意識の世界に抑え込み（抑圧し），意識の世界に上がってこないようにする。抑圧に成功し，それらが意識に上がってこなければ，意識的にはないのと同じ状態になる。この抑圧のメカニズムは，自我防衛機制の根本的原理である。TOPICS 5-8 ～ 5-10 で説明する各防衛メカニズムは，この抑圧をさらに強化するため発達したメカニズムであると言えよう。

TOPICS 5-10　ケチな人ほど人のケチを非難する
［フロイトの自我防衛の同一視と投影メカニズム］

■日常の出来事の疑問

スポーツ観戦をしている少年選手が，目当てのプロ選手が勝ったり，ホームランを打ったり，ゴールしたりすると，あたかも自分がそれを成し遂げたように興奮し，プロ選手になりきったように自己誇示し，大きな振る舞いをする。

また，人のケチさ加減を，いつも度が過ぎるくらい嘲笑する人がいる。人の性的関心を度が過ぎるほどあげつらう人がいる。そんなことを言う当の本人は，本当にケチではなく，また，後ろめたい性的欲求がないのだろうか。むしろ，逆かもしれないとも思える。

■精神分析的解釈

〈同一視〉

これは弱い自分を防衛するため，自分が理想とする強い人を想定し，自分もその人であると勝手に思い込み，その強者になりきり，周囲の前で，あたかも自分がその強者であるように振る舞う心理である。そのことにより自分の弱点を補い，弱い自分を抑え込んで強がりの自分を見せ，自分を守ろうとする。これが同一視あるいは同一化のメカニズムである。

このメカニズムの原型は，発達初期の幼児期の男の子のエディプス・コンプレックスの典型的心理である。憎いがしかし強い父親と自分を同一視する心理から，弱い自分を抑え，心理的安定を得て，強者のように振る舞うことにある。

このメカニズムは，父親や母親にだけでなく，一流のタレント，スポーツ選手，芸術家，政治家などにも当てはまる。自分の理想像を見出し，その人と自分を同一視することにより，自分の弱点や不安を抑えるのである。自我防衛であるが，それが自己成長の基盤ともなる。

〈投射〉

これは自分では受け入れたくない自分の反社会的衝動（攻撃心，嫉妬心，性的欲望など）を，自分以外の人の心の中に置き換え，その人がその悪い心（欲求）を強く持っているとして攻撃対象にする心理である。すると，相手の行為は反社会的であり，自分は正義漢として，その人を表立って非難することができる。これが相手を悪に仕立て上げ，自分の中の悪を抑え込む投射の防衛メカニズムである。

たとえば，自分のケチさ加減に自らもうんざりしている人は他の人のケチな行動がよく目につき，それを非難することが多い。人のケチさを悪く言うことで自分のケチさ加減を抑圧しているのである。また，自分の暴力性を自らも不快に思っている人は，他の人のちょっとした暴力的行為を目ざとく見つけ，ここぞとばかりその人に暴力的人間のレッテルを貼り非難する。それにより正義感からの攻撃が許されることになり，自我は自分を守ることができるのである。人のことを酷く悪く言う人は，この投射の防衛メカニズムを利用し，自分自身を守るために，人を過剰に非難するのである。

(Freud, 1917, 1933)

TOPICS 5-11　愛憎の深層心理
［フロイトのエディプス・コンプレックス］

■幼児性欲

　フロイトは，人の性格は幼少期の親との関係によって大部分が形成されるとし，なかでも3歳を過ぎた頃の異性の親との愛憎関係を重視している。この頃になると，フロイトのいう幼児性欲が異性の親，男子の場合は母親，女子の場合は父親に向けられる。そして，その異性の親を愛し，独占しようとする。ところが，それに立ちふさがる同性の親が存在することに気がつく。子どもの心の中では，異性の親をめぐって自分との三角関係が想定される。このため，この同性の親さえいなければ，異性の親の愛情を独占できるという思いが，同性の親を憎しみ，ひいては殺したいとまでの気持ちになる。これが，男子の場合のエディプス・コンプレックス，女子の場合のエレクトラ・コンプレックスである（下図）。

〈マザーコンプレックスの深層心理〉

　男性は，大人になっても母親への気持ちが強く，特に日本の男性は，大半がマザコンだとさえ言われる。

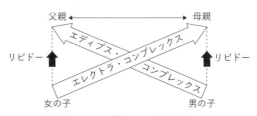

図　エディプス・コンプレックス相関図

■親との同一視

　フロイトは,この複雑な心理は本性的であり，すでにギリシャ神話にも反映されているとし，神話に出てくる神の名をとって，男子の場合は父親とは知らず父親を殺したエディプス神話にちなんで，**エディプス・コンプレックス**と呼んだ。女子の場合は母親を憎み，弟に母親を殺させたエレクトラ神話にちなんで，**エレクトラ・コンプレックス**と呼んでいる。

　さて，その同性の親に対する感情は，この憎しみだけでなく，自分を圧倒するその巨大さ，偉大さに，尊敬の念も同時に持っている。ここに同性の親に対する感情的コンプレックスを持つことになる。このコンプレックスの下で，同性の親のように自らも力を持ち，立派な人になろうと思う。そこで，自分は同性の親と同じだと思い，親をまね，同性の親と自分を一体視するようになる。これを**同一視**という。フロイトはこのメカニズムによって，男子は男性らしく女子は女性らしくなっていくとしている。

　フロイトは，異性や同性の親との愛憎やコンプレックスのあり方や対応の仕方が，その子どもの後の性格を決め，その後の人間関係や恋愛のあり方，社会との向き合い方を決めていくと考えた。

劣等感が人を成長させる

[アドラーの心理的補償作用]

■劣等感コンプレックス

劣等感コンプレックスの強い人が大きな仕事をすることがあるが，精神分析的にどのように説明しているか。

人は子どもの頃から，他の人には負けたくないという強い優越欲求を持っている。つまり，周りの人より自分のほうが上で優れていたいという，負けず嫌いな気持ちが本能的にある。しかし現実には，小さいときは周りの人に比べ身体も小さく体力も知力も弱いため，何もうまくできないし，周囲の人には勝てない。このため，この優越欲求は満たされず，悔しさと劣等感だけが残ることになる。自分よりも圧倒的に優れている父や母など大人はもちろん，子どもでも年上の兄や姉など大きな子どもには勝てない。そんな優越者に囲まれた子ども時代は，誰もが多かれ少なかれ屈辱感と劣等感を持ち，コンプレックスにさいなまれながら過ごすことになる。しかし，心の底の強い優越感は打ちくだかれながらも，その劣等感コンプレックスのエネルギーをバネにふるいたち，それを克服しようとする。その心的エネルギーが充当され大きな克己心となるのが，**補償のメカニズム**である。このエネルギーにより，人は強くなり，成長していく。

■補償作用

アドラーは，この補償作用の欲求こそが，人を動かし，大人へと成長する最も大きな力だと考えた。このため，このエネルギーがどのように働くかを注目した。たとえば，体の弱い子どもや身体にハンディを持つ子どもは，この劣等感をより強く感じるが，その分，補償の欲求が他の子どもよりも強く働き，競争心や対抗心が強く働く。それが他の人よりも能力を高めることになる。

アドラーは，この劣等感からくる補償作用のエネルギーは，その子どものきょうだい関係の中の位置で，大きな影響を受けるとしている。それは次男，次女の第2子に典型的に見られる。第2子は，もの心ついたときから，目の前に自分より明らかに優れた第1子（長男，長女）がいて，親も周りの人もその子を大事にし，ほめて育てていくのを見て育つ。このため第2子は，小さいときから第1子に対して劣等感を強く持つことにより，より強い補償欲求が働くことになる。のんびり屋の長男とがんばり屋の次男というのは，このような補償作用の違いから形成される代表的性格と言える。

これは単にきょうだい関係上だけの性格ではなく，学生や社会人になっても，子どもの頃形成されたこの性格を持ち続けることになる。アドラーはこの補償作用は2つの方向に働くとしている。1つは，劣等している部分に働く。たとえば，小さいとき身体の弱かった子が補償作用で体を強くし，将来，プロの運動選手になるような場合である。もう1つは，体の弱い子が運動面での劣等感の補償作用として，勉強や芸術など，別の場面で他の人に優越し，偉大な研究者やアーティストになる場合である。

その後アドラーは，精神分析の子どもの頃の体験が成人してからの性格を決定するという考えから，人の性格はその人の持つ目標や目的によって決まるとして，**個人心理学**を提唱している。

(アドラー, 1983)

第6章
言語的コミュニケーション
——言葉による説得と要請

　人間関係は相互のコミュニケーションによって成り立っている。誰かと会い，話をし，メールや電話で連絡し合う。毎日，コミュニケーションの連続である。それがないと仕事も遊びも進まない。友情も愛情も深まらない。

　最近の社会心理学では，取り留めのない雑談が人間関係を深め，豊かにすることが明らかにされている。パンデミックの自粛生活の際，多くの人が対人コミュニケーションの重要性に改めて気づいたはずである。また，近年のスマートフォンの普及により，コミュニケーションが距離に関係なく即時にできるようになり，社会が大きく変わりつつある。進化心理学的に見ても，人類は個としては弱いが協力して集団として力を持ち，人類として何百万年，ホモサピエンスとして 20 万年サバイバルし，進化してきた。まさに社会的動物である。その協力のためには，詳細で正確なコミュニケーションが必要である。その手段として，人が特別に発達させたのが言葉である。言葉が人と人の間，集団と集団の間の相互のコミュニケーションの質と量を最大限に引き上げて，他の動物のコミュニケーション手段とは比べものにならない優れた手段にしたのである。人類は，言葉を獲得したことにより大きく進化した。言葉はものごとを極めて正確に，また詳細に意識的に伝えることができるツールであり，人間関係を深める点においても役立っている。

　ところで，人間のコミュニケーションにはもう 1 つ大事な伝達方法がある。それは，人間以外の動物も大いに使用している身体を使った伝達手段である。これを，**ノンバーバル・コミュニケーション（非言語的コミュニケーション）** と呼び次章で，見ていく。

TOPICS 6-1　文化による人間関係のルールの違い
［アーガイルらの人間関係のルールの調査］

■考えてみよう

この調査は，人間関係の文化的ルールについての比較文化的研究である。調査対象は西欧文化の英国とイタリア，東洋文化の日本と香港で各 200 名を対象とし，年齢は 25 〜 60 歳であった。調査の内容は日常の社会的生活の人間関係のルールについて，下表のような具体的な項目を挙げ，それが重要な対人的ルールになっているか，回答を求めた。西欧文化と東洋文化で違いはあったのだろうか。

■実験結果

各文化の調査の結果，重要なルールが多い国は，英国（53.5%），香港（42.5%），イタリア（30.9%），日本（25.8%）の順であり，その数は文化により異なった。内容を見ると，英国，香港，イタリアでは，家族など親密な対人関係において多くのルールが重要視された。他方，日本においては，職場関係，病院や学校などの社会的場面での関係が重要とされた。いずれかの文化で，重要とされたルールが過半数であった項目を表に示した。「他者のプライバシーを尊重する」は，すべての文化で重要とされていた。

表に見られるように，各文化により重要視する対人関係のルールが異なるが，日本においては対立を回避するルールが多く，イタリアでは親密さを調整することに関係するルールが多かった。

次に，東洋と西洋の対人関係のルールを比較すると，東洋では面子を失うことを避けること，集団内の関係を維持すること，情緒の対人的表現の抑制に関するルールが多く見られた。これらの結果は，東洋文化の集団主義から生じていると考えられる。他方，個人主義の西洋においては，集団内の親密さに関するルールが重視されることが明らかにされている。

(Argyle et al., 1986)

表　各文化で人間関係のルールが重要視される比率の比較（数値は選択数）

ルール	英国	イタリア	香港	日本
人前で悪口を言わない	4	0	12	7
他者を公然と批判しない	13	3	21	21
その人がいないときに支持する	12	5	12	0
他者と秘密に話したことをばらさない	21	21	21	10
性的活動にふけらない	15	4	20	18
成功のニュースを他者と分かち合う	12	2	13	6
会話のときに相手の目を見る	21	20	7	9
些細なことでも，借りにはお返しをする	13	2	2	7

1. 説得的コミュニケーション

　会議ではときに各々が自分の意見を主張し，譲らず，喧喧諤諤^(けんけんがくがく)の討論が行われる。また，たわいのない日常の会話でも，各々が自らが正しいと思っている意見を主張し，ぶつかってしまうこともある。いずれも自分が正しいと思い，それを言葉にして相手を説得し，納得させようとする。このような言葉を用いて相手に影響を与える行動を**説得的コミュニケーション**と呼び，その効果的方法が社会心理学では古くから研究されている分野である。

　現代社会において人々は会議をし，プレゼンテーションし，大学の授業でもゼミでも，また友人との雑談でも，言葉によりコミュニケーションをする。そのなかで相手に意見したり，相手の言うことに納得したり，説得したり，説得されたりして，相互に影響し合っている。相手が自分の話を受け入れ，大きな影響を与える場合もあれば，まったく影響なく，かえって反発される場合もある。また，相手を強く説得するつもりではないのに，相手が自分の話を受け入れる場合もある。

　では，人はどのようなときに相手を説得できるのであろうか。説得的コミュニケーションの研究は，古くホブランドらのイエール大学の研究に始まる。ここでは，コミュニケーションの4要素（図6-1）ごとにその成果を紹介していく。

図 6-1　コミュニケーションの4要素

(1) 送り手（話し手）

　説得の成功は，話し手の話を聞き手が受け入れるかどうかである。そのとき真っ先に問題となるのは，誰が話をしているかであろう。情報の送り手がどんな人の場合，相手への影響力が強いのか，どんな人の話なら受け入れるかである。研究結果では，送り手（話し手）に権威があり，信頼性がある場

TOPICS 6-2 情報は情報源を離れ，一人歩きする
[ホブランドとワイスの情報のスリーパー効果の実験]

■考えてみよう

この実験は，社会的話題に関する専門家の意見がどの程度説得的効果を持つか，また，どの程度持続的にその効果を維持されるかをみる研究である。

参加者は学生で，まず，本実験の5日前に予備調査を受け，各自の意見を回答している。本実験では，実験者からその当時社会的話題の抗ヒスタミン剤，鉄鋼の不足，映画館の将来などのなかから1つの話題についてのメディアの記事が渡される。そこには情報源も書かれている。その情報源として，たとえば，抗ヒスタミン剤の効果については医学雑誌と一般大衆誌のように，信憑性の

高いものと低いものとが記されている。学生がそれを読み終わると，実験者はその記事を回収する。その後，その話題についての質問紙で各自の意見を回答させた。

この回答と5日前の同じ話題への回答を比較し，情報源の信憑性の違いが意見変容にどのような影響を与えているかが調べられた。また，時間経過による影響の変化をみるために，4週間後に同一の質問紙で三度目の調査が行われた。

学生たちは意見を変容させただろうか。また，その変化は4週間後も維持されていただろうか。

■実験結果

実験の結果，記事を読んだ直後の学生の意見変容は，情報源の信憑性の高い場合のほうが低い場合より，情報源の主張する意見の方向へ大きく変化した。

ところが時間経過に伴い，この効果には興味深い変化が見られた。4週間後の調査では，信憑性の低い情報源が示された参加者の場合も，情報源の主張する方向への変化が見られた。他方，信憑性の高い情報源が示された参加者の場合，提示された主張への変化は提示直後に比べ，逆に減少していた。これが，**スリーパー効果**と呼ばれる現象である。その原因は時間経過とともに，記憶プロセスのなかで情報の内容と情報源が分離して，情報源の記憶は忘れられ，どちらの情報源でも情報内容だけが残り，その影響が現れるからだと考えられている。
(Hovland & Weiss, 1951)

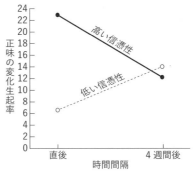

図　主張方向への意見変化に及ぼす情報源の信憑性と時間経過の効果

合や魅力がある場合などに説得力が強い。

①送り手の信頼性

　まず第一に，話し手が信頼できる人であれば，話を容易に受け入れられる。これを実証したカシオッポらの実験では，大学４年生に卒業試験の導入の話を，信頼性が高い教育学の教授が話した場合と，信頼性が低い高校生が話した場合との受け入れ度合いを比較している。そして，同一内容でも信頼性が高い話し手の場合のほうが，受け入れられることが実証されている。ここでの信頼性とは，その人が信用できる人であるかという信用性と，話している分野についてその人がエキスパートであるかという専門性である。たとえ専門家として信用できても，当面の問題と専門分野が違うと，信頼性は低くなる。

　この信頼性の実験結果は，信頼性の高い人の意見が受け入れられるという常識的な結果であった。ただし，これが実はそれほど単純でないことが，ホブランドらの研究により発見されている。その１つが TOPICS 6-2 に示す**スリーパー効果**である。話し手と話の内容とが，時間が経つと分離し，意見の内容が一人歩きする。このため，信頼性の高い人の影響は失われ，信頼性の低い人からの話でも時間が経つと影響が出てくるのである。

②魅力的な人の話は受け入れる

　聞き手は魅力的な人の話は素直に受け入れる。有名なプロスポーツ選手，有名なタレントがＣＭで話すと，業種に関係なく大きな効果を生む。それは，専門性とは関係なく，個人の飛び抜けた魅力により，聞き手はその内容をあまり考えずそのまま受け入れてしまうからである。では，どうして魅力的な人の意見は簡単に受け入れられるかというと，受け手は魅力的な人を目の前にすると，のちに述べる意見変容の２つの流れのうち，**周辺的情報処理ルート（短絡的コース）**を用い，精査や分析なしに内容を受け入れてしまうからである。魅力的な女性が話すと，プレゼンテーションが下手でも受け入れられるという実験結果がある。

　また，好感を持った人の話は受け入れられやすいという実験もある。教室において，転校生を装い挨拶をするとき，この学校は前の学校よりずっと良い感じがすると話した場合，前の学校のほうが良かったと話した人よりも好

**TOPICS
6-3**

脅せば説得されるか
[ジャニスとフェッシュバッハの恐怖を伴う説得の実験]

■考えてみよう

この実験の参加者は，米国の高校生である。本実験の1週間前に，虫歯などの口腔衛生についての意見調査が行われている。実験当日には，20枚のスライドを使いながら，15分ほどの虫歯予防など口腔衛生に関する講義を聞くことになる。実験条件は，録音の内容は同一であったが，見せた虫歯などのスライドで，恐怖を与える強度を次のように変えた。

　①強恐怖：虫歯の末期状態のひどい炎症

スライド
　②中恐怖：虫歯などが中程度のスライド
　③小恐怖：不快な内容はなく，歯の成長などのスライド

スライド講義の後，参加者は1週間前と同じ質問紙に口腔衛生に対する意見を回答し，また，スライドに対する情緒的反応なども回答した。

強い恐怖心が意見変容について，どのような影響を与えたのであろうか。

■実験結果

この実験は，強い恐怖心を喚起することにより，行動を変化させることができるかを調べた研究である。

実験の結果，強い恐怖喚起のもとで講義を聞いた学生は，強い情緒的反応を喚起していた。また，虫歯や炎症などが心配になると答えた人は，上記3つの群の中で強い恐怖群の学生が最も多かった（図1）。しかし，今後，歯みがきなどの予防行動をする

かどうかという行動変容については，恐怖の程度は特に強い影響はなかった。むしろ，恐怖のないスライドのもとで講義を聴いた学生のほうが，予防行動をすると回答していた（図2）。恐怖スライドは強い恐怖心を起こすが，行動喚起への影響は中や弱の恐怖スライドよりも少なかった。

(Janis & Feshbach, 1953)

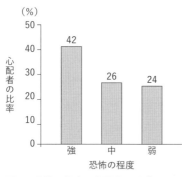

図1　恐怖の程度と心配者の比率

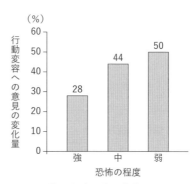

図2　恐怖の程度と意見変容

感が持たれたが，それだけでなく，そのときその学生がある提案をすると，それを受け入れる生徒が多かったという。また，自分と類似している特性を持った人からの話は受け入れやすいという。最近はネットによるコミュニケーションが盛んだが，研究の結果，それほど親しくない相手でも，SNSなどで共感できる人や，自分と同じ立場や状況の人だと，その人の意見を受け入れやすいとされている。

(2) メッセージの内容

　説得的コミュニケーションにおいて，どのようなメッセージの形式が相手により大きな影響を与え，受け入れられるかという分野がある。そのなかで代表的な研究を，以下に見ていく。

①意見の隔たりの程度

　これは，説得者と聞き手のもともとの意見の間に，大きな隔たりがある場合とあまり隔たりがない場合では，聞き手の意見の変化はどちらの場合のほうが大きく影響を与えるかという問題である。研究の結果，答えは逆U字形であった。つまり，あまり大きな隔たりのある意見では，聞き手は反発してしまい，受け入れない。小さな隔たりでは，違いを感じないので変化は生じない。中程度の隔たりのある場合が，一番大きな変化が生じる。この場合が影響力が大きいということになる。

②論理的呈示と感情的呈示

　論理的呈示と感情的呈示を比較した場合，論理的呈示のほうが必ずしも受け入れられるというわけではない。課題が自分にとって大事な（自我関与が高い）場合は，慎重に，時間をかけて分析，精査するので，論理的呈示のほうが受け入れられやすいが，自我関与が低い場合，時間のかかる論理的思考は避け，感情的に快感が持てる呈示を受け入れやすい。この問題は，課題の性質と自我関与によって，異なることが明らかにされている。これは，後に述べる**情報処理ルート**の問題でもある。

③論点の多さと説明文の長さ

　自分にあまり関係のない課題においては，内容にかかわらず，論点が多かったり説明文が長かったりすると，詳細に検討はせず，直感的な判断がな

TOPICS 6-4

書かされた文章と分かっていても その人の考えだと思う

［ジョーンズとハリスの書き手の帰属実験］

■考えてみよう

　この実験は，書き手が強制的に書かされた小論文と知ったうえで，それを読んだ場合，読んだ人は書き手の本心をどのように評価をするかを調べたものである。

　参加者は米国の大学生である。実験当時，キューバは革命カストロ政権下であり，米国にとって敵対国となっていた。実験者は参加学生に他の学生が書いたカストロ政権に対する賛成・反対の小論文を読ませ，それを書いた人がカストロ政権にどのような考えを持っているかを質問した。

　このとき，政権賛成の小論文を渡される学生と，反対の小論文を渡される学生がい

る。そして，実験者はその小論文を学生に渡すとき，この小論文は実験者が書き手に，自分の考えどおりに書くように指示して書かせたと言う場合と，この小論文は書き手に，本人の考えとは関係なく，実験者が，賛成あるいは反対の立場を割り当て，それに沿った立場の小論文を書くようにと指示して書かせた論文である，という説明をした。つまり後者の場合，小論文の書き手は，本人の気持ちや態度をもとに書いたのではない，と説明した。そのうえで，小論文を読み終えた後，両条件の学生に書き手本人の本当の考えはどうかと質問した。

■実験結果

　実験の結果，小論文を書き手が自由に自分の考えで書いたものと言われた場合，当然ではあるが，それが賛成の内容でも反対の内容でも，書き手の考えもその小論文の内容と同じ考えを持っていると判断された。ところが，実験者から強制的に指示されて，賛成あるいは反対の小論文を書いたと言われた場合でも，反対の論文を読んだ参加

者は，書き手は反対の考えを持っていると推測したのである。

　この実験で，ある人の行動がたとえ周囲の状況によってやむを得ず行ったと知っていたとしても，観察者はその行動が行為者本人の態度が反映されていると考えてしまう傾向があることを明らかにしている。

(Jones & Harris, 1967)

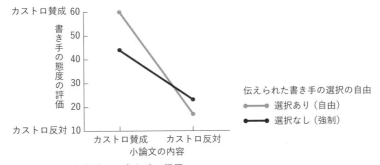

図　強制された行動への書き手の帰属

されやすい。また，あまり長いと最初から取り組もうとしないため，影響は
生まれない。

　④恐怖メッセージ

　説得的コミュニケーションでは，しばしば恐怖メッセージが使用される。
真っ黒な肺がんの写真や，悲惨な事故現場の写真などの悲劇的結果を提示し
て，人に恐怖心を生じさせ，その原因となる行動をやめさせようとする。こ
れは本当に効果があるのだろうか。

　実験の結果，強い恐怖心を生じさせるメッセージは，かなり効果的である
ことが明らかにされてきている。ただし，恐怖メッセージは恐怖心をあおる
だけなので，それを防ぐ有効な対策が明示されないと，効果的ではない。

　⑤議論の一面性提示と二面性提示

　社会的意見には，たいてい賛否両論がある。相手を説得しようとした場
合，自分が説得したいほうの話だけを内容として示すのが，一面性提示法で
ある。反論を交えながら自分の話を進めるのが，二面性提示法である。二面
性提示法は自分の説の弱点をさらすが，受け手が知性的である場合，あえて
それを示すことにより，聞き手に話し手が公平で客観的であると確信させ，
信頼を増すことになる。このため，その説得は受け入れられやすく，一面性
提示よりも効果的であるとされている。

　米国の大学での実験で，空カンをリサイクルするためのキャンペーンで，
「リサイクルするので，空カンは面倒ですが１階のリサイクル箱に入れてく
ださい!!!!」というポスターを提示したところ，回収率は，「面倒ですが」
というマイナス点を書いたほうが，書かないポスターよりも高かったのであ
る。マイナス点を明示することより，影響が増したと言える。

（3）チャネル（伝達手段）

　説得のチャネルとは，メッセージの送り手が，情報をどのような方法で受
け手に伝えるかである。直接会って伝えるか，SNSで伝えるか，紙媒体で
伝えるか，あるいは動画で伝えるか，などである。魅力的な人に面と向かっ
て説得されると，より受け入れやすいことが実験で明らかにされている。

　最近はコミュニケーションツールとして，スマートフォンによる文字伝達

が多用されている。では，文字交換で，個人的な感情や皮肉が正確に伝えられるであろうか。ある心理学者が，皮肉表現の伝達に注目して実験している。その結果，伝達するほうは，自分の文章で皮肉は十分に伝えられていると思っているが，受け取ったほうは半信半疑で，伝え手の意向はよく分からないとしている。他方，口頭で同じことを伝えた場合，受け取ったほうも皮肉を皮肉としておおかた理解した。このためか，スマートフォンの情報交換の際には，誤解を避けるため，絵文字やスタンプで感情を補っていることが多い。一方，ポスターなどに文字に書かれたメッセージの効果は，想像以上に低いことも研究で明らかにされている。

①直接講義の効果

　直接面と向かって話すと，説得は効果をもたらすであろうか。たとえば，西欧では牧師の説教は最も説得力があると思われている。そこで，ある研究で牧師から人種差別についての説教を聞いた信者に，後に家庭訪問をしてその効果を調べた。まず，牧師がその日の説教で何を話したかを聞いたところ，人種差別について話したと正確に回答した人はわずか10%であった。直接の説得も，集団の一員となると，話を覚えていない人がかなり多いことが分かった。

②マス・メディアの効果

　マス・メディアの影響については，社会心理学では古典的な2段階プロセスが有名である。それは，マス・メディアの情報は，直接個々に影響するのではなく，マス・メディアからオピニオンリーダーに伝わり，オピニオンリーダーから個人に伝わるという説である。しかし最近では，マス・メディアをとりまく環境は大きく変わっている。マス・メディアの中心であった新聞やテレビを若者が見なくなり，SNSなどスマートフォン中心のコミュニケーションが多くなっている（図6-2）。ITを通した双方向コミュニケーションは，対面やマス・メディアと異なるコミュニケーション手段となり，個人間のコミュニケーションの中心的役割を果たすようになってきている。スマートフォンが社会や人間関係を大きく変えてきていると言えよう。SNSの影響など，その変化の研究は，社会心理学の今後の重要な課題である。

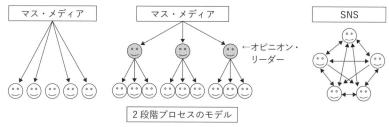

図 6-2　情報の流れ

（4）説得の受け手

　説得の受け手の性格や，受けているときの心理状態が，その情報を受け入れるかどうかに大きく影響する。最も決定的な受け止め方の違いは，後に示す2つの情報処理ルートの違いである。その前に，個人の心理的特性についての研究成果を紹介していく。

①自己評価

　自己評価の高い人と低い人とでは，どちらが説得を受け入れやすいだろうか。自己評価の高い人は，プライドが許さないため，簡単に影響を受けない。他方，自己評価の低い人は，自分を否定的ととらえるだけでなく，社会や他の人をネガティブにとらえているので，懐疑心が強く，容易に人の話を受け入れない。実験的研究では，自己評価の高い人も低い人も説得を受け入れにくく，自己評価が中程度の人が受け入れやすいとされ，逆U字形になっている。

②認知欲求

　人は好奇心が強く，情報を受けたとき，それを詳しく分析して中味を知りたいという欲求が生じる。これを認知欲求と呼んでいるが，その欲求が高い人と低い人がいる。認知欲求の高い人は好奇心が強く，情報を受けたとき，精査し，分析して情報処理しようという傾向が強い。この欲求が低い人は好奇心が少なく，短絡的に簡単に情報処理しようとする傾向が強い。このため，同じ情報でも，ある人は内容を分析して，内容がしっかりしていればそれを受け入れるが，別の人はあまり精査せず，内容と関係なく見た目が立派とか，有名人が言っているからとかにより，それを受け入れる。

TOPICS 6-5　役割だと思ってやっても，その考えを受け入れてしまう

［ジャニスとキングの役割演技の意見変容実験］

■考えてみよう

　実験参加者の大学生は，実験の4週間前に，さまざまな社会問題についての意見調査に回答している。そのなかに「3年後の映画館の数」「食肉の供給量の低下」「風邪の治療法の開発」の3話題も含まれている。実験ではこの3つを話題とした。

　実験当日は，この実験は話し方検査法の開発の一環である，とされる。実験は，三人一組で行われた。学生らは，各々が3つのうち1つの話題の話し手に割り当てられる。その後，実験者は用意した要旨を渡し，まず3分間，全員3つの話題の概要を読むように言う。次に各々，3つの話題のうちの1つについては話し手となり，残りの2つの話題については聞き手となると言い，各自，自分が話し手となる話題についてのスピー

チの準備をするように言う。このとき，話し手は，渡された要旨の方向で話をするように，と言われる。ただし，この際に実験操作がされる。渡された要旨は，当の学生たちの4週間前の意見とは反対の意見の要旨を渡したのである。このため，話し手となった学生は，自分の意見とは逆の内容を，他の2人に説得的に話さなければならない状況に置かれた。

　順番に3人が話し，それが終了後，事前の調査のときと同じ質問紙に回答を求められた。このとき，自分の内心とは異なった意見を自ら他者に話した話題について，どれくらいの影響を受け，自分の意見をその方向に変化させたであろうか。

■実験結果

　この実験は，自分の立場とは反対の立場の説得者を役として演技することにより，その内容に自分の本当の意見が影響されるかどうかを実証する研究である。

　3つの話題について，話し手と聞き手の意見の変化を比較した。その結果，話し手として積極的に主張した場合のほうが，聞き手として受動的に聞いた場合よりも，要旨の内容に影響を受け，その方向に自分の意見を変えたことが明らかになり，役割演技が単に役を演じるだけではなく，自分自身の内心の意見も変えていくことが実証された。

(Janis & King, 1954)

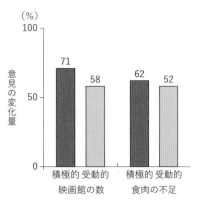

図　積極的参加者（話し手）と受動的参加者（聞き手）との意見変化量の比較

③感情状態

人は，心がリラックスしていて良い気分のときは，相手の話を受け入れやすい。そのため，ビジネスでは相手が喜ぶ料理やゴルフの接待が用意されることが多い。このことは実験でも明らかにされた（TOPICS 6-6）。飲食などにより良い気分になると，それに連合して判断もポジティブになるという**フィーリング・グッド効果**により，説得文を肯定的に受け止め，受け入れるとされる。生演奏のギターを奏でた心地良い部屋では，説得の効果が大きいことも実証されている。

④事前警告とリアクタンス

ある人と話すとき，別の人から「その人は君を説得するために来た」と通告されたら，受け入れを警戒するであろう。警告を先に聞いていると，説得が受け入れられにくくなることが実験でも明らかにされている。その実験では，高校生に「運転免許証は20歳以上にすべきだ」という主張を聞かせる。しかし，「この話し手は，君たちを説得するために来た」と前もって知らされた高校生たちは，その説をあまり受け入れなかったのである。

この現象は，ブレムの**心理的リアクタンス理論**で説明される。その理論では，人は誰でも自由に考え，自由に感じ，自分の好きなように行動したいと思っている。そして，人から指示されるのではなく，自分で自分の考えや行動を選択したいと強く思っていると仮説している。そこで，この自由選択権が脅かされると人は反発的なリアクタンスの心理が働き，自由を取り戻そうとする。このため，説得者を自由選択の略奪者のように感じ，その主張に反感をおぼえ，説得に身構え，むしろ反発するのである。

⑤イノキュレーション

マクガイアは，予防接種のメカニズムが説得プロセスにも生じると考え，それを意見変容への**イノキュレーション効果**と呼んでいる。予防接種により体内に免疫を作るように，あらかじめ説得内容を多少経験させておくと，その意見に抗体的心理が生じ，本格的説得がなされたときでも，説得されにくくなるとし，そのことを実験的にも証明している。

TOPICS 6-6

飲食しながらの説得は効果的か
［ジャニスらの説得のフィーリング・グッドの効果実験］

■考えてみよう

　この実験の参加学生は,事前にがんの治療,将来の軍隊の規模,月旅行,立体映画などについての意見調査に回答していた。実験当日,実験者からこれらの話題についての記事が渡される。記事は話題について一定の方向に説得する内容である。学生はそれを読むように言われるが,このとき,テーブルの上にはコーラとピーナッツがあり,実験者から,それを飲食しながら記事を読むようにと勧められる。

　別の実験条件では,学生にはコーラもピーナッツもなく,記事を渡され,単にそれを読むように言われた。

　2つの実験条件の学生は記事を読み終えた後,事前に答えたものと同じ質問紙に自分の考えを再び答えた。ピーナッツを食べながら記事を読んだ場合,単に記事を読んだ場合に比べて,より大きく記事の方向に意見を変えただろうか。

■実験結果

　この実験は,飲食して気分が良いと,説得を受け入れ易くなるかどうかを調べた研究である。

　ピーナッツを食べ,コーラを飲みながら説得文を読んだ場合と,ピーナッツもコーラもなく読んだ場合の2つの実験状況における説得文の影響を比較した。すると,4つの話題すべてにおいて,ピーナッツを食べながら説得文を読んだ学生のほうが記事の

内容に影響を受け,説得方向へ意見を変容させていた。

　これは,**フィーリング・グッド効果**を実証している実験である。飲食して気分が良い（フィーリング・グッド）と,読んでいる記事を歓迎する気持ちになり,ポジティブに文章をとらえ,その影響を受け易くなると考えられている。

(Janis et al., 1965)

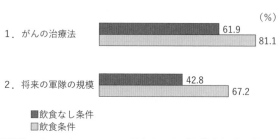

図　説得的コミュニケーションの受容度に及ぼす飲食行動の効果

2. 意見変容の2つのルート説

　現代は情報社会であるが，あまりに多くの情報がマス・メディアやインターネット，SNS 上に流れていて，情報過多の社会になっている。そこで暮らす現代人はこの大量の情報にどう対応すればいいのかが，大きな課題になっている。しかしこれは，情報の多寡に限らず人類誕生以来の問題で，周りの情報をどう処理すれば生存し，サバイバルできるかについて，人類は進化の中で対処法を適応的に発達させ，身についてきている。それが，現代社会を生き抜くときにも，大いに役立っているとされる。それは情報への対応の仕方を2つ用意していることである。カシオッポらは，人は直接受け取った情報に対して，まったく異なった次の2つのプロセスで対処するとした。これを**情報処理2ルート説**という。

Keyword

■**情報処理2ルート説**■
①中心的情報処理ルート　　②周辺的情報処理ルート

(1) 中心的情報処理ルート

　受け取った情報の内容を精査し，分析し，よく考え，その情報が正確であるか，自分にとってどう役に立つか，それを多方向から慎重に判断し，良いと思ったら受け入れ，適切な対応を考え，それを行動に移すという方法である。これは合理的で，冷静な知的判断のルートである。

(2) 周辺的情報処理ルート

　周辺的情報処理ルートとは，受けた情報をあまり精査せず，その情報をそのまま受け入れて行動してしまうか，あるいはさっさと捨ててしまうルートである。現代人は忙しく，また社会に情報が氾濫しているので，すべてを中心的情報処理ルートで精査する時間はない。その分，周辺的情報処理ルートを使用する場合が多くなってきている（図6-3）。

TOPICS 6-7	# 自分が関係すると思うと慎重に判断する ［ペティらの自我関与と情報処理 2 ルート説の実験］

■考えてみよう

　この実験は，論文内容への参加者の自我関与が高い場合と低い場合の，説得効果を調べている。論文は大学生に対して，大学での卒業試験の導入の必要性を説く内容である。自我関与が高い実験条件では，学生たちがまだ在学中である来年度から，この卒業試験を実施する予定だと伝えられる。低い条件では，学生たちが卒業した 10 年後から実施の予定だと伝えられる。渡された論文は，論拠のしっかりした強いメッセージを読ませる場合と，論拠の弱いメッセージを読ませる場合とがあった。さらに，その論文は，プリンストン大学の教授が議長を務める，高等教育に関する委員会によっ

て作成されたものであると言われる場合と，同じものであるが，地方の高校の授業で作成されたものであると伝えた場合とがあった。このような条件のもとで論文を読んだ学生たちは，説得に応じて卒業試験導入にどの程度，賛成したであろうか。

　この実験のポイントは3点ある。第1は，自分たちがその試験を受けることになるかどうか，つまり自我関与の問題である。第2は，その論文が権威ある委員会から出されたものかどうかである。そして第3は，論文それ自体がしっかりした内容であるか，論拠に乏しいものであったかどうかである。

■実験結果

　実験の結果，「来年から実施」と言われた学生は，自分たちも受けることになるので自我関与が高く，その論文を誰が書いたのかはあまり関係なく，その内容がしっかりした論拠のあるものであった場合は説得され，賛成の方向に動いた。一方，10 年後に実施すると言われた場合は，論拠の強さ

よりも書き手の権威により説得された。この結果は，**情報処理の2ルート説**のとおりであり，個人的に関与が高い場合，情報分析に**中心的情報処理ルート**をとり，関与が少ないときは**周辺的情報処理ルート**をとることが明らかにされたと言えよう。

（Petty et al., 1981）

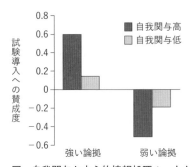
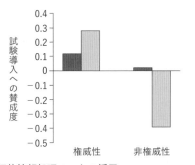

図　自我関与と中心的情報処理ルートと周辺的情報処理ルートの援用

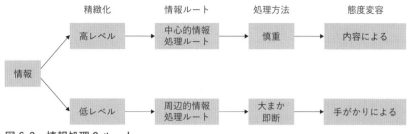

図 6-3　情報処理 2 ルート

　このルートに乗ると，情報の内容を詳細に冷静に分析するのではなく，情報を適当な手がかりにより，その善し悪しや取捨選択を即断して問題を解決することになる。たとえば，仲の良い友達が勧めているから，有名人が言っていたから，ネットに書いてあったからという理由でその情報を受け入れ，行動に移すやり方である。時間もかからず熟考することもないので，その場の判断としては効率的である。ただし，熟考しないので間違った判断をしてしまうことも少なくない。それでも，現代人は忙しく雑多な情報も多いので，ついついこのルートを使いがちである。通常は，大事と思われるときには慎重に中心的情報処理ルートを使い，時間をかけて判断するべきであるが，忙しいときやストレスで心に余裕がないときなどは，大事なことも情報源に頼り，即断的に周辺的情報処理ルートで判断してしまうことも少なくない。

3.　2 段階要請法

　誰かに何かを依頼しようとするとき，相手からその申し出を断られることがある。しかし，会社の営業関係の人は，断られてからが商売だという。1 回断られたからといって，そこで諦めてしまったのでは営業成績は上がらない，という。一度断られても，厚顔にも二度，三度と要請し，最終的に承諾を得るのがセールスの腕の見せどころだという。職業上，一度断られても，2 回，3 回と要請すると，相手が承諾することを知っているのであろう。
　このような，一度断られてももう一度要請し，その結果，承諾を得ようとする方法を**2 段階要請法**と呼ぶ。社会心理学では，TOPICS 6-8，6-9 のよう

な実験で，これを実証している。この 2 段階要請法は，セールスだけでなく，通常の対人関係あるいは恋愛関係にも広く応用されうる効果的な説得方法である。

2 段階要請法の代表的方法として，以下の 2 つがある。

Keyword

■ 2 段階要請法の代表例■
①フット・イン・ザ・ドア法　②ドア・イン・ザ・フェイス法

（1）フット・イン・ザ・ドア法

フット・イン・ザ・ドア法とは，米国での戸別訪問の車販売の際のセールステクニックの基本として，よく知られた販売方法の呼び名である。訪問販売は，まずは家の玄関を開けてもらい，中に足を入れさせてもらうことがセールスの第一歩ということを表している。そこからセールスが始まるという意味である。「話だけでも」とか「聞いてくださるだけでいいですから」と言い，玄関に入れてもらう。家の人のほうは，「まぁ聞くぐらいなら」とドアを開ける。しかし，この行為は，相手に入ることを許可するので，相手の依頼を承諾したことになる。小さなことではあるが，相手の要請を受け入れたことは心理的に大きな意味を持ち，次の大きな要請も受け入れる心理的素地を生むことになる。本来なら受け入れないような要請を，その前に小さな要請を受け入れているために受け入れてしまうのである。心理学では，それは自己の一貫性維持の心理メカニズムが働くからだと説明している。そのことをフリードマンらは実際に街の主婦を対象に TOPICS 6-8 のような実験で実証している。

当人が最初の要請を受け入れた時点で，自分は人の依頼に快く応じる親切な性格であると自己認知する。そこに 2 番目の要請がくる。すると " 親切な自分 " はここでも引き継がれ，大きな要請も引き受けることになる。それが，自分として一貫性があると考えるからである。このため，要請が大きなものになってもこの一貫性を貫こうという心理から，それも引き受けることになるのである。

(2) ドア・イン・ザ・フェイス法

　ドア・イン・ザ・フェイス法は，フット・イン・ザ・ドア法とは逆の2段階要請法である。

　この方法は，最初に相手が引き受けられないような大きな要請をする。それが断られたら次に小さな要請をし，それを引き受けてもらうという方法である。セールスで家を訪れ，玄関で断られ，激しく顔にドアをぶつけられる状況を表している。しかし，これは2段階要請法なので，この門前払いは最初から計算済みである。要請者は，その後にすぐさま，用意していた本来の小さな要請をするのである。この方法は，最初から小さな要請のほうを受け入れてもらうのが狙いである。2つ目の要請は小さいといっても，これだけ単独で要請すると受け入れてもらえないような要請である。それが，このような2段階の要請をすると，容易に受け入れられるのである。チャルディーニらは，この2段階要請法を TOPICS 6-9 のような実験で，実証している。なぜドア・イン・ザ・フェイス型の2段階要請法が，効果的に人を動かすのかというと，主に次の3つの心理的メカニズムが働くからである。

a．対比効果

　大きな要請を聞いた後で小さな要請を受けると，小さな要請がより小さく感じられる。その対比効果から引き受けてもよいと思う。

b．罪悪感

　要請を断ると，人は多少とも罪悪感を感じる。そこで，償おうとする心理が生じる。そこに2番目の小さな要請がくる。すると，それがその罪悪感を償う良いチャンスと見える。自らの罪ほろぼしとして，進んでこれを引き受けることになるのである。

c．譲歩返報性

　要請者側は，大きな要請を断られた後に小さな要請をする。それは要請者側が譲歩したと見える。そこで互恵性原理が働き，自分のほうも譲歩しようと思い，要請を受け入れることになる。

TOPICS 6-8　小さな承諾を得た後は大きな承諾を得やすい

［フリードマンとフレイジャーのフット・イン・ザ・ドア法の実験］

■考えてみよう

この実験は，米国のP市の電話帳で無作為に選んだ家庭の主婦を対象者としている。

実験者は選んだ主婦に電話をかけ，消費者団体の者と名のり，「今，消費者向け手引き作成しており，家庭用品調査しているので協力してほしい」と要請する。要請が受け入れられると，家庭で使用している石けんについての質問をする。第1回目の電話はこれで終わる。

数日後，実験者は，同じ主婦に2回目の電話をする。2回目も同じく，消費者向け手引き作成のための調査へ協力してほしいと要請する。ただし，2回目の調査内容は，2時間の予定で数人の男性調査員が家庭を訪ね，使用している物のすべてを調査する

という大がかりなものだと説明し，協力を要請する。

さて，この2回の要請に対して，何％くらいの主婦が受け入れるか調べられた。この実験では，この2回目の要請条件と同じ内容の要請を1回目に行う，という別の条件もある。その場合，2回要請条件の2回目の大がかりなほうを，最初の電話のときに要請した。この場合，何％くらいの主婦が，要請を受け入れるであろうか。

1回目に簡単な要請をして，それが受け入れられた場合の2回目の大がかりな要請が受け入れられる割合と，最初に大がかりな要請のみの場合の受け入れられる割合が調べられた。

■実験結果

この実験は**2段階要請法**の効果についての実証的研究である。

実験の結果，1回目の簡単な要請は大半の主婦に受け入れられた。そして，その後に2回目の大がかりな要請をしたとき，半数以上の52％の主婦が受け入れをOKしたのである。一方，最初から大がかりな要請をした場合，受け入れた主婦は少なく，5分の1の20％強であった。つまり，最初に小さな要請に応じた人は，それに続く大きな要請を，いきなり大きな要請をされた場合より，より容易に受け入れることが明らかにされた。これは，米国のセールスマンの間で言われている**フット・イン・ザ・ドア法**の実験的証明である。

（Freedman & Fraser, 1966）

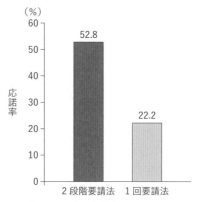

図　大きな要請の応諾率

　チャルディーニらは，第1要請時と第2要請時の要請者を，同じ人と違う人でこの実験を行っている。その結果，要請が2回とも同じ人からされたときのほうが引き受け手は多かった。つまり，罪悪感と互恵性から，2番目の要請を引き受ける心理が強く働くことが明らかにされた。

(3) その他の2段階要請法

　2段階要請法の代表的方法は上記の2つであるが，その他にもローボール法や追加法（ザット・ノット・アットオール法）などがある。

　①ローボール法

　これはまず，魅力的な条件がついている商品を示す。そして，客が購買を決断した後，その魅力的条件をなくしていく方法である。この場合，客にとっては魅力がなくなるので，買うのを中止するのが合理的であるが，多くの場合，いったん買うと決めると，条件が多少変わっても買う決断は変えないことが多い。これは心理学的には，いったん決断するとコミットメントの心理が働くので，その行動が維持されると言われている。例としては，新車の購入時に「アクセサリを無料でつける」と言われ，買うと決めてから，販売員が上司に相談したら叱られ，「有料だ」と言われる，などの状況である。無料だったので買う気になったのであるが，あとから有料と言われても，買う気持ちが持続されるのである。

　②追加法（ザッツ・ノット・オール法）

　これは，商品の値段などの条件をいったん決定し，提示して，その際客が迷っているような場合は「これで終わりではない」と言い，さらに好条件を示す2段階要請法である。その好条件により，客は購買意欲を駆り立てられることになる。この方法はテレビショッピングなどで多用される方法で，「ちょっと待ってください。今から30分の間に電話された方には，さらに半額で提供させていただきます」などのくだりである。

　このように，2段階要請法は，説得に対して極めて有効な方法であることが一般に知られており，また，心理学の実験でも明らかにされている。消費者としては，逆に自分の心の動きに注意する必要がある。

TOPICS 6-9

断った罪悪感から要請を引き受ける
［チャルデーニらのドア・イン・ザ・フェイス法の実験］

■考えてみよう

　この実験の実験者は，大学のキャンパス内のベンチなどで待機していて，1人で歩いて来た学生に声をかけ，次のような大きな要請をする。

　その学生に，自分たちはボランティア活動をしているが，協力してくれないかとお願いする。その内容は，「助けを必要とする施設の少年のために，毎週2時間ずつ，2年間にわたって手伝ってほしい」と要請する。しかし，この大きな要請を受け入れる学生は1人もいなかった。実験者はこの要請を断られた直後，その学生に次のような小さな要請を行った。

　「では，この施設の少年たちを1回だけでいいですから，動物園に連れて入って，2時間ほど一緒に遊んでもらえませんか」とお願いする。これが，2段階要請法2段目の，小さな要請である。

　この要請に対して，依頼された学生の何％くらいが承諾したであろうか。別の条件として，最初の大きな頼みごとをせずに，2番目の小さな要請だけを別の学生にした。この場合，何％くらいの学生が小さな要請を引き受けたのであろうか。

■実験結果

　実験の結果，大きな要請を断った学生のうち，半数の学生が小さな要請を引き受けた。しかし，2番目の小さな要請だけの場合，引き受けた学生はわずかで，20％にも満たなかった。

　この結果は，大きな要請の後に小さな要請をした場合のほうが，小さな要請のみを行った場合に比べ，その要請を引き受ける学生が非常に多いことが明らかになった。つまり，ドア・イン・ザ・フェイス法は，かなり有効な2段階要請法であり，大きな成果を生むことが明らかになった。

(Cialdini et al., 1975)

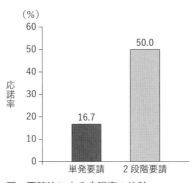

(%)

応諾率

16.7　単発要請
50.0　2段階要請

図　要請法による応諾率の比較

第 7 章

非言語的コミュニケーション
——表情や動作によるコミュニケーション

　人間関係にとって，言葉を使う言語的コミュニケーション（バーバル・コミュニケーション）は極めて意識的であり，情報伝達手段として中心的である。しかし，もうひとつ重要なコミュニケーション手段がある。それは，表情や動作など，身体などを使った伝達手段である。このコミュニケーションは言葉ではないという意味で，**ノンバーバル・コミュニケーション**（非言語的コミュニケーション）と呼ばれる。

　言葉が発達していない他の動物のコミュニケーションの大半は，このノンバーバル・コミュニケーションである。ミツバチやアリなど社会性の強い動物では，頻繁に身体接触を繰り返し，情報を伝達し合っている。また，独居性の高い動物でも，個体保存と種保存のために相互のコミュニケーションが必要であり，そのためにたとえば身体動作や身体の色変化，接触や相互の距離，鳴き声など，各々独特の非言語的な情報伝達手段を発達させている。

　人間も言葉を発達させた一方で，意識的にも無意識的にもノンバーバル・コミュニケーションも発達させてきており，これを多用して相互作用を行っている。

　ただ，人は他の人とのコミュニケーションの際は言葉で伝えることができるため，ノンバーバルなコミュニケーションをあまり意識しない。しかし，ノンバーバル・コミュニケーションは意識的無意識的に用いられ，言葉同様，ときには言葉以上に心情の伝達力を持っているのである。それが分かるのは，スマートフォンでのやり取りで，文字だけで連絡し合うと感情がうまく伝わらないと感じることが多い。そんなとき，絵文字や顔文字，スタンプなどを使うとうまくコミュニケーションができ，自分の本心を伝えることができ，相手の気持ちもよく分かる。日本人は特に，微妙な身体的動作によるコミュニケーションを重視する文化を持っており，ノンバーバル・コミュニ

TOPICS 7-1

教師の暗黙の期待が子どもの成績を上げる
［ローゼンタールとジェイコブソンのピグマリオン効果の実験］

■考えてみよう

　この実験は，非言語的期待の効果を見る実験である。実験者は第1段階として，小学校の全児童に「飛躍的学習能力予測テスト」を実施した。このテストは言語能力と推理能力を調べる知能テストであったが，実験者はクラス担任の先生に，近い将来急速に知的能力が伸びる子どもを予測することができる新開発のテストであると説明した。検査は担任教師によって実施され，終了後，採点のため，実験者に郵送された。

　第2段階として，4カ月後，新学年が始まったとき，実験者は学校に行き，新担任の教師に各クラスの名前の一覧から20%の児童の名を示し，「この子どもたちは前回のテストの結果，知的能力が急速に伸びると予測される」と説明した。そして，その名前は担任教師にだけ知らせるので，「当の生徒や親には口外しないように」と言った。このため，教師はひそかにその子どもたちを「伸びる子」として見ていたが，言葉などの対応は，他の生徒たちと差はつけなかった。

　第3段階は，その学年の終わり，前回テストのほぼ1年後に，再び児童全員に同じ知能検査を行った。そして，近い将来伸びると担任に伝えた児童の成績と他の児童の成績とを比較して，本当に伸びたか調べられた。ただし，この実験で実験者側から伸びると示された児童名は，実際のテストの成績に関係なく，ランダムに20%の児童を選び新担任に伝えたのである。この児童たちは実際，知能テストの成績は伸びたであろうか。

■実験結果

　この実験は，教師の暗黙の期待が児童の成績を上げることを実証した研究である。

　実験の結果，全児童の第1回目の検査時の得点と1年後の再検査における得点を比較すると，1年前，実験者から伸びるとされ，教師がそう思い込んで教えていた実験群の児童の得点の伸びは，それ以外の児童（統制群）の得点の伸びと比較すると，右図に示されるように，伸びるとされた児童は，低学年では実際に伸びることが示された。

　これは，担任教師の期待が，言葉には出さないがさまざまなノンバーバル行動や態度に表れ，児童をやる気にさせたと考えられた。この効果はギリシャ神話にちなんで，**ピグマリオン効果**と呼ばれている。しかし，高学年の児童では，この効果はほとんど見られなかった。

　また，実験終了時に，担任教師に児童について所見を聞いたところ，伸びる子と伝えられた児童は，活発で自律的であると考えられていた。ここにも，教師側の期待が反映されていたと言える。

(Rosenthal & Jacobson, 1968)

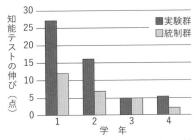

図　実験群と統制群の知能テストの伸びの比較

ケーションを重視し，メール交換においても絵文字やスタンプを頻繁に利用している。

　社会心理学ではノンバーバル・コミュニケーションの研究が盛んである。たとえばメラビアンは，相手に対する好き嫌いの感情は，言葉の内容よりも表情や音声などノンバーバルツールのほうが，より大きな判断要因になることを実験で明らかにしている。メラビアンの研究によると，対人場面において，相手の人が自分に好意を持っているかどうかの判断について，次のような公式を明らかにしている。

対面的行動から相手の自分に対する好意の判断
$= 0.55\,\mathrm{E}$（表情）$+ 0.37\,\mathrm{V}$（音声）$+ 0.07\,\mathrm{C}$（会話内容）

　この公式は，相手の人が自分に対してどれくらい好意を持っているかの判断は，相手の人がどんな表情をしているかで半分以上判断し，声の調子で4割近く判断していることになる。それに対して，話している内容での好意判断は，1割以下であるとしている。つまり，人は話している内容よりも話しているときの表情や声の調子を見て，好悪を判断しているのである。声の調子とは，話すときの声の大きさや話すスピードなどである。

　ノンバーバル的側面の社会心理学の実証的研究は，対人関係において表情，動作，距離などが人間関係に大きな影響を及ぼしていることを，以下のように明らかにしている。

1. 表情

(1) 表情筋

　メラビアンの研究が示すように，ノンバーバル・コミュニケーションで大きな役割を果たしているのは，表情の変化である。対面状況では言葉によるコミュニケーションを行うが，互いに相手の顔を見ながら会話をする。そして，表情から，相手の人の心，特に感情を読み解く。喜んでいるな，恥ずかしそうだな，怒っているな，などを見てとるのである。

その表情は第4章で触れたように，顔面にある30とも60とも言われる多数の表情筋が動くことによって作られる。他の動物にも顔があるが，人間のように表情筋は多くはなく，また，自由に動かない。豊かな顔面表情は人間特有なのである。人は進化のプロセスで顔を正面向きにし，平面にし，広くし，そこに表情筋を発達させた。それにより表情を作りやすく，伝えやすく，読みやすくして，相互のコミュニケーションを容易にできるように進化してきたのである。人は言葉によって知識を伝達・交換するが，他方で，表情によって感情を伝達・交換する。そのことにより，互いに協力関係を作り，また敵を知り，サバイバルしてきたと言えよう。

(2) 笑顔の社会性

　表情のなかでも笑顔は人間関係を良好にする。このためか，笑顔はハッピースマイルと言われている。人は幸せなとき笑顔になるが，笑顔の人を見ると自分も幸せを感じ，その相手に好意を感じ，安心し，関係を進めようとする。笑顔には返報性があり，笑顔の人を見ると自分も笑顔になる。笑顔の伝搬性である。これは，無意識的に相手の表情と同じ表情をするミラーニューロンによる，**ミラーリング反応**と言えよう。

　笑顔は極めて社会的であることが，社会心理学者の実験で明らかになっている。たとえば，実験で楽しいビデオを友人と一緒に見る状況と，1人で見る状況での笑顔を比較すると，同じお笑いビデオを見ても，友人と一緒のときのほうが笑顔が多かったのである（第4章参照）。

　別の実験では，ボウリング場で1人でボウリングしている人と，仲間でボウリングしている人を観察し，各々の笑顔を比較している。その結果，1人でボウリングしているときは，ストライクをとっても大きな笑顔は見せなかった。他方，仲間と一緒にボウリングしていてストライクをとると，多くの笑顔が見られた（図7-1）。特に注目される結果は，ストライクをとると，レーンに向かって笑顔を見せるが，それよりも振り向いて仲間を見たときのほうが，笑顔がより多く見られることである。そこに，楽しみは仲間と一緒にという，笑顔の社会性が表れていると言えよう。

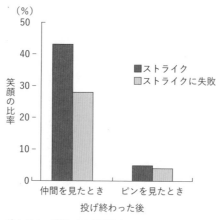

図 7-1　ボウリング場での笑顔 (Kraut & Johnston, 1979)

(3) アイ・コンタクト

　人と会ったとき，まず相手の目を見るであろう。相手と目が合ったとき，その人との対人関係が始まる。目を合わせることが相互作用の第一歩である。このため，話したい人，好意を持っている人とは目を合わそうとし，話したくない人，嫌いな人とは近くにいても目を合わそうとしない。目を合わそうとすることを**ゲイジング**といい，2人の目が実際に合うことを**アイ・コンタクト**（視線の一致）という。

　目が合うことの重要性を確証した簡単な実験がある。大学教授が授業のとき，濃いサングラスをして講義を行った。同じ教授が，別のクラスではサングラスをしないで同じ講義を行った。講義の後，2つのクラスの学生に，その先生に対する印象の調査を行った。その結果，サングラスをしたクラスでは講師の印象は悪く，信頼度も低かった。アイ・コンタクトができない学生は，先生を信頼できないことが明らかにされた。

　では，人はどのようなときに視線を合わせようとするのであろうか。研究により，人が目を合わせようとするのには，次の3つの目的がある。

　まず，①相手と連絡をとりたいとき，相手の目を探す。たとえば，教室で先生に質問がある場合，手を上げ，先生と目を合わせようとするであろう。次に，②相手の気持ちを知りたいとき，相手の目を見て判断する。たとえ

TOPICS 7-2　話し手と聞き手，どちらが相手の目を見ているか

［アーガイルらの対人アイ・コンタクト実験］

■考えてみよう

　この実験は，2人が会話をしているとき，各々がどれくらい相手を見て話しているか，また，2人はアイ・コンタクトをどれくらいしているかを調べている。実験では，ワンウェイ・スクリーンを使い，話をしている2人を別の部屋から次のような項目について観察し，測定している。

① 会話している一方が相手を見る時間は通常，会話全体の何%くらいか。

② ①のうち，アイ・コンタクトされるのは何%くらいか。

③ 相手を見たときの1回の凝視持続時間は何秒くらいか。

④ 会話中，話しているときと相手の話を聞いているときとでは，どちらのほうが相手の目を見るか。

⑤ 知らない人同士の場合，同性同士の場合と異性同士の場合とではどちらがアイ・コンタクトは回避されるか。

⑥ 知らない人同士より友人同士のほうが，アイ・コンタクトが増すか。

図　参加者と観察者の位置

■実験結果

　実験の結果，英国人同士では次のような結果が得られている。

① 人により，まったく相手を見ない人や会話中ずっと相手を見ている人もいるが，平均すると対面場面の会話中は30〜60%，相手の人の目を見ている。

② ①のうち10〜30%，互いの目が合い，アイ・コンタクトがなされている。

③ 相手を一方的に見たときの凝視時間は1〜7秒であるが，目が合うと1秒以内に目をはずす。

④ 会話中，話しているときよりも聞いているときのほうが，相手を多く見ている。

⑤ 知らない同性同士では，女性同士のほうがアイ・コンタクトが多い。

⑥ 知らない異性同士では，アイ・コンタクトは少なく，回避されていた。

⑦ 親しい人同士は，知らない人同士よりアイ・コンタクトが多い。

　この実験により，会話中相手の人の目を見ている程度，また，アイ・コンタクトの頻度が明らかにされた。これらは，会話する双方でかなりコントロールされていることが明らかにされた。ただ，比較文化的研究により，アイ・コンタクトの仕方は文化による違いが大きいことが明らかにされている。

（Argyle & Dean, 1965）

ば，会話をしているとき，ときどき相手がきちんと聞いているか，どんな感情で聞いているかをチェックするのに，相手の目を見る。③3番目は好意感情の伝達である。会話中の2人はときどき，アイ・コンタクトをして互いを確認する。互いに好意を持っている2人は，互いに相手の目を何回も見て，また長く見る。それが恋人同士だと，無意識に見つめ合い，また意識的にも見つめ合って，愛情を確かめる。逆に，嫌いな同士は互いに見ないようそっぽを向く。しかし，敵対した同士が目が合ったときは，目を外したほうが負けと思い，にらみ合い，火花を散らすこともある。

　さて，視線が合い，アイ・コンタクトが生じたとき，連絡や確認であれば1秒内ですぐに目を離す。しかし，好意のアイ・コンタクトの場合は，かなり長い時間が続けられる。5秒以上の長いアイ・コンタクトは，2人の特別の好意の表現である。実験で見知らぬ人同士に長いアイ・コンタクトをさせると，互いに好意的感情を生じることも明らかにされている。その実験では，見知らぬ男女のペアにお互いの目を2分間，見つめ合ってもらう。別のペアには，お互いの手を2分間見つめ合ってもらった。その結果，目を見つめ合ったペアのほうが，互いに好意の感情を持ったのである。

　会話している2人は，アイ・コンタクトなど目の動きだけでなく，さまざまなノンバーバル行動，たとえば対人距離，表情，声の質，うなずきなどを，意識的また無意識的に行い，相手と適切な親密度に保つようにノンバーバル行動を調整しながら，対人行動をとっている。

　2人が現状の親密度を互いに「適切」と思っているときは，これらのノンバーバル行動で親密度の現状維持を互いに確認し，それを保とうとする。これを**親密度均衡調整行動**という。しかし，一方の人が相手の人とさらに親密な関係になりたいと思っていたら，親密度を深める行動をとる。たとえば，好きな人とより親しくなりたいと考えたら，より近づく，よりアイ・コンタクトをするなどの行動をとる。このような，より親密な行動をとることを**親密性覚醒行動**という。たとえば恋愛の場合，手を触れられたら手を引くのではなく強く握り返す，身体が触れたら，身体を寄せ返したりするという行動である。そして，その親密な行動に対して，相手がさらに親密行動を返したとしたら，相手も自分に好意を持っていると判断できる。相手が逆に手を

TOPICS 7-3

興味あるものを見ると，瞳は拡大する
［ヘスの瞳孔の大きさと魅力の実験］

■考えてみよう

この実験は，男女参加者に数種類の写真を提示し，それを見たときの瞳孔の拡大を測定した。提示する写真は，風景，男性ヌード，女性ヌード，赤ん坊，赤ん坊と母親である。参加者男女は，どの写真で瞳孔を拡大させるのか，調べられた。

■実験結果

実験の結果，男性参加者の瞳孔は，女性ヌード写真を見たときに最も大きく拡大した。一方，女性参加者の瞳孔は，赤ん坊を抱いた女性の写真を見たときに最も大きく拡大し，男性のヌード写真，赤ん坊のみの場合もかなり拡大した（図1）。この結果，瞳孔は，外の光だけでなく，興味や関心の強さなど，心理的要因によって，拡大することが明らかにされた（Hess, 1971）。

ただし最近，魅力的な人を見ると瞳孔が縮小する，という研究も見られている。

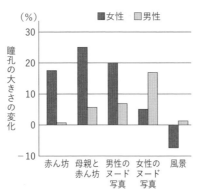

図1　スライドの内容と瞳孔拡大の大きさ

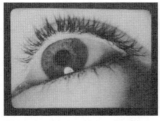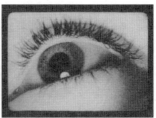

図2　人の瞳孔の拡大・縮小図

引っ込めたら，あまり好意を持っていないことを知る。

（4）瞳の大きさ

　目の黒目の部分は瞳孔である。それは，光を網膜に通す空洞である。そこから光が入り，網膜で外界を見ることができる。その瞳孔は，外から入る光の量を調節するため，拡大あるいは縮小する。実際は，虹彩が拡大あるいは縮小し，それにより瞳孔（黒目）が拡大し，縮小する。日本人など東洋人の場合，虹彩も黒系なので分かりにくいが，虹彩が青や緑の西洋人などの場合，瞳孔は空洞で黒なので，その対比から，相手の人の瞳孔つまり黒目の大きさの変化がよく分かる。心理学者ヘスは，瞳孔は外的な光の量だけでなく，心理状態によっても拡大することを明らかにした。瞳孔は人が何かに集中しているとき，あるいは興味のあるものを見ているとき，無意識に拡大するのである。ヘスは，そのことをTOPICS 7-3のような実験で証明している。

　さらに，ヘスは別の実験で女性の顔写真の瞳孔の大きさを修正し，実際よりも瞳孔を大きくした写真と普通の瞳孔の写真2枚を作成し，それに対する男性の瞳孔反応を調べた（図7-2）。同じ女性の写真にもかかわらず，瞳孔の大きいほうの女性に2倍もの瞳孔拡大反応が見られた。しかも実験終了後，参加者の男性に，2枚のうちどちらか好きなほうの写真を持っていってよいというと，大半の男性は本人は意識しないまま，瞳孔の大きいほうの女

図 7-2　瞳孔の大きさと女性の魅力度

性の写真を選んだ。大きな瞳孔は女性をより美しく見せ，男性の関心を引いたのである。人は好きな人を見ると瞳孔が大きくなるが，その大きくなった瞳は相手の人から魅力的に見え，好かれるということが明らかにされた。

2. 感情表出はコミュニケーション手段

　感情の表出は，私たちの心の外への表れである。楽しいときは笑い，悲しいときは泣く。この表情は，相手に対して自分の気持ちを伝えることになる。感情のこの点を重視して，感情表出はコミュニケーション手段であるとする考えが**感情の社会的構築主義論**である。この考えは，たとえば怒りは，欲求不満の表れであるが，それにより自分は不当な扱いを受けているということを相手に伝える手段であると考える。怒ると相手は，「この人怒っているらしいな。ならば要求を受け入れてやるか」と思うかもしれない。それを期待して怒り，その結果として要求が受け入れられる。すると，怒りは自己主張の有効な手段と考えられるのである。

　ある調査によると，怒りの表出が自分にとって有益であったか有害であったかを調べた結果，60％以上の人が有益だったと答えている。このことから，怒りはコミュニケーションとして有効である，と思っている人が多いことが分かる。泣くことも悲しみの表れであるが，自己呈示の箇所でふれたように，同時に「今，自分は大変なことになっているので，同情して，助けてほしい」ということを伝えている。実際，泣いている人を目の前にすると助けたり，許したりすることになる。

　このように感情表出は，人との関係において重要なコミュニケーション手段である。このため，感情表出が明確に，意識的に，コミュニケーション手段に用いられることも少なくない。その典型が作り笑いやウソ泣きであろう。

　作り笑いでも人間関係を友好的にする。キャビンアテンダントなど接客業の人は，トレーニングにより，作り笑いを自然に見せるようにする。ウソ泣きも強力なコミュニケーション手段で，幼児期からその有効性を知っている。ウソで泣いて見せることによって，相手に同情させ，要求を通そうとす

るのである。

3. 動作や身振り

(1) ジェスチャー

　2人が対面で会話しているとき，意識的，無意識的に身振り手振りを交えて話す。このジェスチャーや動作は会話の言語内容を補足するが，同時に2人の相互作用や感情に影響を与えることになる。

　対面で会話しているときのジェスチャーや動作には，エンブレムと図解的動作がある。**エンブレム**とは，その行動が言葉の代用となるジェスチャーや動作である。エンブレムはその文化や社会で共有されている。しかし，他の文化の人は理解不能の場合が多い。たとえば，ある文化では人さし指と親指を丸めると OK を示すが，別の文化ではお金も意味することがあり，誤解を招くこともある。

　図解的動作とは，話していることの内容を動作で図解して示すことにより，分かりやすくあるいは強調して伝える行動である。たとえば，「それはすごく大きいよ」と言葉で話しながら，両手を大きく広げるなどである。

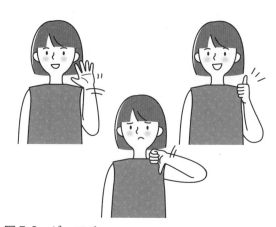

図 7-3　ジェスチャー

TOPICS 7-4

姿勢から心理が読み取れるか
［ローゼンバーグとランガーの姿勢の線画調査］

■考えてみよう

　この実験は，人の身体動作や姿勢から，その人の心理や感情をどのように推察しているかを調べる研究である。

　身体姿勢は，図のような簡略化された線画イラストで表されている。大学生にこの姿勢のイラストを示し，それがどんな感情を表しているかを調査した。元の実験では，25のイラストを用いて具体的心理を聞いている。ここではそのうち，図の8つの線画を取り上げる。調査の結果，各イラストが最も対

応するとされた感情は，以下のどの感情であっただろうか。

　①好奇心のある
　②当惑した
　③無関係な
　④拒否
　⑤リラックスした
　⑥激しい怒り
　⑦内気な
　⑧威張っている

図　姿勢から読みとれる心理（各線画はどんな情緒を表しているか）

■実験結果

　ここで挙げた8種の線画姿勢は，実験の結果，参加者の推定が比較的一致していたものである。その一致した回答は，①好奇心のある，②当惑した，③無関係な，④拒否，⑤リラックスしている，⑥激しい怒り，⑦内気な，⑧威張っている，である。

　線画で示す簡単な姿勢のイラストでも，人はその姿勢から特定の感情を認知していることが明らかになった。これは，人の姿勢か

ら，その人の感情や心理を推理していることを示している。また，ある姿勢を示すことにより，他の人に自分の心理を示すこともできることも示唆している。

　このように，姿勢も，人と人の間の感情のコミュニケーション手段として，意識的，無意識的に使用されている。

（Rosenberg & Langer, 1965）

（2）自己身体操作行動

　会話中に，困ると頭をかいたり，イライラすると貧乏ゆすりをしたりするなどのノンバーバル行動をする人も多い。これらは**自己身体操作**と呼ばれ，自分にとって不快なことや不安なことなどがあったとき，無意識に自分の身体への接触動作をして安心する。そして，その行動は相手の人に，自分が不快であることや不安であることを暗に伝達することになる。ペンやアクセサリーをいじったりすることなども同様である。また，腕組み，足組みなど自分を包み隠そうとする動作は，他者から自分を守ろうとする心理の表れで，防衛的動作である。

（3）うなずき

　うなずきは，会話中の聞き手が話し手に対して首をタテに振るノンバーバル行動である。聞き手が話し手の話す内容に合意し，承認し，賛同を示すことになる。これにより，話し手は相手から承認されたことを確認し，それにより快感を得る。そして，自分は評価されたと思い，聞き手に好意を持つ。話し手は聞き手がうなずくと，是認欲求が充たされ，さらに話を進めたくなる。このうなずきによる話し手の発言量の増加については，TOPICS 7-5 のような現場実験で実証されている。

　実際の会話は，聞き手がうなずくときは，声を出し，あいづちが伴うことが多い。あいづちを伴ううなずきは，話し手にさらに承認と好感を与えることになる。この首をタテに振る行動は，聞き手自らの心理にも影響を及ぼす。聞き手がうなずきを繰り返すと，無意識のうちに聞いている内容を肯定的に受け止め，是認してしまうことが実験で証明されたのである。その実験の参加者はヘッドホンを渡され，音の性能を調べているので頭を上下に振るように，と指示される。ヘッドホンからの内容は，大学の学費値上げの主張についてであった。実験の結果，頭を上下に何回も振った参加者は，その主張を支持したのである。同様の実験で，首を横に振り続ける動作を続けると，話す内容に否定的な気持ちになることも実証されている。

TOPICS 7-5

うなずくと相手の会話は促進される
[マタラゾらの面接者のうなずきと発話時間の実験]

■考えてみよう

この実験は、米国P市で実際の警官および消防士の採用試験の面接を利用して行われた。

面接は個別に1人45分間で、職歴、学歴、家族歴の3領域について、15分ずつの3ブロックで行われた。面接官は応募者により、面接領域の順番をランダムに変えた。

面接官はごく自然に面接する。ただし、2回目のブロックでは、応募者が答えていると

き、意識してうなずきを多くした。3回目は元に戻し、自然に対応した。

実験者は、隣室から一方視の窓を通してこの面接を観察し、3回のブロック各々の応募者の発言量を測定した。2回目のブロックで面接者が意識的にうなずきを多用したとき、応募者の発言量がどうなったであろうか。

■実験結果

この実験は、うなずきが会話を促進させるかを調べた、実際の採用面接場面での実証的研究である。

実験の結果は、応募者のうち85%の人が、1回目のブロックの15分間の発言量に比べて、面接者から多くうなずかれた2回目のブロックにおいて、発言量を増していた。

その後、3回目のブロックで面接官がうなずきを、自然に戻すと、応募者の発言量は元に戻った。これは、応募者は面接者のうなずきを、自分の発言を承認した合図と受けとめたため、応募者が発言を促進させたと考えられる。　　　　(Matarazzo et al., 1964)

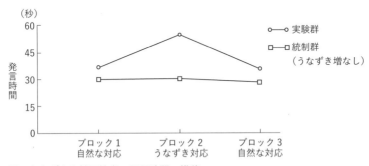

図　うなずきと被面接者の発言時間の推移

4. テリトリーと空間心理

(1) テリトリー

　多くの動物は個体保存と種の保存のため，一定の領域を独占的，排他的に所有しようとナワバリを持つ。人もまたナワバリを持ち，それを守ろうとする。他の人から自分のテリトリーを侵害されると本能的に怒りを感じ，攻撃的になる。ここには動物のナワバリ争いと同じ本能が働いていると考えられる。このため，小さなナワバリ争いでも，対人関係に大きな影響を与える。自分の机の上に勝手に物を置いたり，自分のロッカーを勝手に使ったりなど平気でテリトリーを侵す人には，たとえ親でも嫌悪感を持つ。

　人の持つ社会的テリトリーには，以下の5つの種類がある。

Keyword

■社会的テリトリーの種類■
①基本的テリトリー　　②派生的テリトリー　　③公共的テリトリー
④ホーム的テリトリー　　⑤集団的テリトリー

a. 基本テリトリー

　自分が所有している絶対に侵害されたくない領域である。たとえば，自宅や自分の部屋，自分の机やベッド周りなどである。

b. 派生的テリトリー

　自分がいつも使用している場所である。たとえば，ロッカーや，会議でいつも座っている椅子などである。

c. 公共的テリトリー

　公共の場所を一時的に自分のテリトリーとして確保した場所である。たとえば，図書館で座った席や，レストランで座った席などである。そこに自分の印，たとえば本などを置くことにより，一定期間の優先的占有権を主張することができる。

TOPICS 7-6　人に侵されたくない自分の空間

[ホールのパーソナル・スペース]

■考えてみよう

人は自分の身体を中心に，その周りに人から侵されたくない自分の空間を持っている。これをパーソナル・スペース（個人空間）という。

テリトリーとは異なり，自分と一緒に動く空間である。目には見えないが，これを他人に侵されると，テリトリーを侵されたときと同様に不快な気分になり，相手に嫌悪感を持ち，回避的，ときには攻撃的になる。

空間研究の創始者ホールは，人は自分を中心とした4つの同心円的パーソナル・スペースを持っており，他の人と接するとき，その相手の人との関係に応じ，下図の4つのパーソナル・スペースがあるとしている。①親密的スペースとは家族や恋人とのゾーンである。②対人的スペースとは友人とのゾーンである。③社会的スペースとは親しくない人やフォーマルな関係のときのゾーンである。④公的スペースとは関係ない人とのゾーンである。それぞれどれくらいの距離であるか，考えてみよう。

■実験結果

ホールの対人ゾーンは以下のとおりであった。

①親密的スペースは文化にもよるが，自分の身体の半径約50 cmぐらいの円の内側スペースである。このスペースに入るのを許せる相手は，夫婦，家族，恋人など，ごく親密な関係の人である。

②対人的スペースは，自分を中心に親密的スペースの外側で，半径1メートルぐらいの円の内側で，相手と親しく話ができる距離である。この距離は，手を伸ばせば身体接触ができるスペースである。つまり，必要なら身体接触をし，また相手の接触も許す距離である。友人や親戚など，プライベートな人と関係を持つスペースである。

③社会的スペースは，②の外側，④の内側で，半径1〜3メートルくらいの円の内側である。仕事などフォーマルな人間関係のときに用いられるスペースである。

④公的スペースは半径3メートル以上のゾーンである。これだけ離れていると，普通の会話の声では話ができず，表情もよく分からないので，相手と個人的関係が成立しない。相手は公衆，大衆の一人となる。

(Hall, 1966)

- 親密的スペース
- 対人的スペース
- 社会的スペース
- 公的スペース

自分

図　4つのパーソナル・スペース

d. ホーム的テリトリー

公共の場を自分たちの場所のように占拠し，使用しているテリトリーである。たとえば，グループで公園や街の一角を常時使用するなどである。

e. 集団的テリトリー

公園や街の一角で一団となっていると，そこは一時的にその集団のテリトリーとなり，他の人はそこに入りづらくなる。

（2）対人距離

人には，他の人と話すときに，自分にとって快適な対人距離がある。相手が遠すぎると感じる距離もあるし，また，それ以上近づいてほしくないと思う近すぎる距離もある。パーソナル・スペースとは，TOPICS 7-6 に示すように，人が持つ身体の周りの同心円をいうが，他の人と話をするときの相手との直線的距離を**対人距離**という。会話をするときの相手との快適な対人距離は，文化により，個人の性格により，また相手への好意により，異なってくる。

（3）座席選択

職場で会議をするとき，レストランで食事をするとき，各々の人間関係を考慮して，座る席の位置を決めている。座る位置には心理的な要因が大きく影響している。このため，2 人がテーブルのどこに座るかで，2 人の人間関係が分かることにもなる。たとえばクックは，テーブルでの座席選択における人間関係と動機づけとの関連について，TOPICS 7-7 のような調査をしている。

5. 対人接触行動

身体に触れることは，対人スペースや対人距離がゼロということで，超親密な関係ということになる。偶然の接触でも，身体的にも心理的にも敏感に反応する。対人身体接触には，次のような心理的接触行動があり，順に強い感情の接触を示している。

TOPICS 7-7　仕事により二人の座る席が異なる
［クックの座席選択の実験］

■考えてみよう

　実験は，下図のようなテーブルを囲んだ座席をイラストで示し，特定の課題場面で同性の誰かと 2 人でテーブルに着くとしたら，どこに座りたいかを聞いた。場面の設定は，学生用と市民用に，次の4場面である。かっこ内が市民用の場面である。

　　①会話場面：授業（仕事）前の数分間の会話。
　　②協力場面：同じ試験の勉強（仕事）を一緒にする。

　　③共行為場面：各々別の勉強（仕事）をする。
　　④競争場面：パズルを誰が先に解くか競う。

　参加者には，性格テストとして向性テストを行った。

　各場面で，参加者はどの席を選んだだろうか。また，参加者の外向性，内向性と座席選択との関係はあったのだろうか。

■実験結果

　この実験は，異なった対人場面で，どのような座席選択をするかを調べた研究である。

　実験の結果，会話場面ではテーブルの角を挟んで90度で座る場合が最も多く，次いで対面位置が選ばれている。協力場面では，角や隣り合わせが好まれ，個別の行為場面では距離のある斜めの位置が好まれた。競争場面では真正面で向き合うことが，選ばれていた。

　性格と座席選択との関係は，内向的性格の人のほうが外向的性格の人より，相手と離れて座り，真正面の位置を好まなかった。

　なお，この実験は，米国人と英国人に行われたが，両者を比較すると，英国人は米国人に比べ全般に距離をとる傾向があった。

（Cook, 1970）

表　状況別の座席の選び方（数値は%）

	A	B	C	D	E	F
会　話	51	21	15	0	6	7
協力作業	11	11	23	20	22	13
共行為	9	8	10	31	28	14
競争	7	10	10	50	16	7

Keyword

■**身体的接触の種類**■

①偶然的接触　　②職務的接触　　③挨拶的接触

④友情的接触　　⑤親愛的接触　　⑥性的接触

　偶然の身体的接触が，好意をもたらすことを示した実験がある。この実験は，実験者が大学の図書館の女性司書に，男子学生に本を貸し出すとき，偶然に見せかけて故意に男子学生の手に少し触るように依頼した。そして，図書館の出口で実験者は女性司書が手を触れた学生を待ち受けて，手が触れたことを覚えているかどうかを質問し，次にその司書に対する好意を質問した。別の条件として司書が手を触れなかった学生に，司書に対する好意を調査した。実験の結果，手を触れられたかどうかの質問については，大半の学生は触れられたことを意識していなかった。しかし，手を触れられた学生は触れられなかった学生よりも，その女性司書に好意を持っていた。**身体的接触**は無意識レベルで好意を生じていたと言える。

　偶然的接触は，電車の中などの狭い空間で身体が偶然に触れ合う場合で，たいていは双方が避けたい不快な接触である。ただ，偶然的接触により関係ができることもある。袖触れ合うも他生の縁である。

　職務的接触は，仕事上の接触である。医師が患者の身体を診断するため触れたりする場合で，接触はビジネスライクである。しかし，医師の場合，受け手は接触によって安心や信頼を感じる場合も多い。

　ところで，男性と女性とでは，どちらが先に相手への身体的接触をしようとするであろうか。心理学者が，映画館や動物園で列に並んで待っているカップルを観察し，どちらが先に相手に触れるかを記録した。その後，実験者は，カップルが気軽なデートの相手なのか，真剣な交際をしている相手なのか，あるいは結婚している夫婦なのかをインタビューで確認した。その結果，気軽なデートのときは男性が先に触れることが多く，2人の関係が真剣になるにつれ，相手に先に触れた回数は男性と女性でほぼ同じになり，結婚しているカップルでは妻が先に夫に触れるほうが多かった。

TOPICS 7-8

日本人は父親に触れることが少ない
［バーンランドの対人接触度の日米比較調査］

■考えてみよう

　この実験は，若者の対人的身体接触頻度を，日本と米国で比較した比較文化的研究である。人は親しい人とは身体的に接触するが，その接触部位や頻度は，2人の関係と所属する文化によって異なる。この調査は，日本人と米国人が親や友人，恋人など親しい人との関係において，どの身体部位に，どのくらい直接的な身体接触をしているかを調べている。実験は，大学生男女に右図のような身体図を示し，最近の1年間に，父親，母親，同性の友人，異性の友人と触れたことがあるかを聞いている。

　親しい人の違いにより各々との接触頻度，接触部位に違いはあるだろうか。また，日米文化の違いにより，差はあるのだろうか。

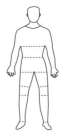

■実験結果

　実験の結果，日本人と米国人の身体接触頻度には，大きな違いがあった。図に示されているように，日本の学生は親しい人との間でも身体接触が非常に少なく，異性の友人を除き，親や友人など親しい人との間でも身体的触れ合いは少ない。一方，米国人の身体接触度は多く，日米の間には大きい差はあることが明らかにされた。

　特に日本の若者の父親との接触が，著しく少ないことが分かった。この点，日本人から見れば，米国人は親しい人とは接触的だと言える。しかし，アングロサクソン系米国人は，自らをむしろ非接触的と考えている。それは，ラテン系の人々が極めて接触的だからであろう。

(Barnlund, 1973)

異性の友人　同性の友人　母親　父親

日本

異性の友人　同性の友人　母親　父親

米国

□0〜25%　■26〜50%　▨51〜75%　■76〜100%

図　日米の親しい人への対人接触度の違い

TOPICS 7-9　日本人は対人距離が近いか遠いか
［サスマンとローゼンフェルドの対人距離の文化差の実験］

■**考えてみよう**

　この実験は，文化による対人距離の違いの研究である。参加者は米国内の大学生の米国，日本，ベネズエラの学生である。日本人とベネズエラ人は，母国語と英語のバイリンガルの学生である。

　実験は，コミュニケーションの実験として，未知の人同士2人に，椅子に座ってスポーツや趣味などの話をするようにと言われる。会話をする実験室には，2つの椅子が約3メートル離れて置いてある。2人は順番に部屋に入る。実験者は先に入室した人に，奥のほうの椅子に座るように指示する。後から入る人には，離れて置いてある椅子を持っ

て相手の人と話をするのに適当な位置に置き，座るように言う。2人が座ると，2人で話はじめるように言い，実験者は退出する。5分後に実験者が戻り，実験は終了する。このとき話をしている2人の距離を測定した。距離は，実験室の床にタテヨコ約5センチ（2インチ）ずつの格子が引いてあり，それによって測定された。

　さて，後から入室した参加者は，何センチくらい近づけてイスを置いたであろうか。また，米国人，日本人，ベネズエラ人のどの文化の学生がより近くに座って話したであろうか。

■**実験結果**

　実験の結果，2人が母国語で話したときに会話の距離が一番近いのは，高い接触文化とされているラテンアメリカのベネズエラ人同士であった。非接触文化とされる日本人同士の対人距離は，最も遠かった。また，対人距離の取り方には性差が見られ，いずれの文化においても，男性同士より女性同士のほうが対人距離が近かった。さら

に，日本人とベネズエラ人の参加者は英語のバイリンガルなので，英語でも会話をする条件も設定された。この場合，文化による対人距離はなくなり，それぞれの文化に関係なく，英語圏の対人距離で会話することが明らかにされた。

(Sussman & Rosenfeld, 1982)

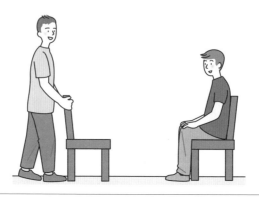

第III部

対人的関係の心理と行動

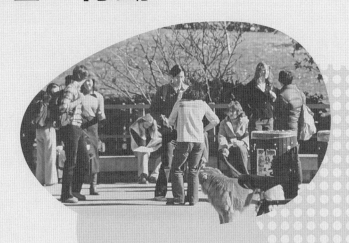

第8章

親密な人間関係

1. 親和欲求

　電車の中で座っている人を見ると，ほぼ全員がスマートフォンを見ている。ゲームをしている人もいるが，親しい人とメールやSNSでやり取りをしている人も多い。スマートフォンだと，離れていても，親しい友人や家族といつでも連絡をとることができる。スマートフォンは親しい人との関係をますます密にしている。たいていの人にとって親しい人と話したり笑ったりしているときが，一番楽しく幸せなときなのである。

　若者が最も充実感を感じるのはどのようなときか，内閣府が若者を対象に世界青年意識調査を行っている。その結果，TOPICS 8-1 に示されるように，どの国の若者も日々の生活において充実感を感じるのは，友人や仲間と一緒にいるときであるとの回答が多い。この調査は経年で行っているが，調査開始以降，この傾向は変わっていない。もちろん，親密な人間関係が重視されるのは，若者だけでなく，子どもも大人も同じであろう。さらには，現代社会では高齢者の孤独が問題とされているが，高齢者にとって親しい人とのつきあいは，老後の生活の充実にとって極めて重要である。

　また，最近は進化心理学でも，親密な人と一緒にいることが人類生存の鍵であったとされてきている。人類の祖先は何百万年もかけて進化してきているが，現代人の直接の祖先ホモ・サピエンスも，約20万年かけて進化してきた。その生活の大半は，サバンナの過酷な環境の中で小さな集団でまとまり，生きてきた。そのサバイバルに大きく貢献したのが，人の持つ社会性だと言われている。非力の人類は，1人では猛獣と闘っても勝ち目はないが，集団で協力して狩りをし，猛獣を食料として確保した。夜は火を焚いて身を

TOPICS 8-1 日本の若者は，どんなときに充実感を感じているか

［内閣府の若者意識国際比較調査］

■考えてみよう

　この調査は，内閣府が 2018 年に行った「我が国と諸外国の若者の意識に関する調査」の一部である。諸外国とは，韓米英仏などの6カ国で，各国の対象者は 13 〜 29 歳の男女若者で，各 1,000 人強である。質問は，人生観，学校関係，家庭関係など多岐にわたる。

　ここでは，日本の若者の人生観のなかの，充実感についての回答結果を示す。質問は「あなたは，どんなときに充実していると感じますか」で，下記9項目について，「当てはまる，やや当てはまる，やや当てはまらない，当てはまらない」の4件法で答える方式である。日本の若者は，どんなときに充実していると感じているだろうか，また，他の諸外国の若者と比較して，充実感を感じるときが違うだろうか（複数回答）。

【質問項目】

①ボランティア活動など社会のために役立つことをしているとき

②仕事に打ち込んでいるとき

③勉強に打ち込んでいるとき

④運動やスポーツに打ち込んでいるとき

⑤趣味に打ち込んでいるとき

⑥家族といるとき

⑦友人や仲間といるとき

⑧恋人といるとき

⑨他人にわずらわされず，一人でいるとき

■調査結果

　調査の結果，日本の若者が充実していると感じるのは，恋人や友人といるときと，趣味やスポーツに打ち込んでいるときが多いことが示されている。このことから，同世代の若者と親密な関係を過ごしているときが，生活の中で重要な位置を占めているのが分かる。

　諸外国の若者も同様に，友人と一緒にいるときに充実感を持っていることを示しており，いずれの国の若者も，友人や仲間の重要性が高く示されている。

　さらに，いずれの国の若者も，家族といるときに充実を感じているとしている。しかし，家族関係を重視するアジア文化の日韓の若者よりも，個人を重視する文化と言われている西欧諸国の若者のほうが，家族といるときにより充実感を感じていると回答している。

　調査の結果は，親密な人間関係が人生を充実させていることを明らかにしている。

（内閣府，2018）

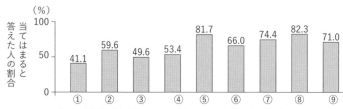

図　日本の若者が充実感を持つとき（数字は上記質問と対応）

寄せ合い暖をとり，敵の襲来を防いで生き延びてきた。集団の中に身を置き，仲間と話し，連絡できることで，自分や家族の安全を守り，安心でき，子孫を残すことができたとされている。原始時代から人は協力と安心感を求めて人と親密になろうとし，親密な人たちとできるだけ一緒にいたいと思い，親和欲求を強めたと言える。

　欲求を詳細に分類分析した性格心理学者マレーは，親和欲求は人間にとって極めて基本的であるとしている。親和欲求を社会心理学的に研究したのがシャクターである。シャクターは，親和欲求は誰もが持っているが，特に孤立や不安，恐怖状況により，より高められると考えた。独房の囚人や修行僧などの手記から，孤独感と親和欲求の関連を分析し，さらに TOPICS 8-2 のような実験により，不安や恐怖が高まったとき，親和欲求が高まることを明らかにしている。

　恐怖心や不安からの親和欲求は，恐怖から身を寄せサバイバルしてきた人類の基本的欲求と言える。それをうかがわせる実証実験として暗室の中での行動観察実験が挙げられよう。真っ暗な中では，人はたとえ知らない人同士でも，真ん中に集まり，身体を寄せ合うという本能的な行動が示されたのである。

　しかし，現代社会においては，親しい人との親和欲求がいつも充たされるわけではない。現代は原始時代と異なり，知り合い集団の中だけで生活していない。一人暮らしの人も少なくない。また，都市生活者は，多くの未知の人と知り合い，良好な関係を形成しながら社会を生きているのである。そのなかで，特定の人と親密な関係を結び，人間関係を深めている。

2. 親密関係の機能

　人は何人かの人と親密な関係を育み，それを維持しようとする。その関係は，社会心理学的には次の6つの役割（機能）を果たしているとされる。

TOPICS 8-2

怖くなると，人と一緒にいたくなる
［シャクターの不安と親和欲求の実験］

■考えてみよう

実験参加者は女子大学生である。実験室に入ると，電気ショック装置の前に案内される。実験者から「今日の実験は，電気ショックに対するさまざまな生理的反応を測定することが目的である」と説明される。実験条件の学生には，「正直言って，今回の電気ショックは非常に痛く，不快だと思います。しかし，傷が後々まで残るようなことはありません」と説明される。そして，実験準備があるので10分ほど別室で待ってもらうが，そのとき，個室で1人で待つこともできるし，大部屋で別の学生と一緒に待つこともできると言われ，1人部屋がよいか，大部屋が

よいか，どちらでもよいか，と聞かれる。

別の条件の学生には，「これは電気ショックの実験といっても非常に弱いもので，痛くはありません。むしろくすぐったい感じです」と説明され，前記同様に大部屋で待つか，一人部屋で待つかと，希望する部屋を聞かれる。

この実験では，電気ショックへの恐怖から親和欲求が高まり，それにより相部屋を希望する人が増えるかどうかが調べられた。恐怖心が高められた女子学生は，どちらの部屋を選んだのであろうか。

■実験結果

実験の結果，強い電気ショックを受けると言われた学生は，他の人と一緒に待つ大部屋を希望した人が多く，弱い電気ショックの場合，どちらでもよいという回答が多かった。これにより，恐怖による不安な気持ちが，他の人と一緒にいたいという親和傾向を高めることが明らかにされた。

シャクターは，この電気ショックの脅しによって喚起される情動を不安としていたが，後の研究者は，これは電気ショックへの恐怖と呼ぶほうが適切であるとしている。そして，その研究者は，恐怖情緒のときは親和欲求が高まるが，明確な対象がない不安のときは，1人でいたいという欲求のほうが高まることを明らかにしている。

(Schachter, 1959)

表　シャクターの不安と親和傾向の関係

条　件	一緒に待つ	どちらでもよい	1人で待つ
高不安	20人	9人	3人
低不安	10人	18人	2人

■親密な関係の6つの機能■

①共同活動の促進（一緒に行動することができる）

②相互援助（助けを受け，また手を差し伸べることができる）

③相互親密化（互いに正直な自己開示をすることができる）

④互信頼による結びつき（信用できる関係を持つことができる）

⑤自己確認（相互交流により自己を知ることができる）

⑥情緒的安定（恐いときや寂しいときに，安心を得ることができる）

　このように，親密な関係を持つことは人が社会で生活するうえで，社会的にも心理的にも極めて重要な役割を果たすのである。親密な人との関係が，基本的な欲求や社会的欲求，幸せな感情を満足させてくれるのである。

　また，人は子どものときから，親だけでなく同世代の友人と一緒に遊び，友人との関係において成長していく。そこで問題解決能力や対人対応能力，共感能力などを身につけていく。それにより，大人になったとき，社会生活がスムーズにできるようになる。

　ハーロウはアカゲザルの実験で，1人あるいは母親とだけで育った子ザルは，成長したとき正常な社会性が育たないが，母親がいなくても仲間の子ザルと一緒に育つと，正常な社会性を持ったサルに成長することを実証している。このことは，人の成長にとって仲間が必要であり，幼児期から青年期における仲間との遊びが，単なる遊びで終わるのではなく，大人への成長にとって極めて重要であることを示唆している。

3. 親密な関係の成立

　親友も最初は知らない人である。その知らない人同士が，どのように知り合い，親しくなっていくのであろうか。社会心理学では，この親密化のプロセスが詳しく研究されている。そして，人と人とが親しくなる状況的要因が研究され，その主要な要因として，以下の6つが挙げられている。以下こ

TOPICS 8-3

快適な空間では人を好きになるか
［好意のフィーリング・グッド効果］

■考えてみよう

　この実験の学生参加者は，実験室で別の学生が記入した意見調査票を渡され，それを元に，その人の性格を判断するように言われ，さらにその人に好感が持てるかどうかを聞かれた。渡された学生の意見調査票は，参加者の意見類似度が25％，50％，75％であった。実験室には5人の参加者がいるが，互いに何の関係もなく，この作業を行った。この実験の参加者の半数は，実験室が温度37.8℃，湿度60％という高温多湿の劣悪な環境の中で行った。残りの半数の参加者は，適温の温度23.3℃，湿度30％の部屋で行った。高温多湿条件と快適条件は，対人好悪の判断にどのような影響を与えたであろうか。

■実験結果

　実験の結果，自分と意見の類似している人に対しては，類似性効果により，より好意を示した。しかし，同じ意見調査票の人に対する好意度を判断したにもかかわらず，作業する環境条件が悪いときは，書類上意見が異なる人には良環境の場合よりも，より嫌悪感を示した。逆に環境が良いときは，意見が同じ人に高い好意が示された。快適な環境では嫌悪は抑えられ，好意が促進された。この結果は対人好悪について，良環境のもとでは好意的評価を生むという**フィーリング・グッド効果**が見られることを明らかにしたのである。

　ところが，興味深いことに，このような悪条件で一緒に作業していた学生同士は，互いに好意を持ったという結果が示された。悪環境を耐えた同士として，共感が生まれたのではないかと説明されている。

(Griffitt,1970)

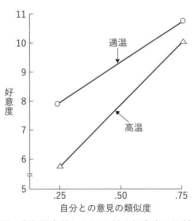

図　各気温条件における対人好意度の比較

れらの要因について一つひとつ見ていくことにする。

■親密な関係が成立するための主な要因■

①近接の要因　　②単純接触の要因　　③自己開示の要因

④類似性の要因　　⑤称賛の要因　　⑥互恵性の要因

（1）近接の要因

　2人の人が物理的に近くにいることは，2人が知り合い親しくなる最も基本的要因であり，物理的距離が心理的距離の近さを作り上げていく。学生のときの友人は同じクラス，同じサークルの人同士が圧倒的に多い。それは，いつも近くにいるからである。近くにいることが互いの心理的距離を近づけていく。フェスティンガーらは，学生寮の新入生の友人形成のプロセスを調査し，TOPICS 8-4 に示すように，物理的距離が初期の友人形成にいかに大きな影響を与えているかを明らかにしている。

　では，なぜ人は近くにいる人と友人になるのであろうか。心理学的には，社会的交換理論から説明されよう。この理論は，対人関係をコストパフォーマンスの視点から考えている。たとえば，自分に筆記用具がないとき，誰かに借りるとしたら隣の人であろう。また，物理的に近い隣の人とは日常的によく会い，よく挨拶をし，また何かとやり取りをすることになる。これらの相互作用により，知り合いになり，そして，気が合えば友人となる。クラスの中でも，友人になるのは大半が席が前後左右の物理的に近い人であろう。このことも心理学の実験で確かめられている。

　その実験では，教室の席順をアルファベット順にし，学期終わりに，各学生にそのクラス内の友人調査を行った。すると，友人として挙げられた名前は，近くに座っていたアルファベットの近い人が多かったのである。この実験でも友人形成に**近接の要因**が強く働くことが明らかにされた。

　最近では SNS などで，遠くの人との友人形成もあるが，その場合，偶然の出会いなどがないので，親しくなるには趣味の一致などをもとに，意識的に頻繁に相互作用する必要があると言える。

TOPICS
8-4

学生寮に入った学生は，まず誰と友達になるか

［フェスティンガーらの物理的距離と友人形成のフィールド実験］

■考えてみよう

実験対象者は，大学の学生寮に入居した新入生である。単身用の一人部屋に入居した未知の学生同士が，どのように友人を形成していくか，その形成過程に物理的距離が影響しているかどうかが調査された。

学生寮の配置は図1のような2階建てで各階5戸である。入居6カ月後に，調査員が各戸を訪れ，入居者に対して「現在この寮で誰と親しくつき合っているか」などの質問をした。学生間の距離の基準は，物理的に正確な距離ではなく，隣同士を1，1部屋おいて隣同士を2，2部屋おいて隣同士を3とした。つまり部屋間の数を距離の指標とした。この指標を元に同じフロアの相互の選択可能性を算出し，これと実際の友人選択理論値と比較している。友人選択率はどうだったであろうか。

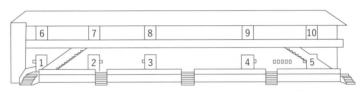

図1　研究対象となったウェストゲート・コートのアパートの略図

■実験結果

入居6カ月後の友人調査の結果を見ると（図2），まず，最も近い隣同士の距離1の友人選択率は41.2％であった。約半数に近い人が，隣人を友人として選択していることが分かる。距離2では，友人選択率が22.5％，距離3では16.2％となっていた。

最も遠い距離4では10.3％であり，かなり低かった。この比率で明らかなように，新入生は部屋間の距離が近い人を友人に選んでおり，近い人ほど友人になる確率が高く，逆に距離が遠いとあまり友人にならないことが明らかになった。

(Festinger et al., 1950)

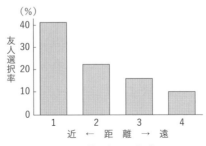

図2　住居間の距離と友人選択率

(2) 相互作用と単純接触の要因

　社会心理学では古くから，2人の間で相互作用が増せば増すほど2人は親密になり，好意も増し，友人になると理論化されており，これは，ホマンズやニューカムらにより**相互作用効果**と呼ばれている。相互作用の中身は，一緒に作業したり活動したりする共同作業と，お互いのおしゃべりである。これには性差が見られ，男性はスポーツや仕事などの共同活動で仲良くなり，女性はおしゃべりで仲良くなることが多い。おしゃべりの内容分析も研究されており，その中味は，取り留めのない雑談が多くを占めていて，皮肉なことではあるが，さして役に立たないと思われる雑談こそが，親交を深めて友人形成の基盤となっている。

　ところで，ザイアンスは，相互作用をしなくても何度か顔を合わせていると，それだけでその人に好意を持ち，会う回数が多ければ多いほど好意が増すとしている。これが**好意の単純接触効果**である。同じクラスの人や職場の人なら，毎日顔を合わせる。すると，この単純接触効果で互いに親しく感じ，好意を持つというのである。では，このような単純接触効果は本当に生じるのであろうか。ザイアンスはTOPICS 8-5のような実験を行い，**単純接触効果**を実証している。

　ザイアンスの実験は顔写真を使用していたが，実際の教室で行われた単純接触効果の実験もある。その実験では，3人の女子学生が大教室の授業に1学期15週の間，ごく普通に出席した。ただし，3人の出席回数は，15回，10回，5回，とした。この女子学生は実験者から，受講学生と個人的に親しくならないようにと指示されていた。そして，学期の終わりに受講生に，出席0の女子学生を加えた4人に対する好意度を調査した。その結果，出席の回数が多い女子学生ほど，好意が持たれていたのである。教室で偶然に顔を見ただけで，その回数が増すと，好意も増していた。見覚えのある顔に無意識に親しみを持ち，安心感を持ったのであろう。

(3) 自己開示の要因

　クラスや職場の内で，最初は知らない人同士も，近接効果や相互作用効果，単純接触効果により，お互いが知り合いになる。その知り合いの中から

TOPICS 8-5

顔を合わせるだけで，好意は生まれるか
[ザイアンスの単純接触理論の実験]

■考えてみよう

　参加者は，この実験は記憶の実験で，呈示された写真の顔をどれだけ記憶できるか測定することを目的としていると言われる。用意された顔写真は，大学の古い卒業アルバムの中から，男子学生の顔写真 12 枚を取り出し記憶材料として用いた。

　実験では，12 枚のうちの 10 枚の写真を，決められた回数だけランダムに計 86 回呈示した。各スライド写真の呈示時間は，1回 2秒である。

　各顔写真への接触頻度変えるため，呈示回数を変えた。呈示回数は写真により1回，

2回，5回，10回，25 回映された。この呈示回数に各々2枚ずつの写真が割り当てられ，計 86 回が呈示された。

　顔写真の呈示の後，各写真についての記憶の実験が行われた。その後，各顔写真の人に対する参加者の好意度を質問した。

　この実験の本当の目的は，顔写真を見た回数とその顔への好意度との関係を調べることである。写真の顔は異なっており，参加者により好みの顔は違っているはずである。顔を何回も見ると，その顔の人に好意を持つようになるのであろうか。

■実験結果

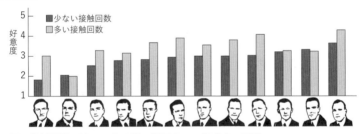

図　接触回数の違いによる同一顔写真への好感度の相違

　実験の結果，記憶の実験として何回も同じ顔を見たが，その回数が多い写真ほど好意が増していた。大半は個人的な顔の好みに関係なく，見た回数と比例して，無意識に好意度が増すことが明らかにされた。ただ単に何回も見ただけで好意度が上がったので，ザイアンスはこれを**単純接触効果**と呼んだ。ただし，顔によっては多数回見ても好意度が増えず，逆に嫌われる顔写真もあった。また，後の研究で 2 回目は，好意度は上がらないことが明らかにされた。

(Zajonc, 1968)

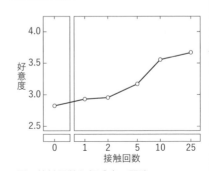

図　接触回数と好感度の関連

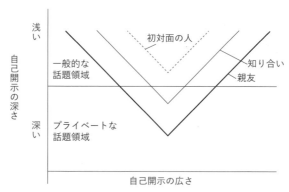

図 8-1　二者の親密性と自己開示の範囲（Altman & Haythorn, 1965）

何人かが友人となり，さらにそこから特別の仲間や親友が生まれる。では，
どのようなプロセスにより，友人になり，親友になるのであろうか。

　社会心理学では，知り合った人がより親しくなるには，互いの自己開示が
重要だとしている。**自己開示**とは，自分の個人的なことについて相手に話す
ことである。自分の興味や能力，これまで経験したことや将来の夢，生まれ
育ったところや学校のこと，家族のこと，秘密にしていることなども話すこ
とである。自己開示の研究から，人は相手から自己開示を受けると，その人
に好意を持つことが明らかになっている。しかも自己開示には相互性があ
り，相手から自己開示を受けると自分も自己開示したくなり，自分が自己開
示すると相手からの自己開示も欲しくなる。これにより互いの自己開示が進
み，親しくなり，好意が増し，友人になる。この自己開示の内容には，広さ
と深さがある（図 8-1）。

　自己開示の広さとは，2 人が話題にする範囲である。話題としては，興味
やスポーツ，政治や社会，勉強のこと，さらには家族のこと，恋人のこと，
自分の将来のことや悩みごとなど，いろいろである。しかし，相手にこれら
すべての領域について話すわけではない。相手により，話す領域が決められ
る。会社の同僚とは仕事の話が中心となり，友人とは趣味の話が中心とな
る。また，親には，恋人との関係についてはあまり話さない場合が多い。自
己開示の深さとは，個人や家族のことなど人には秘密にしておきたいこと，

TOPICS 8-6

自己開示をすると，好意を持たれるか
[ルービンの自己開示と好意の実験]

■考えてみよう

　この実験は，空港のロビーの椅子に1人で座っている人を実験対象者としている。実験者は，その人に話しかけ，筆跡研究のためサンプル収集をしていると言い，協力を求めた。

　実験用紙は上下に2つの枠のある白紙が用いられ，実験者は上の枠の中に，例として，今思いついたかのように1つの文章を書いた。その内容は自己開示の文章であるが，実験条件により，開示の程度を，浅い，中程度，深い，の3種類の文章うちの1つを書いた。提示文章は以下のとおりである。

（1）浅い自己開示の提示文
　「私は学生で，研究課題のために筆跡のサンプルを集めています。もうしばらくここで頑張ってから，今日はおしまいにしようと思っています」
（2）中程度の自己開示の提示文
　「私は学生で，自分の対人関係について考えると，孤独感を感じることもあります」
（3）深い自己開示の提示文
　「私は大学生です。良く適応しているとは思うが，性的なことで時々不安になります」

　実験者は相手に自分の書いた文章を見せながら，下の枠に何か参加者自身のことを書いてくれるようにと依頼した。参加者は，実験者が書いた自己開示の程度に相応して，自己開示する文章を書いたであろうか。

■実験結果

　この実験は，自己開示の相互性を実証した研究である。

　実験の結果，実験者が示す自己開示の深さに合わせて，対象者の自己開示も深くなっていた。これにより，相手の自己開示に応じて自分も開示するという，自己開示の相互性が明らかにされた。

　また，対象者の実験者への好意度も調べられたが，浅い自己開示より中程度の自己開示をした場合のほうが，実験者への好意度が高かったことが明らかになった。

(Rubin, 1975)

特にマイナス面などである。他の人には言えない深刻なレベルの自己開示をすることで，親密さが増し，さらに深い友情で結ばれることになる。

　深い自己開示をすることにより2人が親密になることは，アロンらが実験によって証明している。その実験では，初対面の学生2人が，15分ずつ，3セッション自己紹介をすることになる。各セッションは，実験者によって決められた話題について，互いにインタビューし合うよう言われる。まず最初の15分は，「最近，歌を歌ったのはいつですか」といった感じの浅い開示をお互い行う。次の15分間は，「最も大事な思い出は何ですか」といった中程度の開示をし合うように言われる。最後の15分間は，「最近泣いたのは誰と一緒でしたか，それとも一人で泣きましたか」といった，より深い開示を行うように言われる。別の条件では，3セッションとも浅い自己開示で話すように言われる。セッションが終わった後，互いの親密度を調べた結果，深い自己開示をし合った学生は，浅い自己開示し合った学生より，お互いが親密になったと答えた。この結果は，深い自己開示が，互いの親密さを増すことを明らかにした。

(4) 類似性の要因

　人と知り合いになり，話をし，自己開示をし合うと，相手の人と趣味が同じであったり，同じスポーツをしていたり，出身が同じであることを知る。それが分かると，相手を身近に感じられ，親しみや好意を持つ。「自分と同じだ」という一体感が好意につながり，友人形成を促すことになる。

　社会心理学の調査で友人になった理由を聞くと，郷土や出身校が同じ，話が合う，好みが合う，趣味が同じ，同じスポーツが好き，性格が似ている，将来の夢が同じなどと，自分との同一性や類似性が挙げられることが多い。類似性や同一性が好意を生むことは，バーンらの詳細な実験的研究で明らかにされている（TOPICS 8-7）。

　ことわざにも「類は友を呼ぶ」とあるが，人はなぜ類似した人に好意を持ち，友人となるのか，その心理メカニズムを次に見ていく。

　社会心理学では次の2つの理論から，類似性が好意を生むことを説明している。1つは学習理論の**社会的交換理論**で，コストパフォーマンスの点か

TOPICS 8-7　類は友を呼ぶか
［バーンとネルソンの類似性と対人好意度の実験］

■考えてみよう

この実験は，大学の講義の時間に学生に対して行われた。まず学期始めに質問紙により，さまざまな社会問題について各個人の意見を調査した。調査項目は，学生寮や共学，SF小説，社会福祉法，チップ，子どものしつけ，核シェルター，家庭園芸などについてである。実験者はこの回答内容により，各参加者への実験資料を作成した。実験当日は仮想対人実験と称し，限られた情報からどのくらい，人の性格を判断できるかという実験であると説明された。

実験は各学生に学期始めに行った意見調査の結果として，1人の学生のすでに記入済みの調査票を渡される。実験者は，この意見調査票をよく検討するように言い，そこからその人の知能や適応性を推測するよ

うにと指示した。さらに，その人への好意度も回答させた。

ただし，このとき実験操作として，学生が受け取る記入済みの学生の調査票は，参加学生の事前回答に応じて類似・非類似の割合を決め，また，類似の項目数も変えて渡した。学生に手渡される調査票は実験のために作為的に作成された調査票で類似項目数は，参加者と類似している項目数が4，8，16項目の3パターンである。類似・非類似の比率は，100%，67%，50%，33%類似の4パターンである。

各学生は手渡された調査票を検討して，調査票を書いた人の性格とその人への好意度を回答した。さて，類似項目数と類似比率が，好意度にどのように影響したのだろうか。

■実験結果

この実験は，意見の類似性の数と比率と好意度との関係を調べた研究である。

実験の結果，自分と意見が似ている相手に好意を持つことが示された。そして，類似比率が高いほど，その人への好意度が高くなることが示された。多くの意見が一致していても，一致していない項目も多くあると，好意度は高まらなかった。類似する数ではなく，意見

の類似比率が重要であることが明示された。実験者のバーンは学習心理学者であり，意見の類似は報酬となり，非類似は罰となると考えたが，それがこの実験で実証された。

しかし，その後の研究で，似ているが微妙に違う人に対しては，その違いに敏感に反応し，ときに嫌いになることもあるとの指摘もある。

(Byrne & Nelson, 1965)

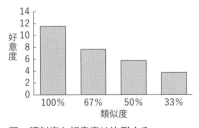

図　類似度と好意度は比例する

ら，類似している人からは心理的報酬を多く得られるからである。もう1つの理論は**認知的バランス理論**で，類似している人と一緒にいると認知的に安定し，感情的に快いとされているからである。

①社会的交換理論

社会的交換理論とは，人間関係を心理的コストと心理的報酬から考え，人はよりコストパフォーマンスが良い関係を選択するという理論である。この原理から，自分と似ている人は次のような理由で心理的報酬が高く，心理的コストが低く，このため，その人との関係が気持ち良く，好意を持つのである。たとえば，ゴルフ好きの人は仲間を求めている。相手がゴルフ好きだと気軽に誘え，歓迎される。互いにゴルフを楽しむことができる。この場合，相手に対する心理的コストは小さく，自分の心理的報酬は大きい。このように，自分に大きな心理的報酬をもたらしてくれる人は一緒にいて心地良く，好意を持つ。これが社会的交換理論の結論である。

また，趣味が同じ人同士は，意識せずお互いから社会的支持を得る。これは大きな心理的報酬となる。ゴルフ好きな人が，ゴルフ仲間にゴルフの魅力についての話すのは気持ち良い。また，そんな話を聞くのも心地良い。自分が話すと，相手の人から「そのとおり」とあいづちされる。これにより，自分の考えが支持されることになり，是認欲求や確認欲求が満たされる。

②バランス理論

ハイダーは，自分と相手の2人が話題にしている第三者や事象を含めた三者関係の中の認知により，類似している人に好意を持つことを理論化している。自分（P），相手（O），と話題（X）からなる**P-O-Xモデル**である。この理論により，人は類似した人に好意を持つようになると説明している。その関係について図8-2で見てみよう。

この三角図は，あくまで自分（P）の頭の中の感情の認知である。たとえば，パーティーで新入りの同僚と話した。自分はこの同僚とまだ親しくないので，相手（O）に対する感情は持っていない，とすると，P→Oへの○の中は空欄である。さて，その同僚と話していると，その同僚は地元サッカーチームの熱烈なファンであることが分かった。頭の中の三角形の相手（O）から話題（X）への矢印の記号は，プラスとなる。実は，自分もそのチーム

TOPICS 8-8

お返しを要求する人に好意を持てるか
［ガーゲンらの贈答と好意度の比較文化的実験］

■考えてみよう

　この実験は, 大学生6人がポーカーのようなゲームを行う。ゲームに先立って参加者6人には, ポーカーチップ40枚ずつが元手として渡される。ゲーム後には現金に換えられるので, 勝負に勝ち, できるだけチップを増やすようにと言われる。メンバー同士直接話すことはできないが, 実験者を介してメモなどのやり取りはできると言われる。

　さて, ゲームが進み, ある参加者が大負けをし, チップが底をつく。そのとき, 実験者を介して別のメンバーから, メモと10枚のチップが入った封筒が渡される。そのメモには, 次の3条件のうち, いずれか1つが書かれている。

　①私には必要ないのでお使いください。

チップ返済の必要ありません（無返済条件）。

　②これを使ってほしい。もし, 多くなったら, 同数返してほしい（同額返済条件）。

　③これを使ってほしい。ただし, 終わった後, チップに利子をつけて返してほしい（高利子返済条件）。

　この援助により, 当の参加者はゲームを最後まで続けることができた。さて, 実験終了後, 参加者にチップの贈り主に対する好意度を聞いた。上記3条件により贈られた人の贈り主への好意度にどのような違いがあるだろうか。実験は, 文化の比較のため米国, スウェーデン, 日本の3つの国で行われた。文化差は見られただろうか。

■実験結果

　この実験は援助の仕方と好意の関係を調べている。また, その関係に文化による違いがあるかも調べられた。実験の結果, 同額返済を求めた贈り主に対する好意度が最も高かったが, 特に日本人で最も顕著であった。また, 日本人は, 高利子返済要求者には, それによりゲームが続けられたに

もかかわらず, 好意を持たなかった。逆に, スウェーデン人は, 高利子返済要求者にも高い好意を示していた。この結果, 援助の仕方と好意度の間に文化の違いがあることが明らかにされた。

(Gergen et al., 1975)

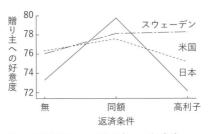

図　返済条件による贈り主への好意度

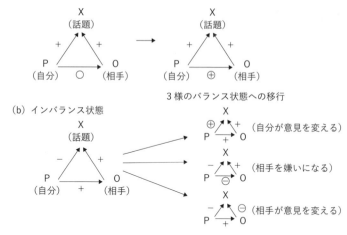

図 8-2　バランスの形成（Heider, 1958 を元に作成）

のファンである。これでこの三角形上の２辺の記号は，決まる。つまり，自分（P）と相手（O）から話題（X）への記号は，いずれもプラス感情となったのである。

　ハイダーの**バランス理論**の法則は，三角形の３辺の各記号を掛け合わせたとき，プラスになると心理的に安定した関係になるとしている。その観点からこの関係をみると，すでに２つの関係はプラスなので，この三角形の３辺の記号を掛けて，プラスの結果になるためには，残りの関係がプラスだと心理的に安定することになる。プラスの感情，つまり自分が相手に好意を持つことになる。それが，バランス理論が類似した人に好意を持つとということである。このことは，人は話が合う人，趣味が同じ，出身が同じなど類似点がある人に，好意を持つことを理論的に説明している。

　すでに知り合いの対人関係の場合では，この三角形の各記号は，自分（P）の中では強弱はともかく決められている。そんな場合，３辺の記号を掛けてプラスの場合はバランス状態で，心理的に安定している。３辺いずれもプラスの場合はもちろん，バランス状態で安定しているが，２人とも２辺がマイナスで苦手な人，嫌いなものなどが共通している場合も，他の一辺がプラス

となり，安定している（図 8-2）。

　3 辺の記号を掛け合わせてマイナスの場合は，インバランスで不安定となる。この場合，バランス理論ではバランス状態に移行する心理傾向が生まれるとしている。インバランスの場合は心理的に不快なため，三角形のどこかの辺の記号を変えて，全体がバランス状態になるように，意識的無意識的に心理が働くとしている。どこの記号を変えるかは，そのときの状況に応じて，決められる。たとえば，あることに対する趣味が異なった場合，その相手の人への自分の好意をなくしたり，あるいは，自分のほうがその趣味を好きになったりなど，その状況により，どこかの辺の好き嫌いを変えて，バランス関係を成立させ，心理的に安定するように動機づけされる。

　このバランス理論の関係はあくまで，当人の頭の中での感情関係であるが，その認知や感情が現実の対人関係に反映されることになる。バランスを形成するため，相手を好きになったり，嫌いになったり，第三者やある事象を好きになったり，嫌いになったりする。このため，このバランス関係が，現実の人間関係に大きな影響を及ぼすことになる。

④ 　称賛の要因

　近くにいる人とは**近接の要因**により，友人になりやすい。しかし，近くにいる人全員と友人になるわけではない。ある人とは友人になり，親友になり，他の人とは友人にならない。嫌いな相手になることもある。相手に好意を持つひとつの重要な始まりは，相手が魅力的で好きになることもあるが，もうひとつは，相手の人からほめられること，**称賛**された場合である。ほめられた人はほめた人を好きになり，友人になろうとする。初対面など付き合いの初期において相手から良く評価され，リスペクトされると，それがささいなことであっても，その人との関係を進める気持ちを強くする。

　人には自己肯定感があり，自己評価を高く保ちたいという秘かな欲求がある。このため，自尊心を傷つけられると，傷心し，怒りを感じたりもする。逆に，高く評価され，ほめられると嬉しく感じ，自己評価を高める。人は，自分を出来が良い人間であり，優秀であると思いたい。ただ，この自尊欲求

は自分で自分をほめる内面的自己評価だけでは満たされない。この欲求は他の人から承認され、称賛され、はじめて満たされる。しかし、人はなかなか称賛してくれない。そのため、多くの人は称賛欲求が満たされていない。

　そんなとき、この欲求を満たしてくれる人がいたら、その人は歓迎される。そんな人には好意を持ち、友人になりたいと思うのである。その人と一緒にいれば、自己評価欲求がいつも満たされるからである。社会心理学の研究でも、人からほめられるとその人を好きになり、けなされると嫌いになることは、アロンソンとリンダーの実験で明らかにされている（TOPICS 8-9）。

　このように人は人をほめることにより、その人から好意を持たれ、友人になることは多い。しかし、このほめ言葉には思わぬ落とし穴もあることが、心理学の調査で明らかにされている。それは、そのようなほめ言葉を多く発している人は、相手からは好かれるが、それを聞いている周りの人からの評判は悪く、嫌悪感を持たれるのである。**称賛**は友人を作る行為であるが、それ多用すると周りの信用を失うことになるというパラドックスを含んでいる。また、特に日本人の場合、見え透いた称賛はかえって信用を失い、友人関係を浅いものにしかねない。このため、日本人同士の場合、ほめるのが難しい。ほめるのが苦手なうえにほめられるのも苦手で、自己評価が低いため、素直に受け入れられない人も少なくない。それでも内心の自己評価は高く、真の称賛を心待ちし、是認されることを望んでいる。このため、日本人同士では、大げさなほめ言葉よりも、小さなあいづちによる同意やほめ言葉のほうが有効と言える。

　あいづちは、刀鍛冶で師匠が打つとき、弟子が打ち易いように刀を揃えることを語源とする。あいづちは相手の言葉への反応なので、タイミングが分かりやすく、言葉は、「そのとおり」「すごい」「さすが」など短いので、失敗は少ない。話し手は自分の話に合いの手が入り、是認されるので、快く感じ、聞き手に好意を持つことになる。うなずきも同様の効果はあり、それについては前章に詳述してある。あいづちやうなずきなどでの同意や承認は称賛効果があり、それが好意を引き出し、友人を作ることになる。

TOPICS 8-9

ほめると好かれるか，ツンデレは本当に効果的か

［アロンソンとリンダーの好意のゲインロス効果の実験］

■**考えてみよう**

この実験の参加者は，実験者から実験の助手をやるようにと言われた女子学生である。次の説明を受ける。

これは言語学習の実験で，実験者が後から来た学生と面接し会話をするが，その学生が複数形を使ったときにうなずき，好意的に返答する。そのとき，その学生がどれくらい会話の中で複数語を使うようになるかを知りたいので，助手として後着学生の複数語の数を記録してほしい，と言われる。また，後着学生には，対人印象の実験であると伝えてあると言われる。

実験は，後着学生がその助手に7回会い，その都度，短い会話をし，そのたびごとにその助手の印象を実験者に伝える，という手順で行われる。先着の助手役の学生は7回，後着学生と会った後，その学生が各回ごとに自分の印象を実験者に話すのを聞きながら，複数形の数を数えることになる。参加者の作業は，後着学生が使う複数語の数を数えることであるが，その間，自分に対する印象を7回聞くことになる。実験では，このとき先着学生が聞く自分に対する印象が作為的に行われ，次の4通りを実験協力者の後着学生に指示しておく。

①一貫した好意的評価（知的で，話が上手，好意が持てるなどと話す）

②一貫した非好意的評価（知的でなく，話がつまらなく，平凡な人間であるなどと話す）

③前半は好意的評価，後半は非好意的評価へ移行する。

④前半は非好意的評価から後半は好意的評価へ移行する。

実験の終わりに，先着学生は自分の印象を実験者に話した後着学生に対する好意度を質問され，答えた。

この4通りの評価を聞いた先着学生が，どの評価のとき後着学生に一番好意を持ったであろうか。

■**実験結果**

この実験は，間接的に自分への評価を聞くことが，その人への好意にどのように影響するかを見ている。実験の結果，最終的に自分を高く評価した人に対して，参加者は好意を持つことが示された。先着学生の後着学生への好意度は，①，④において高く，②，③において低かった。さらに，一貫した評価よりも，途中で評価に変わったほうが，好意度がより大きな影響を受けた。最初，低評価であるが後半に高評価になるのを聞いたときが最も好意度が高く，最初は高評価であるが後半，低評価を聞いた人は，その人に対して最も好意を持たないことが明らかにされた。これは，**好意のゲインロス効果**と呼ばれる。　　（Aronson & Linder,1965）

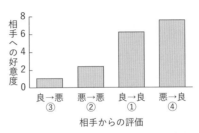

図　相手からの評価とその人への好意度

5. 返報性の要因

　もし，相手が自分に好意を持っていることが分かれば，自分も相手に好意を持つようになり，友人形成が急速に進む。対人関係の感情は返報性を持ち，相互に同一の感情を持つように働く。

　人の感情は自分が好かれていると思ったら，相手の人を無視できなくなり，自分も同じように好意を持つようになる返報性を持っている。相手もこの返報性を持っているので，好意は好意で返ってくるのである。このことは，人に好かれようと思ったら，自ら先にその人に好意を示せばよい，ということになる。この感情の返報性は，ネガティブな感情もまた同じで，嫌悪も報復性を持っている。ある人が自分のことを嫌いだと知ったとき，その人をたちまち嫌いになるのはこのためである。

　この**返報性**の原理は人間関係の基本なので，相手が自分に好意を持っているかいないかは，その後の相手の性格判断にも影響する。そのことが，心理学の実験で明らかにされている。その実験は，未知の2人が15分間日常的な会話をして，その会話に基づいて相手の性格について判断するという，対人心理学の実験である。半分の参加者に対しては，相手の人と話をする前に，相手の人が参加者に好意を持っていることをそれとなく知らせた。すると，そのことが会話後の性格判断の評定に大きな影響を与えたのである。自分のことを好きであると知らされた人は相手の人を，打ち解けやすく，楽しい人だとプラスの性格評価をしたのである。後の半分の参加者には，それとなく相手の人は参加者をあまり好きではないようだと会話の前に知らせた。この場合，会話の後の相手の人の性格印象は，神経質そうで，不安げで，あまり楽しくない人と，マイナスの性格評価をしたのである。

　この実験により，自分に好意を持っている人に対しては良い評価をし，自分も好意も持ち，自分を嫌っている人に対しては，嫌悪の報復性から悪い性格評価をすることが明らかにされた。

TOPICS 8-10　友人の数は何人？

[ダンバーの友人の数の輪理論]

■考えてみよう

ダンバーは，友人の数を広範囲に調査し，**ダンバー数**という友人数の法則を提唱している。まず，自分の友人の数を考えてみよう。

① 大親友は何人くらいいるか，それは誰か
② 親友は何人いるか，それは誰か
③ 親しい友人は何人くらいいるか，それは誰か
④ 知り合いは何人いるか，それは誰か
⑤ 知っている人は何人くらいいるか，それは誰か

では，その数の間に，何らかの法則があるだろうか。

■実験結果

ダンバーの法則によると，友人の数は図8-3のような同心円の層からなり，入れ子で8層に広がっていて，その数は，ほぼ3の倍数になっているとしている。その8層と数は，次のとおりである。

① 大親友：1.5人　全幅の信頼を寄せ，お互い強みも弱味もすべて話せ，助け合うことができる，いわゆる一生の大親友である。そのような人は1人か2人か，あるいはいないかである。ダンバーによると，女性には一生の大親友が2人いるが，男性にはいないことから，1.5人としている。そして，この大親友は大半が，同性の友人であるとしている。

② 親友：5人くらい　いつも近況について連絡を取り合い，さまざまな話を気兼ねなく話し，一緒に行動し，困ったときには助け合う，特に親しい友人である。「サポートグループ」とも呼ばれている。日頃の人付き合いの40%が，この親友たちとの間で行われている。その親友5人の内訳は，特に親しい家族が2，3人と，特に親しい友人が2，3人である。

③ 仲の良い友人：15人くらい　お互いのことをよく知っていて，ときどき連絡を取り合い，会えば何でも話し，一緒に行動し，気を使わない，気楽な関係で，感情的にも共感を持つ，付き合いの長い友達である。日頃の人付き合いの20%は，この関係の友人と共にする。

④ 友人：50人くらい　頻繁には連絡しないが，会えば近況など楽しく話ができ，互いに相手のことを知っていて，気兼ねなく一緒に行動できる関係である。

⑤ 知り合い：150人くらい　ダンバーは，この層を「ただの友達層」と言っている。顔は知っていて，声をかけることもできるが，積極的には声をかけることはあまりない，会話もできる関係であるが，親しい関係ではない。

⑥ 顔見知り：各自500人くらい　職場や仕事，日常生活で，親しくはないが顔見知りの人，感情的な結び付きはないが，互いに知り合っていて，あいさつはする程度の関係である。

⑦ 知っている人：1,500人くらい　テレビなどで知っている人を含め，名前と顔が一致し，どんな人か知っていて，動向が多少気になる人。しかし，ただこちらが知っているというだけで，相手はこちらをまったく知らないかもしれない。

⑧ 顔は分かる人：5,000人くらい　見ると顔が分かり，見たことがある。しかし自分とは関係もない人である。

(Dunbar, 2021)

6. 友人の数

　友人は，社会生活を送るうえで必要である。それだけでなく，生活に充実感をもたらしてくれる源である。では，友人は多ければ多いほど良いのであろうか。また，友人は何人でもできるのであろうか。また，友人のなかで親友と呼べる友は何人いるのであろうか。それは人によって異なるが，心理人類学者ダンバーは，人の持つ友人の数は限定的であるとしている。ダンバーは人の脳の機能から，人が安定的に関係を結ぶために認知できる人の数の上限は 150 人であるとした。この数は**ダンバー数**と呼ばれ，その内容はTOPICS 8-10 に示すが，この数字は心理学を超えて他の分野にも応用されている。

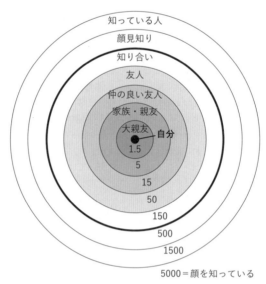

それぞれの円に人数には，その内側の円の人数が含まれる。
円は入れ子構造で，それぞれ約 3 の倍数で大きくなっている

図 8-3　友だちの輪（Dunbar, 2021）

7. 孤独感

　親しい人との関係は，日々の生活を豊かにし，人生を楽しくする。逆に，友人や親しい人がいない場合は，孤独感にさいなまれる。友人が1人もいないという人は少ないが，日本の青年男子の場合，内閣府の調査によると，親友がいないという人が1割近くいる。この調査は国際比較調査なので他の国と比べているが，日本の青年は男女ともに，米国や韓国などと比べて親友がいない人が多いことが明らかに示されている。もちろんこのような人のなかには，親友はいなくても孤独感はなく，ネットなどに夢中になっている人もいる。最近は，SNSの利用でコンピュータを前に部屋にこもって，個の生活を楽しんでいる人もいる。今の社会，多様な生き方のひとつと言えよう。

　しかし，親しい友人が欲しいと思い，必要だと感じていながら友人がいない場合，孤独を感じる。友人のいない孤独感は，自己評価を下げ，不安やうつの感情を生む。そのことは心理学の研究でも明らかにされている。

　研究の結果，孤独感の強い人の特徴としては，自尊心が低く，自分に対する評価が低く，自分はダメな人間であると思い，自信がない。このため，自分は人から好かれていない，特に異性から魅力がないと思われているという思いが強い。また，内気でシャイでもあった。しかし，他方で自意識は強い。対人的には，周りの人に対して好意的でなく，人を信頼しないし，他の人に援助的でもない。また，社会は不公平であり，自分ではどうすることもできないという無力感を持っている。

　特にシャイな人で対人不安の強い人が孤独に陥りやすい。しかし，そのような人だけが孤独感を感じるわけではない。人生にはいろいろな環境の変化があり，その状況により，一時的に孤独感を持つことがある。転居したり，卒業したり，転職や退職したときなど，また，入学や入社などの新しい環境で友人がいないとき，さらには失恋や死亡などで親しい人を失ったときなど，孤独感に陥ることがある。ただ，たいていの人は，一時的に孤独に陥っても，新しい友人を見つけ孤独から抜け出ることになる。

　しかし，社会的に孤立的環境からの脱出が難しい状況もある。特に最近では，引き込もりやシングルマザーや独居老人などの孤立が社会問題化されている。政府も，孤独問題を個人の問題ではなく，社会的問題としてとらえてきている。日本も英国に次いで，孤独・孤立対象担当大臣を置き，対応を始めている。性差研究によると，孤独感には男女差があり，孤独を感じる状況が異なる。男性は活動できる仲間がいないときに孤独を感じ，女性は心が打ち明けられる人がいないときに孤独を感じやすいことが多い。また，比較文化研究により，特に日本人は対人不安が強くシャイな人が多いため友人作りをはじめるのが難しく，孤独感を感じる人が多いとされている。他の諸国の若者と比較して相談相手が非常に少ないことが，内閣府の国際的意識調査でも明らかにされている。

　さらに孤独感の原因となる社会的要因として，周りの人からの無視や社会的排斥などがある。無視されたり排斥されたりすると，人は不快な気持ちになり，孤独感を感じ，自己評価が下がり，イライラしたり自己嫌悪に陥る。イジメや無視は，日本では長く社会的問題になっているが，なかなか解決されていない。ただ，それは日本人に限らない。他の人から無視されると悪感情を持つことが，TOPICS 8-11 のような欧米の実験でも明らかにされている。

TOPICS 8-11　無視された人の気持ちは？
［ウィリアムスらの社会的排除性の実験］

■ **考えてみよう**

　この実験の参加者は，実験待合室で実験を待っている人である。待合室には他に2人の参加者も待っている。そのうちの1人がボールを取り出し，時間潰しのためか，もう1人の人とトスをし合うようになる。そして，当の参加者にもそのボールが回され，トスに参加する。しかし，しばらくすると，自分にはトスが来なくなり，他の2人の間でだけでトス

が行われる。その結果，参加者は他の2人から排除され，無視される状態に置かれる。

　そのとき，参加者はどんな気持ちを持ったであろうか。この実験は，実験を待っている間のこのトス状況での孤立の心理を知ることが，本当の目的であった。別の条件としては，最後まで3人でボール回しが行われ，気持ちを聞かれた。

図　ボールゲームを使用した無視実験

■ **実験結果**

　実験の結果，他の2人から排除され，いわば無視された参加者は，嫌悪感を持ち，自己評価を下げ，自制心を失い，ネガティブな感情を持った。またその後，他の研究者は同様の実験において，fMRIにより脳の反応を調べたが，その反応は，身体的痛みを感じたときと同じ部位での反応が見られ，このような無視状況で，心が痛みを感じていることが明らかになった。

　親密な人間関係は，社会生活において極めて重要である。そのことは，対人関係を排除されると不快な思いがし，心理的なストレスとなると言える。社会的排除には，あ

からさまの攻撃的行為もあるが，無視したりするという冷ややかな排除もある。このような社会的排除を実験的に研究しているのが，ウィリアムスらである。

　その後の研究においては，このような実験室の場面ではなく，コンピュータ上での同様の状況を作り，研究が進められている。その方法は，パソコン上で同じような場面を作り，上の2人と下の参加者本人の，画面上でのボールのやり取りとして，無視状況を作り，社会的排除の研究方法として利用されている。

(Williams et al., 2000)

第9章
恋愛の人間関係

　恋愛はロマンティックで，秘密めいた独特の人間関係である。恋愛の根源は本能的性衝動により動かされているが，また最も崇高な愛という神秘的感情でもある。人生の中で特別な喜びを感じ，他のすべてを捨ててもよいというエネルギーを生み，圧倒的な充実感や陶酔感を感じさせる感情である。逆に，恋愛が破綻したときの失恋の感情は，人生に絶望し，どん底に落ち込むことになる。このような恋愛の心理は誰にとっても重大な感情であり，社会心理学でも重要な分野として研究されている。なかでも，性的関心が強くなる若者にとっては，青年期の最大の関心事である。内閣府が行っている若者の国際比較調査においても，世界のどの国の若者にとっても「人生で最も充実感を感じるときは」との質問に，「恋人と一緒にいるとき」との回答が多い。

　若者にとって恋愛は極めて関心のある，また極めて重大な出来事であるが，往々にして既存の社会体制とは対立しがちである。ロミオとジュリエットに象徴されるように，家や家族の反対や，日本では会社の規律を乱すとして職場恋愛禁止などが，最近まで不文律としてあった。しかし，社会の反対にもかかわらず，恋人たちは逢瀬を重ね，恋愛を成就している。このような周囲の反対を押し切って恋愛を進めることを，心理学では**ロミオとジュリエット効果**と名づけている。この理論では，むしろ周囲の反対があるからこそ，恋の炎が燃え上がるとしている。

　ところで，周囲の反対が少なくなった現在の日本では，大いに恋愛が謳歌されているかというと，そうとも言えない。相手に会うチャンスがない，恋愛の機会が少ないというのが，現在の日本の若者の悩みである。最近は恋人に巡り会うチャンスが特に少なくなっているという報告がある。内閣府の男女共同参画白書によれば，20代では未婚で恋人がいない人の割合が，男性で約70%，女性で約50%と高い比率になっており，さらに，恋愛のきっか

TOPICS 9-1　恋人や結婚相手との出会いの場

[内閣府の出会いの調査結果]

■考えてみよう

　少子化に悩む日本政府は，少子化対策としていくつかの施策を行っているが，実証的裏付けを得るために，国内外の実態調査や意識調査も大がかりに行っている。恋愛についての実態調査は難しいが，恋愛結婚が主流となっている現在，結婚についての調査結果から，恋愛の実態も推測することができる。

　日本の結婚は，1960年代前は見合い結婚が多く，60年を境に恋愛結婚のほうが多くなり，最近ではほぼ90%が恋愛結婚である。2005年の内閣府の調査では，結婚相手との出会いがどんなきっかけであったかを聞いている。他の諸国との出会いのきっかけに違いがあるのだろうか。

■調査結果

　他の国と比較すると，日本人の出会いは職場や仕事関係がとび抜けて多い。西欧諸国では，友人やきょうだいを通じての出会いが多い。国の特徴としては，米国は学校関係が多く，韓国は職場と親，親戚の紹介が多く，フランスは幼なじみや隣人が多く見られている。この結果から見ると，結婚に結びついている恋愛は，職場や友人関係など身近かな人間関係の中から生まれていることが明示されたと言える。(内閣府，2005b)

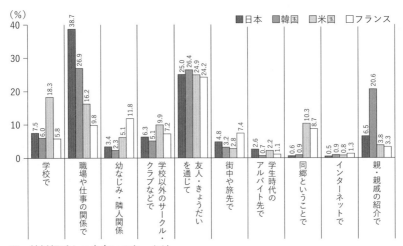

図　結婚相手との出会いのきっかけ

けとなるデートをしたことのない人が，男性で約40％，女性で約25％と報告された。その非デート率の高さは注目を集め，メディアの話題にもなっている。恋愛にはチャンスが必要であり，現在では新しい機会としてSNSなどのマッチングアプリが活用されはじめている。現在の恋人たちが出会う機会についても内閣府の調査結果があるので，TOPICS 9-1に示した。

1. 現在の若者の恋愛願望

　現在の若者は恋人を欲しいと思っているのであろうか。内閣府の調査に対して，半分強の約60％の男女が，恋人を欲しいと思っていると答えている。逆に，約40％の男女は，恋人はいらないと回答していた。その理由は，50％以上の男女が，自分の趣味に力を入れたいからとしている。それは今の若者が趣味や興味を中心に自らの生活を回していることを明らかにしている。そして，同じく50％以上の男女が，恋人を欲しくない理由として，恋愛が面倒だとしている。恋愛は情熱的と言われるが，対人関係を苦手としている人にとってはかなり面倒な人間関係となっていて，それを避ける傾向を示している。人間関係への対応能力や対人コミュニケーションに自信がなく，対人力不足や紹介者が少なくなっていることが原因で，恋人ができにくくなっていると言われている。

2. 恋愛相手としての魅力

　恋愛心理学では，人はどのようなタイプの人に魅力を感じるのか，どんなときに恋心が生まれるのかなど，恋愛感情が生まれるときの条件や状況を中心に，実験的に研究されている。恋愛感情が生まれる最初の要因は，一目惚れ以外は友人形成の要因とほぼ重なる。それは，恋心が相手への好意から生まれ，恋愛に発展するケースが多いからである。恋愛感情は前章に示したように，近くにいる人を好きになる**近接性**，似た人を好きになる**類似性**，好意を示された人を好きになる**返報性**などによって生まれる。ただ，友人形成とは異なる形成要因もある。ここでは特に，恋愛心理に特別な条件や状況につ

いて，社会心理学の諸説を見ていく。

　社会心理学では，恋愛には友愛的恋愛と情熱的恋愛の 2 種類があるとしている。**友愛的恋愛**とは，友情からの恋愛である。友達から親しい友達になり，さらにカップルになり，結婚を考えるようになる。特別に強い好意と強い信頼に基づいた感情である。この恋愛の形成要因は，友人形成要因とほぼ同一である。一方，対照的なのは，**情熱的恋愛**である。情熱的恋愛はドラマチックで衝撃的な恋愛で，友人形成要因とは異なる独特の要因から成り立つ。恋に落ちると言われるように，逢った瞬時から激しい特異な感情と性的衝動から生じる関係である。

　デイヴィスは，恋愛は好意をベースにしているが好意以上の感情であるとして，図 9-1 のように恋愛感情は友情的感情の上に，性的衝動や排他性などが加わり，相手を援助し，保護したいという気持ちが極めて強くなる関係であるとしている。

　他方でルービンは，友情的好意と恋愛とは，異なった感情であるとしている。友情的好意は，①好意的傾向，②尊敬的傾向，③類似的傾向の 3 要素から構成され，恋愛感情は，①独占欲求，②極端な擁護欲求，③極端な親和欲求の 3 要素が重要な構成要因とした。そして，ルービンは実際に付き合っているカップルにこれらの要因について質問をして，友情的好意と恋愛感情とは異なる心理状態であることを実証している。その調査を通して，女性のほうが男性よりも恋愛と友情を区別しており，女性は，友情は友情，愛情は愛情と，よりはっきりと分けていることを明らかにしている。このため恋愛を

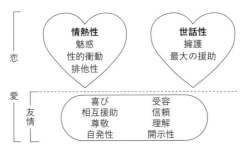

図 9-1　デイヴィスの恋愛・友情モデル（Davis, 1985 を元に作成）

友情の発展として考える男性と，トラブルになることもある。

　最近の内閣府の調査でも，女性が結婚しようとしない理由の1つとして，結婚するほど好きな人に巡り会っていないという人が半数近くに上っており，日本の女性が恋愛に友愛以上のもの，友愛とは異なったものを求めていることを示唆している。

(1) 恋心とルックス

　恋心が生まれるルックスの諸要因について，見ていく。

Keyword

■恋愛対象として好まれるルックス要因■

①身体的シンメトリー性　　②女性のスタイル
③男性の身長　　④幼児性（童顔性）　　⑤平均顔

　友人になるときも，顔やスタイルを多少は気にするが，恋愛対象となると，外見や容姿への好みがことのほか重視される。一目惚れは見た目で生まれる。男性は，美人やかわいい感じ，あるいはスタイルの良い女性に魅力を感じ，女性は，背の高い細身あるいは筋骨のある剛腕な男性に魅了される。自分の外見・容姿にかかわらず，誰にも理想の恋人像があり，恋人にはその理想的なルックスに合った人がいいと思う。このことが，TOPICS 9-2のウォルスターらの新入生歓迎ダンスパーティーの実験で実証された。ウォルスターらは，恋人には自分にマッチする同程度の人を求めると考え（**マッチング仮説**），その検証のために実験を行った。しかし結果は，誰もが外見的魅力の高い相手を望んだ。では，その外見的魅力はどのような基準で決められているのであろうか。

①身体的シンメトリー性

　人間の身体は基本的に左右対称である。しかし完全な対称ではなく，顔や身体の左右のバランスが微妙に異なる。実験により，より均等のほうが魅力的とされ，好まれることが明らかにされた。生物学的に見ると，他の動物でも同じようにバランスが良く，左右がシンメトリーのほうが相手に好まれて

TOPICS 9-2

ダンスパーティーで選んだ相手は ルックスか, 相性か

［ウォルスターらのコンピュータ・デート実験］

■考えてみよう

この実験は, 大学の新入生歓迎のダンスパーティーを利用した現場実験で, 参加者は大学の新入生男女である。このパーティーはコンピュータによる相性マッチングパーティーであるとされ, 事前に質問に回答して, 初対面であるが相性の良い人同士が当日, カップルになると言われる。しかし, パーティーでの実際の相手は, 個人データを無視してランダムに割り当てた。また, 事前に実験者側数名が, 各学生の外見的魅力度を判定していた。

さて, ダンスパーティーの後半, 参加者は男女別々に集められて, カップル相手への好意度, デート希望などを質問され, 回答した。事前に調査した態度や魅力度は, 好意などにどのような影響があったであろうか。

■実験結果

参加者の回答を分析すると, 質問紙で得た事前の個人情報は, 好意度やデート希望にほとんど影響していなかった。一方, 事前に判定した各人の外見的魅力度は, 好意度やデート希望に大きな影響を与え, 男性も女性も自分の外見に関係なく, 外見的魅力の高い相手に好意を持ち, デートを希望していた。特に外見的魅力のある男性は, 外見的魅力のある女性を望み, 相手への好意度評価が厳しかった。

さて, 実験者のウォルスターらは, 恋人を選択するときは自分と魅力が同程度の人を選択するであろうと, **マッチング仮説**を立て

てこの実験を行った。そして, 身体的魅力度を高・中・低とし, 好意度やデートの可否を集計した。ところが, 結果は仮説とは異なっていた。参加者の多くは, 自分の魅力度に関係なく魅力的な相手に好意を持ち, デートをしたいと回答した。つまり, 外見的魅力のある人がどの異性からも好意を持たれ, デートをしたいと言われたのである。

この実験により, 男女の初対面のときの好意や初デートの誘いには, 相手の外見的魅力の影響が大きいことが明らかにされた。

(Walster et al., 1966)

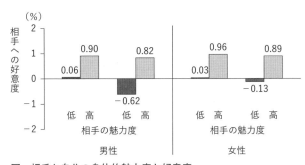

図　相手と自分の身体的魅力度と好意度

おり，そのほうが自然界でサバイバルできるとされている。人の場合もバランスの良いほうが，健康的と見られる。

②女性のスタイル

身体的スタイルへの魅力は，男女に違いがある。女性は成熟すると出産に備え，胸部とヒップが大きくなり，ウエストが細くなる。この変化は外からよく目につく。男性は，その特徴を強く持つ女性に性的魅力を感じる。進化心理学的には，男性はその身体的特徴から女性が出産可能かどうかを知り，その可能性の高い女性に魅力を感じることになった，とされている。心理学者のシンは，このことを実証するため，女性のウエストとヒップの対比率を変えたスタイル画を用いて，男性に各々の女性の魅力度を調査した（TOPICS 9-3）。その結果，男性にとってウエストとヒップの比率が，0.7 対 1.0の女性が最も魅力的とされることが分かった。

③男性の身長

女性は身長の高い男性に魅力を感じる。このことは，比較文化研究により，世界のどの地域，どの種族でも，共通であることが明らかにされている。その進化心理学的説明は，背の高い男性は遠くがよく見え，危険をより早く察知でき，高い木の食物が取れる，敵を大きさで威嚇できるなど，原始時代のサバンナでの生活に有利であり，女性は自らと子どもの安全と生存のため，見上げるような身体特徴を持つ男性に頼もしさと魅力を感じるとされる。

④幼児性（童顔性）

女性は幼児に強い愛着を感じる。幼児性を表す丸く柔らかなものにカワイイと本能的に魅力を感じる。このため，童顔の成人男性に対しても，好意を持つことが実証的に明らかにされている。

⑤平均顔

顔は，外見の印象を決定する主要な部位である。顔の形が好悪を決める大きな要因となる。このため，顔が他の人とは違った独自性を持つ人が好かれるとされ，タレントや俳優も顔が濃い人が好かれると考えられている。ところが，心理学の実験の結果は，逆であることが証明された。最近はコンピュータ上のモーフィング（画像の連続重ね技術）により，顔を合成することができる。そして，何人もの顔写真を合成することにより，平均的な顔を

TOPICS 9-3　女性の魅力は WHR が決め手
［シンの女性の魅力的スタイル実験］

■考えてみよう

　実験の参加男性は，図のような 12 枚の女性のイラストを渡され，これらは身長 165 センチの女性のスタイルを線で描いたもの，と説明された。イラストは，背丈は同一で，髪型，顔，ポーズも同一に描かれている。違いは，体型が細め，標準的，太めという3つ

のサイズと，ウエスト対ヒップ率（ウエスト÷ヒップ＝ WHR）である。参加者は各イラストの女性について魅力，健康，若さ，セクシーさなどについて評価するように言われる。

　参加者は，どの体型の女性を魅力的と判断したであろうか。

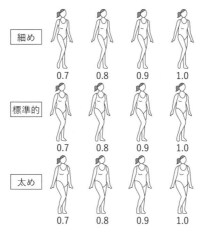

細め　　0.7　0.8　0.9　1.0
標準的　0.7　0.8　0.9　1.0
太め　　0.7　0.8　0.9　1.0

図　WHR の異なる女性のスタイル画（Singh, 1993）

■実験結果

　実験の結果，最も魅力的だとされたスタイルは，標準的な体系の WHF 0.7 のイラストであった。また，健康的やセクシーさ，生殖能力でも，同様に標準体型で WHR が 0.7 のイラストが高く評価された。この結果から，実験者のシンは，男性にとって女性の出産可能性の高さのサインである腰のくびれが，パートナー選びのサインになっているとしている。この WHR 0.7 の女性スタイ

ルは，比較文化的研究により，文化を越えて多くの男性に魅力的とされることも明らかにされた。また，歴代のミス・アメリカやバービー人形も，WHR 0.7 である。

　また，生理学的には，腰のくびれは女性ホルモンの働きが関係し，年齢的に見ると，生殖能力が高い若い女性に多く見られるとされている。

作成することができる。この平均顔への好意度を調査した結果，もともとの一人ひとりの顔写真よりも好まれることが明らかになった。

　ある実験では，4人の女性の顔を合成した写真と32人の女性の顔を合成した。そして参加者にその合成写真の好意度を判断させた。すると，写真を違えても4枚を合成した写真よりも32枚を合成した写真のほうが好かれたのである。その理由は，合成顔は合成により角がとれ，個々の欠点がなくなり，その分，好まれると説明されている。

(2) 恋愛の情熱性

　恋愛と好意の感情の大きな違いは，恋愛感情において激しい情熱や感情的興奮，性的興奮が生じることである。化学変化が起きると比喩的に言われる。友愛的恋愛においてはそれほどではないが，一瞬で恋に落ちるような激しい情熱的恋愛のときは，生理的反応も大きい。自ら制御できないような心臓の高鳴り，体中がほてったり，震えたり，胸が苦しくなったりなどの興奮が伴う。ダットンとアロンは，このような生理的興奮が恋心を生み出すとして，TOPICS 9-4 のような実験を行い，そのことを実証している。

　この実験は，シャクターが唱えた**情緒の生理・認知説**（第4章参照）を実証するために行われた。その理論は，人が情緒を感じるのは，生理的興奮と認知的判断の2つの要因によって決まるとする。しかし，生理的興奮が何によるのかよく分からないときは，間違った原因に帰属して，間違った情緒を感じることもあり，恋愛感情も時にこの帰属錯誤からも生じるのである。

　恋愛の情熱性は，周囲の障害の大きさにもよる。その典型が，**ロミオとジュリエット効果**である。シェイクスピアの『ロミオとジュリエット』は，家族の反対を乗り越えた純粋で激しい恋の物語として，世界の人々から共感を得ている。しかし心理学者は，このロミオとジュリエットの激しい愛は，大きな障害を乗り越えてまでの恋ではなく，障害が大きいので，そのように激しく燃え上がる恋なのだと分析している。家族の対立と反対がなかったら，あれほどまでに激愛にならないというのである。

　実証的研究として，恋愛中のカップルを対象に，家族の反対と2人の恋愛夢中度の関連を調査した。その結果，両親が反対しているカップルほど，

TOPICS 9-4　吊り橋の興奮は一目惚れを生じる
［ダットンとアロンの情緒の生理・認知説の吊り橋実験］

■考えてみよう

　この実験は，カナダのバンクーバーの峡谷にかかる大吊り橋の上で行われた。吊り橋は長く，その中央はかなり揺れて，スリリングで怖い感じがする。下からの高さは約70 m である。揺れる大吊り橋を渡っている人は，生理的に興奮状態になる。普通の固定された高さの低い橋を渡っている人は，特にそのような興奮状態はないであろう。ここがこの実験のポイントである。

　この実験の対象者は，その橋を一人で渡ってきた若い男性である。橋の中央に若い女子学生が立っており，男性が橋を渡ってくると声をかけて，インタビューした。彼女は，自然景観と創作力の関係の心理学的研究をしているので協力してほしいと依頼する。依頼が了承されるとその場で，絵を見せ創作をしてもらう。それが終わると，「この実験の詳しい説明が必要なら電話してください」と言い，電話番号と名前が書かれたメモ用紙を渡す。

　さて，吊り橋上で実験に参加した男性のうち，何％くらいの人が，実際に電話をしてきたであろうか。比較のため，ごく普通の固定の木製橋の上でも同じ実験が行われた。この場合，何％くらいの人が電話してきたであろうか。

A　　　　　　　　　　　B

写真　吊り橋実験の吊り橋（A）と固定橋（B）

■実験結果

　この実験は，吊り橋の興奮を恋心と思ってしまうかどうかという，帰属錯誤の研究である。実験の結果，吊り橋の上で女性と話した男性の半数が，彼女に電話をしてきた。他方，普通の固定橋を渡って来た男性は，12.5％が電話をしてきた。このとき，両方の橋の上で取材した女性は同じ女性である。違いは，橋の種類である。吊り橋の上の男性は生理的に興奮していて，女性と話しているとき，その興奮を恋心の興奮と勘違いして彼女に好意を寄せ，電話をしたのではないかと，実験者は考えた。これは，**情緒の生理・認知説**の実験であり，そのことが実証されたと言える。

　また，同性である男性が吊り橋の上で取材する実験も行ったが，この場合は，電話をかけてきた人はごくわずかであった。

(Dutton & Aron, 1974)

恋愛感情が強くなっていた。

（3）恋愛と自己評価

　自信がないと恋は始めにくい。自分に自信がなければ意中の人がいても声をかけられず，恋は始まらない。自己評価（自尊心）が高い人はそれができるため，恋愛がうまくいくと思われている。しかし，自己評価が高い人はプライドが高いので，相手から断られたときの自己評価の低下や自己嫌悪を考えると，なかなかアプローチできないというパラドックスもある。自己評価が高く，自分は好かれるという自信がある人はこの不安が少ないので，積極的にアプローチできることになる。一方，自己評価が低い人は，自信がなく，断られるのが恐いので，好きな人がいてもアプローチしづらいのである。

　だからといって自己評価の低い人は恋人を得にくいかというと，それは一概には言えない。自己評価の低い人はアプローチは躊躇するが，逆にアプローチされたときは，それを受け入れやすいのである。それは，自己評価が低い人は相対的に相手の人が魅力的に見えるので，アプローチ受け入れのハードルは低い。その点では，恋は生まれやすいと言える。このことを実験的に検討したのが TOPICS 9-5 のウォルスターの実験であり，自己評価の低下とデートの受け入れやすさを実証している。

（4）カップルのマッチング仮説

　マースティンは，結婚相手選びを市場原理が支配するマーケットと考えた。この市場では魅力が資産である。魅力のない人は，プロポーズしても拒否される。拒否されることは誰にとっても心理的に負担であり，損失である。そこで人は，より成功確率の高い人にプロポーズしようとする。しかし，相手が魅力的でないと，積極的に動機づけされない。このペイオフから，人は最小のコストで最大の報酬を上げようとすると，魅力が自分と同じくらいの人にアプローチすることになると予測する。これが**マッチング仮説（つりあい説）**である。

　外見のマッチング仮説を実証する実験として，すでに婚約しているかステディの恋人同士である 99 カップルの写真を撮り，その写真の客観的身体的

TOPICS 9-5　自信がなくなったとき相手が魅力的に見える

［ウォルスターの好意の自尊理論の実験］

■考えてみよう

　この実験の参加者は，女子学生である。実験は性格特性とカウンセリングの効果の研究であると言われ，性格検査と面接を受けることになる。性格検査は，面接の数日前に受ける。

　面接当日は，指定された実験室に行く。すると，そこには少し年上のハンサムな男子学生がいて，雑談をする。話の中で男性は，自分は以前ハーバード大学にいたが，今はスタンフォード大学にいるなど15分くらい話した後，彼女に好意を持ったので，次週サンフランシスコでのディナーショーに一緒に行こうと，デートに誘う。そのとき実験者が来て，追加の心理検査を行った。実験者は，例の男子学生に助手を依頼する。その

後，実験者は数日前に行った最初の性格検査の結果を伝える。

　検査の結果は，参加者は性格が弱く，反社会的動機の強い独創性や柔軟性がなく，リーダーシップに欠けているなど，性格が未成熟であることが強調された。別の条件では，検査の結果，参加者は独創性もあり，好ましい性格を持っていると伝えられた。

　最後に，対人感情の調査が行われ，今一番魅力を感じている人，実験者，教師，参加者自身，それに当の実験助手の5人について，好意度を問われた。その中で助手の男子学生に対する好意度と性格検査の結果との関係が調べられた。

■実験結果

　この実験は，自己評価の高低による対人好意への影響を調べた研究である。実験の結果は，性格検査の結果，性格が良くないと伝えられた女子学生は，良いと伝えられた女子学生よりも，自分自身にに対する自己評価を下げていた。

　こうして，性格検査結果により自己評価を

低められた女子学生は，高められた女子学生よりも，同席した男子学生に対して高い好意度を示し，デートの誘いも受け入れた。この結果は，自尊心が低くなると相対的に相手への評価が高くなり，相手に対する好意が増すという，ウォルスターの**自尊好意理論**を実証していた。

(Walster, 1965)

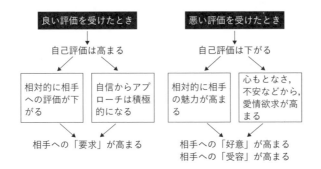

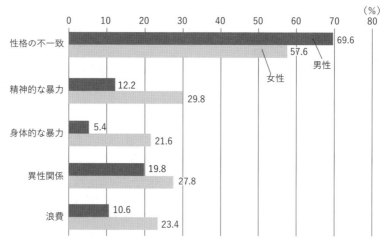

図 9-2　夫婦関係が破綻した協議離婚の主な原因（法務省，2020）

　魅力度を参加者に評定させた。その結果，ランダムに 2 人ずつ組み合わせた写真よりも実際のカップルのほうが，外見の魅力が似ていたことが明らかにされた。この結果から，現実の恋人同士はお互い，身体的につりあいがとれるような人と恋人になることが明らかにされた。

　さらに，カップルの長期の持続性を考えると，単にルックスの類似性ではなく，性格の類似性が重要となろう。そのことは夫婦の離婚原因にはっきりと示されている。性格や態度のマッチングは，短い交際期間では分かりにくい。結婚して一緒に暮らして，初めて分かることが多い。そこでミスマッチに気づき，耐えられないとなったときに離婚となる。内閣府の調査によれば，離婚理由は相手のＤＶや不倫，浮気も少なくないが，それよりも群を抜いて多いのが，図 9-2 に示されるように，性格の不一致である。長い結婚生活をうまくやっていけるのは，性格や態度のマッチングが大事であることが示されている。

（5）嫉妬の感情

　恋愛は激しい感情を伴い，また，独占的で排他的である。このため，ライバルに対する嫉妬心は男性も女性も強い。ただ，男女では，嫉妬の対象が異

TOPICS 9-6　恋愛を始めることへの不安が高い人
［交際経験のある人とない人の内閣府調査］

■考えてみよう

　日本では，少子化が大きな社会問題となってきている。そのために，若者の恋愛や結婚についても関心が高まっている。恋人がいない若者に，異性との交際不安について，内閣府が調査している。これまで，異性と交際した経験のある人，ない人に，異性との交際に感じる不安について，次の項目で質問している。

　　①気になる人がいても，どのように声をかけてよいか分からない。
　　②どうしたら親しい人と恋人になれるのか分からない。
　　③恋愛交際の進め方が分からない。

　　④恋人として交際するのがなんとなくこわくて，交際に踏み切れない。
　　⑤過去の失恋経験から，また振られるのではないかと思う。
　　⑥自分は魅力がないのではないかと思う。
　　⑦自分が恋愛感情を抱くことができるのか不安だ。
　　⑧そもそも出会いの場所がない。

　また，若者を社会的性格のコミュニケーション能力という点から，社交性の高低と自己効力感の高低に分け，異性との交際に対する不安要因を質問している。

■調査結果

　交際経験のある若者とない若者の異性交際の不安を示したのが，下の表である。交際経験のない人は，自分自身の魅力に自信がないため，相手にされないのではないかという不安を持つ人が半数近くいた。経験のない若者は，自分の魅力についての自信の欠如のうえに，対人力にも自信がなく，気になる人にどのように声をかけたらよいか分からない。また，どうしたら親しい人と恋人になれるか分からない，恋愛の進め方が分からないという人が多く見られた。

　この調査では，社交性と自己効力感の2項目も測定し，各特性を高低に分け，それぞれの交際不安について調べている。それ

によると，社交性の低い若者は自分の魅力に自信がなく，交際についても，どう声をかけていいか，恋愛の進め方などに不安が高い。一方，社交性の高い若者は，これらの不安を持つ人は少ない。

　自己効力感の低い若者は，男女とも自分に魅力がないと思い，どう声をかけたらいいか，恋愛の進め方が分からないとしている。

　では，恋人を欲しいと思ったとき，どのようにして恋人を得ようとしているであろうか。調査結果では，ドラマチックな出会いを期待するのではなく，自分の友人に紹介を依頼するという人が多かった。(内閣府, 2022)

表　交際への不安

質問項目	①	②	③	④	⑤	⑥	⑦	⑧	その他	無回答
交際経験あり	12.7	15.1	12.3	10.3	10.3	28.8	18.9	53.5	15.7	6.5
交際経験なし	31.4	23.6	31.8	14.5	4.4	42.6	23.0	58.4	8.4	11.5

なる。男女を対象に行った「ライバルへの嫉妬心を測るための調査」から，男性と女性とでは，嫉妬を感じる相手に違いがあることが分かった。男性がライバルの男性への嫉妬心を持つのは，相手の経済力，社会的地位や才能などである。ライバルが自分よりもハンサムであったとしても，さほど嫉妬しない。一方女性は，ライバルが美人であるとき嫉妬する。高学歴，高収入の女性に対しては，嫉妬を感じるというよりもむしろ好意を抱いたり，尊敬したりする。ところで，男性は自分のパートナーが他の男性と肉体関係を持つ浮気は絶対に許さない。それは，その男性の子どもを宿す可能性があるので，自分の遺伝子を受け継いでいない子どもを自分が養うことになりかねないという疑念が生じるからである。しかし，女性は，たとえパートナーが他の女性と性的関係をもったとしても，自分が産んだ子どもは確実に自分の子である。このため，男性の浮気を「遊びなら」と許すこともある。しかし，それが本気だと知ると動揺する。相手の心が離れてしまうと，自分と子どもの生活にかかわるからである。

（6）恋愛の推移

　マースタインは **SVR 理論**を提唱し，恋愛関係の推移を説明している。SVRとは，Stimulus（刺激），Value（価値），Role（役割）の各々の頭文字である。この S，V，R は，恋愛にとってはいずれも重要であるが，この理論では恋愛を初期，中期，後期の3つの期間に分け，各々の期間において重要視される要因が異なるとし，以下の3プロセス段階に分けている。

Keyword

■ SVR 理論の３プロセス段階■
第１段階：〈出会いステージ〉刺激重視
第２段階：〈恋人ステージ〉価値重視
第３段階：〈結婚ステージ〉役割重視

　第１段階は出会いステージで，２人が恋愛関係になるかどうかを決める段階である。この理論では，出会ったときの相手の外見を「刺激」と呼び，

TOPICS 9-7　魅力的な相手には相手が望んでいる姿を見せようとする

[ザンナとパックの相手の好みと自己呈示に関する実験]

■考えてみよう

　この実験の参加者は女子学生で，実験の3週間前に伝統的女性ステレオタイプの質問紙テストを受けている。

　さて，実験当日は，印象形成に関する実験と言われる。その実験は，男子学生と紙面上で情報を交換し，相手の印象を形成し，その後，その印象に間違いがないかを実際に会って確かめる，という実験スケジュールだと説明される。

　最初に，女子学生は，相手の男子学生が回答したというメモを実験者から渡される。その内容は，男子学生は21歳のプリンストン大学の学生で，身長が180 cm，ドライブとスポーツに興味があること，現在はガールフレンドがいなく，ガールフレンドが欲しいと思っている，などが書かれている。さらに，自分の理想の女性は伝統的女性タイプで，「情緒豊か」で「控え目」で「競争的ではない」などが挙げられている。

　女子学生がこのメモを読み終えたところで，実験者は，今度は女子学生のほうから，情報を相手に送りたいと言い，性格検査と，3週間前と同じの伝統的女性ステレオタイプテストに回答するように言われる。このとき，女子学生は男子学生に，自分がどのようなタイプであると回答をするか調べられた。

　また，別の実験条件としては，女性に伝えられる情報が，男性が18歳の新入生で，身長が168 cm，ガールフレンドはすでにいるので他の女性には関心がなく，また車は所有しておらず，スポーツもしていない，という内容であった。この条件で男子学生へ女子学生の自己呈示は，どのようになったであろうか。

■実験結果

　実験の結果，女子学生は，魅力的な青年でガールフレンドを求めている男子学生に対しては，その青年の理想に合うように自己呈示することが明らかにされた。相手の理想が伝統的女性タイプであるとの情報を得た女子学生は，その男性に伝える自己像を，その伝統的タイプに合わせていた。他方，好青年の理想が非伝統的女性タイプであるとの情報が伝えられた場合，女子学生は自分の性格を非伝統的女性であると伝えていた。また，相手がハイスペックな男性でない場合，伝達内容を相手の理想に合わせようとはしなかった。

　実験の結果，相手との関係を良くしようと

した場合に，相手が気に入りそうな自己呈示をすることが明らかにされた。

(Zanna & Pack, 1975)

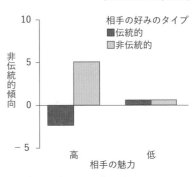

図　魅力と相手への自己呈示

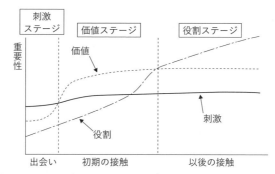

図 9-3　マースタインの SVR 理論（Murstein, 1972 を元に作成）

顔，スタイル，服装，表情，しぐさなどの外面的特徴が，関係成立と発展の決め手としている。互いが互いの外見を好み，想定している恋人の基準をクリアしていると，付き合いが始まる。

　第 2 段階は恋人ステージで，2 人が互いに恋人として親密な付き合いをし，関係を深める期間である。ここでは，2 人は一緒に行動し，多くの会話をする。2 人の価値観が語られるが，その一致が重要である。お互いに自己開示し，共通性を見出し，関係を深めていく。話が合わなければ関係は進まない。同じ趣味，同じスポーツの好み，社会的事象への意見の一致など，2 人の態度の類似性が重要となる。このステージでは，性格や行動の相性が重視されてくる。ここで関係が深まるかどうかは，一緒にいて心から楽しく過ごせるかどうかである。

　2 人が共同生活や結婚を考えたとき，第 3 段階の結婚ステージとなる。そこでは，類似性だけではなく，生活するうえでの 2 人の役割と相手への役割期待がチェックされる。共同生活では，相補的な役割関係がうまく働くかが重要になってくる。

（7）進化心理学から見た恋愛と男女の性差

　人の恋愛行動は性的本能と強く関連しており，子孫の増殖という生物の種保存と関係している。現代人の性的行動傾向は，人類が数百万年，ホモサピエンスとして 20 万年の間，性淘汰され残ってきたものである。この性淘汰

TOPICS 9-8	恋愛の心理的3要素
	[スタンバーグの愛の三角理論]

■考えてみよう

スタンバーグは，恋愛は①親密性，②熱情性，③コミットメントの3つの心理的要素から構成されているとしている。

そして，具体的な一つひとつの恋愛は，それぞれの要素の強度が異なることから，さまざまな形の恋愛が生まれるとし，表の8つのタイプの恋愛があるとしている。

恋愛には2人が，かなり親密な関係であることが必要である。①の親密性は，2人がどのくらい親しいかで示される。この感情的結びつきの強さに加え，恋愛は②の熱情性を必要とする。それは，2人がどれくらい夢中になっているかで示される。これら2つの要素に加え，恋愛は，2人が心理的にも，社会的にも，物理的にも，身体的にも離れられない関係という要素が必要である。これが③のコミットメントの要素である。

〈具体的な恋愛のタイプ〉

スタンバーグは具体的恋愛において，この3つの要素それぞれがどれくらいの強弱を持っているかにより，実際の恋人同士の関係は次の8つのタイプに分類されるとした。各自の恋愛についてどのタイプか考えてみよう。

この分類では，恋人同士がどのタイプの愛の型であるかは各要素の強弱によるが，2人の各要素の程度が互いに類似している関係は，安定しているとされる。また，同じ2人でも，恋愛初期と恋愛中期，恋愛後期，結婚してからの関係で要素の強さが異なってくるので，そのときはタイプも異なってくることになる。情熱的恋愛から結婚への進む場合，関係初期には熱情的要素が強く，しだいに親密性要素が高くなり，そのあととコミットメント的要素が強くなる。(Sternberg, 1986)

表　恋愛の8つのタイプ

①親密，コミットメント，熱情すべてが強	→	完璧愛タイプ
②親密は強，熱情とコミットメントは弱	→	好意タイプ
③熱情は強，親密とコミットメントは弱	→	夢中愛タイプ
④コミットメントは強，熱情と親密は弱	→	虚愛タイプ
⑤親密と熱情は強，コミットメントは弱	→	熱情タイプ
⑥親密とコミットメントは強，熱情は弱	→	友愛タイプ
⑦熱情とコミットメントは強，親密は弱	→	愚愛タイプ
⑧3つの構成要素がすべて弱	→	非愛タイプ

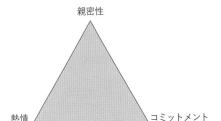

図1　スタンバーグの愛の三角理論

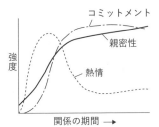

図2　スタンバーグの愛の3要素の重要性の推移

過程は，男女それぞれの性戦略に基づき別々に進化してきている。そこには，男と女の基本的な性戦略の違いが見られる。たとえば，男性が自分の子孫を多く残そうとすると，できるだけ多くの女性と性交渉することで達成できる。性交渉により，極めて短時間で，自分の子孫（遺伝子）を残すことができる。一方，女性の場合，多くの男性と性交渉したとしても，出産数は限られる。そして，子育てに長期間の保護が必要なため，確実に自分の子孫を残そうとしたら，優れた遺伝子を持ち，自分と子どもを十分に保護をしてくれそうな男性を厳選しなければならない。この性戦略の違いが，現代の男女のパートナー選びの特徴にもなっていて，男性は性的行為に積極的であり，女性は防衛的である（TOPICS 9-9）。

　この心理傾向は，異性の行動を性的と見るかどうかという違いにも見られる。男性は女性の行動を性的ととらえがちである。ある実験で「女子学生が大学教授（男性）の研究室を訪れ，レポートの提出期間を延長してほしいと頼む」という内容のビデオを男女大学生に見せて，当の女子学生の意図を推察させた。その結果，女性は女子学生を，教授に友好的に振る舞っていると見ていた。一方，多くの男性は女子学生のしぐさを，性的誘惑としてとらえていた。このような意図の推察の性差は，男女間のトラブルのもとになると考えられる。たとえば，女性が男性を一緒に食事をしたいと誘ったとしよう。女性は純粋に食事を楽しみたいと思って誘ったが，男性は食事の後を期待するといった誤解が生じるのである。

(8)　結婚関係

　青年期は，恋に夢中になり，周りが見えなくなる。恋愛に夢中のカップルは，社会に対して閉鎖的で，むしろ排他的である。しかし，カップルの関係が発展し結婚すると，2人は家族として，社会の構成メンバーとして，近隣社会の一員となる。結婚は親族や友人，職場からも歓迎される。家族は社会の構成員となり，落ち着くことになる。しかし現代社会では，そのカップルの形態も，結婚だけではなくいろいろな形が生まれてきて，図9-4のように，世界ではすでに多様な形が生まれるようになっている。もちろん，結婚願望は高い。将来は結婚したいと思っている若者は60％以上である。しか

TOPICS 9-9

異性から自宅に来ないかと誘われたら
[クラークとハットフィールドの異性からの誘いの実験]

■考えてみよう

　この実験は，大学のキャンパス内で行われた。キャンパスのベンチに，実験者側の魅力的な女子大学生が1人で座って，実験機会を待つ。そして，1人で歩いてきた男子学生を見つけたら近寄って，次のように話しかける。「ずっと，あなたのことが気になっていたの。魅力的ですよね」と。その声かけに続けて，次の3つの誘いのうちの1つを話し，男性の返答を待った。

　①「今晩，私と一緒に出かけない？」

　②「私のアパートに来ない？」

　③「一緒に寝ない？」

　さて，各々の誘いに対して，イエスと答えた男性は何％であったか，調べられた。

　この研究では同様の実験を，男女逆転した状況でも行っている。キャンパスを歩いてきた女子学生にハンサムな男子学生が話しかけ，3つの誘いのうちのどれか1つで話しかけた。それぞれの誘いに女性は何％イエスと答えたであろうか。

■実験結果

　①一緒に出かけないか，という一般的なデートの誘いに同意した人数は，男女とも約半数で，男女に差はなかった。男性も女性も，同じキャンパスの学生と見える魅力的な異性から誘われた場合，知らない人でもかなりの人がデートの誘いにのることが明らかにされた。

　しかし，次の②と③については，男女の答えははっきりと異なっていた。男性は女性からアパートに来ないかと誘われた場合，70％の人が行くと答えた。さらに③の誘いについても，70％の人がイエスと答え誘いに同意した。それとは対照的に，女性はアパートへの誘いにはほとんどがのらず，さらに，その日のうちのセックスの誘いに対してもほぼ全員が拒否した。

　この結果は，本文で言及した進化心理学的な理論が実証されたと考えられる。セックスに対する男性の積極性と女性の防衛性が明らかにされた。　(Clark & Hatfield, 1989)

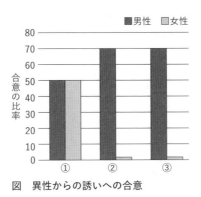

図　異性からの誘いへの合意

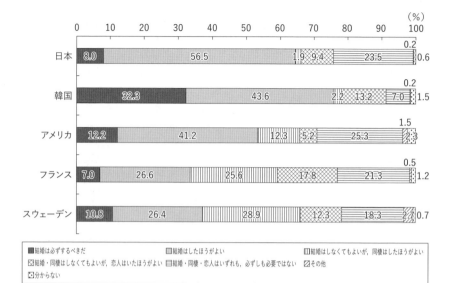

図 9-4　結婚に対する考え方の国際比較（内閣府，2010）

　し，日本での結婚数は 1980 年代から半減しており，また晩婚化も進んでいる。かつて 25 歳前後だった結婚年齢は，現在は男女とも 30 歳前後となっている。若者が晩婚化の理由として挙げるのは，他にやりたいことがあるなどが多い。また，結婚に対する社会からの圧力が少なくなってきている。最近では，周りの人も適当な人を世話しなくなり結婚が難しくなっている。若者たちの結婚していない理由としては，適当な相手に巡り合わないからが最も多く，男女共半数の人が理由としている。

　では，その適当な結婚相手としては，どのように相手の人を望んでいるのであろう。調査結果は前述の TOPICS 9-10 に示されているが，それによると，結婚相手には男女とも，自分が好きなタイプで性格（価値観）が似ており，一緒にいても気にならない気楽な人が良いということになる。家の中でも緊張があったかつての家父長制の日本の家族とは，違った形の夫婦生活や家族生活を望むようになってきていると言えよう。

TOPICS 9-10　日本の若者が結婚相手に望むこと
[内閣府結婚相手調査]

■考えてみよう

　現代の日本の若者は，どのような人を結婚相手として，望んでいるのであろうか。内閣府は，若者に結婚相手に望むことは何かを，複数回答で回答を得ている。その結果，どのような人を希望しているのであろうか。

　以下の①〜⑰の項目を具体的に挙げて質問している。

①価値観が近いこと	⑦学歴	⑬親が同意してくれること
②家事分担	⑧金銭感覚	⑭年齢
③家事や家計をまかせられること	⑨一緒にいて楽しいこと	⑮自分の仕事を理解してくれること
④恋愛感情	⑩一緒にいて気をつかわないこと	⑯自分の親と同居してくれること
⑤共通の趣味があること	⑪容姿が好みであること	⑰その他
⑥職種	⑫経済力があること	

■調査結果

　調査の結果，グラフに示されるように男女とも多かったのは，価値観が近いことであった。結婚相手には，価値観の類似性が重要視されている。

　また，特に女性に多かったのが，一緒にいて楽しいこと，一緒にいて気をつかわないことなど，気楽さであり，結婚に望む現在の傾向と言えよう。一方，家事分担については，女性は男性に多く望んでいるが，男性のほうはまかせたいとし，意識の違いが明示されている。また，女性は相手に経済力があること，さらに金銭感覚があることを望んでいる。そして，恋愛感情があることを半数近く望んでいる。さらに，かつては男性に多かったと思われるが，自分の仕事を理解してくれることは女性のほうが多く，40%近い女性が結婚相手に求めている。結婚してからも仕事をしたいと思っている女性が多いことから，相手が理解者であることが望まれていた。一方，男性は，相手の容姿が自分の好みであることが多く選択され，女性は親の同意が多かった。　（内閣府，2018）

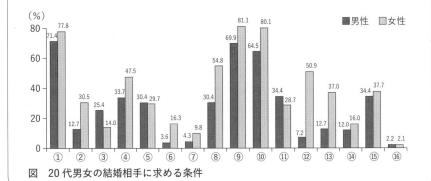

図　20代男女の結婚相手に求める条件

第10章
援助行動と ソーシャル・サポート

1. 援助行動

「困っている人がいたら頼まれなくても助けるべきだ」との問いに，日本の若者の 68.3%が「そう思う」と答えている（内閣府，2020）。この数字を見ると，日本人はかなり親切で，援助的のように思える。しかし，グローバルレベルで見ると，諸外国の多くが 80% を超えていて，日本人はあまり援助に積極的ではないことが分かる。また，実際の日本人の援助行動の低さや関心の低さは，TOPICS 10-1 に示すように，国際的に見て意識が低いことが明らかにされている。

援助行動を進化心理学的に見ると，人類は助け合い，協力し合って進化してきた。なかでもホモサピエンスは協調力が優れていたので，唯一の人類として現代にまでサバイバルしてきたとも言われている。現在，日常生活においても，人はお互い困っているときは助け合う。職場では，仕事でお互いが助け合う。人類は争いが絶えないが，実はその争いも親族や仲間を助けるための行動であることが多い。

社会心理学における援助行動の研究は，1960 年代半ば，ニューヨークで起きたある殺人事件を契機に始められた（図 10-1）。それは，人はなぜ助けを求めている人を助けないのか，という逆説的な形のものだった。

大都市ニューヨークの夜中に発生したこの殺人事件は，殺された女性が大声で助けを求め，アパートの多くの人が気づいたにもかかわらず，誰も助けようとしなかった。これをメディアは，都会人の冷たさとして批判した。これに対して社会心理学者のラタネらは，それは都会人の冷たさではなく，都会の人の多さによると反論した。人の多さが本来，人が持っている援助行動

TOPICS 10-1　日本人は困っている人を積極的に助けようとはしない

[CAF の共助行動の国際比較]

■考えてみよう

英国の NPO の Charities Aid Foundation (CAF) は, 見知らぬ人への援助行動の国際的比較を行っている。調査は 144 カ国で行われ, 最近 1 カ月の間に次のような援助行動を行ったか, という質問をした。

①困っている見知らぬ他者の手助けをしたことがあるか。

②慈善団体に寄付したか。

③ボランティア活動に時間を割いたか。

CAF はこの 3 つの質問への答えを合計して, 共助の指標として国際比較をしている。

日本人は他の国民と比較して援助的であっただろうか。

■調査結果

調査の結果, 3 項目のトータルの共助の指標化は, 日本は 144 カ国中 128 番目と低く, 先進国のなかでは最も低いことが明らかにされた。なかでも, ①困っている見知らぬ他者を手助けした人はわずか 23％で, 144 カ国中ほぼ最下位の 142 番目であった。いかに日本人が見知らぬ人を助けない

か, はっきりと示されたと言える。思っていたとしても, 行動しようとはしない。他の項目も他の諸国と比較して低いことは, 図 1 に示すとおりである。また, 図 2 に示す内閣府の調査でも, 日本人の若者のボランティア活動への関心が, 他の諸国と比べてかなり低いことが示されている。

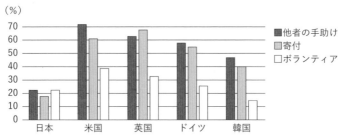

図 1　過去 1 カ月以内に慈善行為を行った者の割合 （CAF, 2018 より作図）

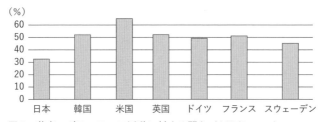

図 2　若者のボランティア活動に対する関心 （内閣府, 2018）

図 10-1　キティ・ジェノバーズ殺人事件の現場
（『ニューヨーク・タイムズ』；Baum et al., 1985）

を抑制してしまうとした。この殺人事件でも，多くの人が助けを求める声を
聞き，アパートの多くの部屋の灯りがついた。そこで，皆，多くの人が気づ
いたことを知り，そのため誰かが助けるだろうと思い，自らの援助を控えて
しまい，その結果，誰も助けなかったのだとした。

　ラタネらは，誰も援助しなかったことを責任分散の心理により説明した。
そして，そのことを TOPICS 10-2 のような実験で証明したのである。ダー
リーとラタネは，たくさんの人がいたのに，なぜ誰も助けなかったかという
と，それは，たくさんの人がいたからこそ，誰も助けなかったのだとし，こ
れを**傍観者効果**と呼んだ。

　実際場面での傍観者効果を見るため，心理学者がニューヨークの街中で日
中，車上荒らしの実験を行っている。その結果，車の横を通った通行人が約
3,500 人いたが，泥棒に声をかけた人は 1 ％にも満たない 9 人であった。現
実の都会では，いかに援助行動がなされないかが明らかにされた。

TOPICS 10-2

誰かが助けるはずと思うと・・・

［ダーリーとラタネの援助の責任分散の実験］

■考えてみよう

　この実験の参加学生は，大学生活について話し合う集団討議に参加する。ただし，実験はプライバシー保護のために各自個室で，インターホンを使って討議をする。話すときはボタンを押して，一方通行で他の討議メンバーに話す。この討議は6人グループで行われると言われる。

　実験が始まり，討議が始まる。ところが，しばらく討議していると，電話先の話している相手が急に声をつまらせ，心臓発作に似た反応を示し，助けを求めてきた。緊急事態である。助けを求められた参加者は，ど

う対応するであろうか。すぐに小部屋を出て，実験者に知らせたであろうか。

　実験は，別の条件として，討議が3人グループ，あるいは相手が1人の2人グループの討議だと言われている場合がある。状況は同じで，会話中に相手が発作に襲われ緊急事態となる。実験では，各討議グループの参加者が緊急事態を知ってから実験者に知らせるまでの時間が測定された。集団構成人員によって，対応時間に違いがあるのだろうか。

■実験結果

　実験の結果，緊急事態を報告できるのが自分1人だけの2人グループの場合，85%の学生が1分以内に報告し，6分以内にはほぼ全員が報告した。他方，6人グループの場合，メンバーの発作後1分以内に緊急事態を報告した人は，わずか31%であった。また，発作が始まってから実験終了までの6分間に事態を報告した人は，60%であった。この場合，残りの40%の人は緊急事態を報告せず，援助行動をしなかったことになる。また，3人グループの場合，1分

以内に62%が報告し，6分以内に80%が報告した。

　この結果から，参加者が緊急事態を知ったとき，この事態を知った人が自分以外にもいると思うと責任の分散が生じ，助けを呼ぶのが遅くなったり，助けを呼ばない人もいたことが明らかにされた。緊急事態を知ったと思われる人数が多くなればなるほど，責任の分散が生じ，個々人の援助行動は抑制されることが明らかにされた。

(Darley & Latané, 1968)

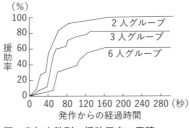

図　参加人数別の援助反応の累積

② 2. 緊急援助の５段階

　社会心理学では，なぜ緊急事態のときでも，人はすぐに援助行動を起こさないのかが研究されている。１つは，援助が必要だと思っても，周りに人がいると自分が援助をしなくてもよいという，前述の**責任分散**の心理によるものである。さらには，そこにいる人同士の**相互抑制**の心理が働く。緊急事態のとき，人はどうしていいか分からず周りの人を見る。周りの人も同じで，やはり周りの人を見る。そのとき，いずれの人も行動的には何もしていない。すると，内心は穏やかでなくても，互いに相手は平然としていると見てしまい，自分もそれに合わせて動かないでおこうとする。このような相互抑制効果が生じることを，ラタネとダーリーは TOPICS 10-3 のような実験で証明している。

　ダーリーとラタネは，援助行動の一連の実験的研究を通して，緊急事態における援助行動の心理分析を行い，以下の５段階の援助行動のモデルを示している。

Keyword

■援助行動の５段階モデル■
①事態の認知　　②自己判断の正確性　　③自己責任の確認
④援助方法の有無　　⑤援助行動の実行

　第１段階は，事態の認知である。人が倒れていたり，火が出ていたりすることを認知したとき，それを緊急の事件性があると認知するかどうかである。このとき，その人はただ酔って寝ているだけだろう，この煙は工場の煙だろうと考えると，緊急事態とは思わない。そのため，何の行動もとらない。

　第２段階は，判断に対する自信である。倒れている人が急病ではないかと思ったとしても，その判断に自信がなければ，119 番して救急車を呼ぶことはしないだろう。間違って恥ずかしい思いはしたくない，周りの人に迷惑をかけたくないという気持ちが強いと行動はしない。

TOPICS 10-3　他の人が慌てないのを見ると・・・
［ラタネとダーリーの援助の相互抑制効果の実験］

■考えてみよう

　この実験の参加者は大学生で，集団討議の実験に参加するという目的で実験室を訪れて，控え室で待っている。そこにはすでに，他の2人の参加者が座っていた。実験者が来て，集団討議をする前にアンケートに答えるようにと言い，3人はその部屋で回答し始める。ところが，しばらくすると部屋の換気口から突然，白い煙がもくもくと出てきた。「大変だ!」「火事だ」「事故だ」と思うような事態である。このとき，参加者はどう行動したであろうか。この緊急事態に何%くらいの人がすぐに部屋を出て，実験者に報告しただろうか。

　このとき，一緒にアンケートに答えていた2人の参加者は，煙が出ても一瞬顔を上げるが，煙には関心を示さず，白煙の中でも黙々とアンケートへの回答を再開した。別の条件では，控え室には参加者1人だけで，上記と同様に回答中に白煙が出てくる状況が設定されている。3人の場合と1人の場合，何%ぐらいの人が実験者に事態を知らせに部屋を出たであろうか。

　この実験では，3人の参加者のうち，先に座っていた2名は実験協力者で，白煙が出ても平然と回答し続けるように言われていた。残りの1人が本当の参加者で，サクラ2人が事態に動じない場合，援助行動が抑制されるかを見るための実験である。

■実験結果

　実験の結果，平然としていた2人と一緒だった学生のうち，緊急事態を実験者に報告に来た人はわずか10%で，大半が他者の行動を見て自分の行動を抑制することが明らかにされた。相互抑制効果による**傍観者効果**が見られたと言えよう。また，周りの人の冷静さを見て，これは緊急事態ではな

いと判断したとも思われる。

　一方，部屋で1人で回答していて白煙を見た場合は，参加者の75%が緊急事態だとして，部屋を出て実験者に通知した。

　この実験は，緊急事態の援助行動には傍観者効果や相互抑制効果の影響が大きいことを明らかにしている。(Darley & Latané, 1968)

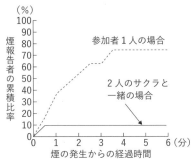

図　煙の発生を報告した人の累積比率

　第3段階は，自分に助ける責任があるかどうかである。倒れている人の周りにたくさん人がいたり，煙が出ているのを近所の人が大勢見ていたとしたら，通りすがりの自分が緊急連絡しなければならないとは思わない。誰かがやるだろうと，責任の分散が働くことになる。

　さて，緊急事態を見て，自分がなんとかしなければ，と思ったとする。しかし，どう助けたらいいのか，その方法が分からなければ行動は起こせない。携帯電話や非常用スイッチがなければ緊急連絡はできない。これが第4段階である。

　これらの段階をクリアして援助を決断することになる。これが，第5段階である。しかし，緊急事態はそうそう起こるものではない。誰にとっても，適切な援助行動を的確に認識し，判断して実行するのは難しいのである。

　ところで，緊急事態ではない状況での援助行動においても**傍観者効果**が見られることが，次のような実験で明らかにされている。

　その実験は集団実験で，参加者はまず実験待合室に案内される。そこには，イスが3つあり，すでに待っている人が2人いて，2人ともイスに座っている。残りの空いているイスが1つあるので，参加者がそこに座る。しばらくすると，新しい参加者が松葉杖をついて，苦しそうにしながら入ってくる。しかし，先着の2人は席を譲る様子がない。そのことに気づいたとき，当の参加者はどうするか，何％の人が自分のイスを譲ろうとして立ち上がるか，調べられた。実験の結果，17％の人が席を譲り，83％の人は立たなかった。ここにも傍観者効果が働いていると考えられる。

3. 援助行動の心理的基盤

　援助行動の研究は前述のように，人はなぜ人助けをためらうのか，という援助行動抑制の心理から始まったが，最近は，人はどのようなときに援助行動をするのか，という援助行動本来の研究が盛んにされている。援助行動の心理については，主に次の7つの心理学的説明がある。

TOPICS 10-4

緊急時，一斉に出口に向かう
［ミンツの隘路事態からの集団脱出実験］

■考えてみよう

この実験は，緊急事態で多勢の人が避難のため一斉に1つの出口から脱出しようとしたときのシミュレーションで，競争か協力かの事態での実験である。

実験器具は，右図のようにビンの中に糸に結びつけられた円錐体が，そのときの人数に合わせて3〜4個入っている。参加者3，4人は，各々1つの円錐体につながっている糸を持ち，それを引くことにより，ビンの中から引き出すことができる。

課題は，実験者の合図により，その円錐体をできるだけ早くビンの中から取り出すことである。ただ，図のようにビンの口は狭く，円錐体は一度に1個しか通過できない。このため，複数の人が同時に取り出そうとすると出口で詰まってしまい，誰も引き出せなくなる。

そして，緊急事態を作るために，ビンの下から水が少しずつ上がるようにして，円錐体が水に濡れた場合，脱出失敗となる。競争条件としては，早く取り出した人には報酬が与えられると伝え，2分以内に取り出せなかった場合には，逆に罰が科せられると伝

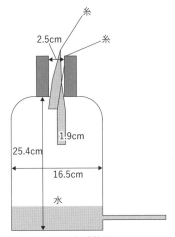

図　ミンツの実験装置

えた。

協力条件としては，参加者にこのような事態において，1つの集団として協調して行動できるか，協力能力を測定する実験であると伝えた。2つの緊急事態ではどのような状況が生じたであろうか。

■実験結果

この実験は，ミンツの**パニック時の群集行動**の，有名な古典的実験研究である。実験の結果，個人報酬の競争条件では，16集団中75％の12集団において，各人の円錐体が出口に一気に集中し，パニックになってしまった。一方，協力条件では，25集団のうちほとんどの集団がパニックにならず，どの集団も全員が1分以内で円錐体を取り出した。

この結果からミンツは，パニックは競争的報酬構造によるものであり，緊急事態では，人は急いで自分の生命や財産を確保しようとするため，それがパニックを生じて集団全体としては不適切な結果になってしまうとしている。緊急時においてこそ，冷静になって協力的行動をすることの必要性を示唆している実験である。

(Mintz, 1951)

> **Keyword**
>
> **■援助行動の7つの心理■**
>
> ①進化論的本能的援助　　②共感的利他的援助
>
> ③フィーリンググッド援助　④不快感解消的援助
>
> ⑤報酬獲得的援助　　　　⑥社会的評価獲得的援助
>
> ⑦学習・教育による援助

（1）進化心理学の立場

　人は困っている人を目の前にすると，憐みや同情，そして共感が生まれ，その感情から，人を助けようとする援助欲求が生まれる。特に，血縁関係にある人が困っている場合，援助や養護の欲求を強く感じる。人類は厳しいサバイバルのなかで，血縁関係の小集団が助け合いながら生きてきた。そのため，親族への援助は本能的である。進化論の基本のひとつは個体保存の競争原理で説明されるので，援助傾向が強いと生存には不利とも言える。しかし，視点を変え，人類，特にホモサピエンスは，社会的動物として個ではなく集団としてサバイバルしてきたと考えると，親族を助ける傾向の強いほうが，種の保存に大きく貢献したと考えられている。

　この血縁重視の考えは，血縁関係を持つ自分の子どもや孫を優先的に助けようとすることが，実験により実証的にも裏付けられている。カニンガムらは，緊急時における援助についての究極の選択問題を出し，その回答からこの傾向を確認している。火事など生命にかかわる緊急事態のなかで，知らない人か親族かどちらか1人しか助けられない場合は誰を選ぶか，あるいは同じ場面で自分の親か自分の子どものどちらを選ぶかを選択させた。その結果，より血縁が濃い人のほうを選び，また，より自分の遺伝子を残せる子どものほうを，より多く選択したのである（図10-2）。また，実際のビル火事の後，被災者にインタビューしたところ，炎の中では，友人よりもまず親族を探したと答えた人が多かったという。最近の進化心理学では，人が二本足歩行をするようになったのは，そのほうが両手に多くの物を持って運べるの

TOPICS 10-5　助けた人に好意を持つ
[ジェッカーとランディの援助と好意の実験]

■考えてみよう

　参加の学生は，この実験は学習における報酬の効果を調べる研究と言われる。実験課題はカード当てゲームである。試行回数は 24 回で，正答に対して 1 回ごとに，条件により5セントあるいは 25 セントの報酬が支払われる。その結果，参加者が最終的に受ける報酬は 60 セントあるいは3ドルとなった。この実験の担当者は，実験を通して不愛想で，参加者にとっては感じの悪い実験者という印象である。

　さて，実験が終わり，報酬の現金を手にして部屋を出ようとする学生を，その実験者が呼び止める。実験者は，「実はこの実験は自分の金を使って実験をしている。今回，資金が不足してきたので，できたら，そのお金を返してほしい」と，報酬の返却を依頼する。

　実験者の要請に対して，何%くらいの学生が応えるであろうか。また，返却額が 60 セントの学生と3ドルの学生では違いがあったであろうか。最後に学生が，当の実験者に好意を持つかどうかが調べられた。

■実験結果

　この実験は，人は援助すると，援助した相手に好意を持つようになることを実証した実験である。実験の結果，大半の学生が実験者の要請を受け入れ，実験者を助けたが，助けた学生はそのような要請がなかった学生より，実験者に対してより好意的であることが明らかにされた。別の条件として，実験者ではなく，学部が資金不足であるとして，学部事務室で返却を依頼する場合もある。その場合は，実験者への好意はそれほど高くはなかった。

　また，返却額大小で比較すると，実験者に対して返却額が多いほうが，実験者への好意は大きくなっていた。

　この現象については実験者らは，フェスティンガーの**認知的不協和理論**（第 1 章参照）により説明されるとしている。援助行動は，好意を持っている人に行うことにより協和する。この場合，援助したので，実験者に好意を持っていると考えることで，行動と感情の不協和状態を解消したと考えられる。　　　　　　　(Jecker & Landy, 1969)

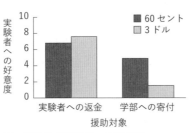

図　援助後の実験者への好意度

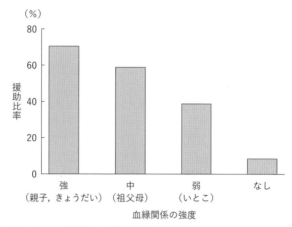

図 10-2　血縁関係と援助行動（Cunningham et al., 1995）

で人に食べ物を援助しやすく，また，そのような人が歓迎されたので，その
方向に進化したという。

（2）共感的利他性説

　人が他の人を援助しようとするときの心理的力となる感情は，困っている
人への共感や同情である。親族や親友の苦境に対しては，自分との一体感が
強く，共感感情が強く働く。たとえば，アロンは実験で，大学生の参加者に
一定額のお金を渡し，そのお金を自分自身，親友，嫌いな人，知らない人に
分けるとしたらどのように配分するかを尋ねた。実験の結果，自分が多く取
る利己的行動が多く見られたかというと，そうではなく，親友と同じくらい
に分け合った人が多かった。自分と親友の配分額の差は小さく，親友には自
分以上のお金を配分する人もいた。しかし，一方で知らない人や嫌いな人に
は配分しなかった。そして，困っている人がいても共感できない人だと助け
る気持ちは生まれないことが，TOPICS 10-6 の実験で証明されている。バ
トソンの**援助の共感説**は，図 10-3 のように説明される。

TOPICS 10-6

共感した人を助けようとする
［バトソンの援助の共感説実験］

■考えてみよう

この実験の参加者は，2人の女子学生である。1人が実験室に着くと，実験者から，「もう1人の参加者を待つ間，先に説明メモを読むように」と言われる。メモには，この実験は不快な条件下における課題達成能力を調べる実験で，参加者の1人が電気ショックを受けながら課題を行い，もう1人はその様子の観察者となる，と書かれている。

読み終わると，実験者から，どちらの役割かくじで決めるので，先にくじを引くように言われる。くじを引くと，その先着女子学生は観察者に当たった。このため，後から来た学生が課題をすることになる。

そのとき，実験者から後着学生の特徴が説明される。さらに，観察側の学生には，電気ショックは10回行われるが，最初の2回を観察すれば退席してもよいと伝えられ，先着学生は観察室に移動する。その後，後着学生が来て実験が始まり，後着学生は電気ショックを受けることになる。

実験が始まると，後着学生は落ち着かない様子になり，実験者に「実は幼いころに落馬した際に通電柵に触れた経験があり，いま受けている電気ショックは非常に苦痛です。でも，このまま実験を続けます」と言う。実験者はここでためらい，観察室に来て，先着の学生に，「残りの回数を交替してくれないか」と頼む。このとき先着学生は，その代役を引き受けるであろうか。

この実験では，くじを引くときに後着学生は，価値観や興味が先着学生に非常に似ていることを話す場合と，似ていないと話す場合がある。それぞれの実験条件で，学生は後着学生との交替にどの程度応じたであろうか。

■実験結果

実験の結果は，後着学生が価値観も趣味もまったく違うと伝えられ，まったく共感を感じさせなかった場合，後着学生との交替を引き受けた学生は18％であった。他の82％の学生は2回観察すると退席してしまった。

一方，後着学生が自分と特徴が似ており，相手に共感を感じた場合，90％の学生が交替を引き受けたのである。

この実験で，人は困っている人を見たら誰でも援助をするのではなく，共感を感じた場合においてのみ，自分を犠牲にしても相手を助けようとすることが明らかにされた。

(Batson et al., 1981)

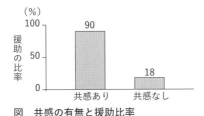

図　共感の有無と援助比率

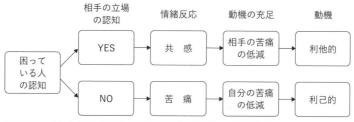

図 10-3　援助の共感利他性説と不快感解消の利己性説

（3）フィーリング・グッド効果

　人は気分が良いときはすべてにポジティブになり，援助行動を促すことになる。

　カニンガムらは嬉しさによる援助行動について，次のような実験を行っている。たまたまショッピングセンターの公衆電話を使用した人が，電話器の硬貨返却口に，10 セント硬貨（電話に使用できる硬貨）が置かれているのを見る。これで電話代がタダになると思うと，少し嬉しくなる。この喜びの感情が，援助行動を生むかを調べた。

　実験では，電話が済み，外に出たとき，通行人が大量の書類を抱えて近くを通りかかり，つまずいて書類の束を道路にばらまいてしまう。それを見たとき，対象者が書類を拾うのを助けるかが調べられた。実験の結果，嬉しい感情を持った人は，より多くの援助行動を行った。ちょっとした嬉しさでも心が寛大になり，援助行動が促進された。

（4）不快感解消説

　困っている人に共感し，助けようとする援助行動は，明らかに利他的行動である。しかし，心理学者のなかには，人の行動はあくまで利己的であると主張する研究者がいる。表面的には利他的に見える援助行動も，実は裏の利己的な心理によって動いていると推察するのである。その１つが，援助行動の不快感解消説である。この説は，図 10-3 の下図に示すように，人は困っている人を見ると自分も不快感を持つ。そこで，その自分の不快感を取り除こうとして援助行動をすると考えている。自分の不快感を解消するためとな

TOPICS 10-7 罪悪感をカバーするため，援助行動をする

[カニンガムらの罪悪感と援助行動のフィールド実験]

■考えてみよう

　この実験は，街の大きなショッピングセンターの前をたまたま歩いている人が対象者である。実験者はカメラを持ち，1 人で歩いて来た人に，「すみません，シャッターを押してください」と頼む。対象者が引き受け，シャッターを押そうとすると，シャッターが下りない。そこで実験者は，あたかもその人がカメラを壊したかのようなことを言って，不快そうにその場を立ち去る。その直後，その対象者の目の前で，たくさんの書類ファイルを抱えて歩いていた人が，つまずいて書類を道路に落とし，書類が散らばってしまい，困っている様子を目の前にする。このとき，何％くらいの人がファイルを拾うのを助けたであろうか。

　この実験の別の条件では，実験者が同じように撮影を依頼したとき，シャッターは動かないが，そのとき実験者は「このカメラはよく故障するんです」と言って立ち去る。そして同様に，別の通行人がファイルを落とし，そのときの援助行動を調べた。この場合，何％くらいの人がファイルを拾うのを助けたであろうか。

■実験結果

　実験の結果，自分がカメラを壊したかもしれないと罪悪感を感じた人は，別の条件の普通の心理状態の人よりも，より多くの援助行動を行うことが明らかにされた。両者ともシャッターが動かなかったが，自分がカメラを壊したかもしれないという罪悪感を持った人は，80％が書類を拾うのを手伝った。一方，罪悪感を感じなかった人はそれよりもかなり低い40％の人が手伝った。

　この結果，前者の多くの人は罪悪感をを補うために，罪滅しをしようとして援助行動を行ったと言える。そう考えると，この援助行動は利他的行動ではあるが，罪悪感を補償するという利己的行動の面も持っていると言える。

(Cunnigham et al., 1995)

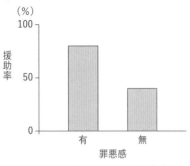

図　罪悪感の有無による援助率（％）

ると，利己的な心理から援助行動がされるということになる。

（5）報酬獲得的援助

　報酬獲得的援助とは，人を助けることにより，自分が報酬を得られることが分かっている場合の援助である。この場合，その場ですぐに報酬を得られる場合はもちろんであるが，それだけでなく，「情けは人の為ならず」ということわざがあるように，援助するということが回り回って自分もいつか援助されるという，長期的な報酬獲得を考えての援助行動もある。

（6）社会的評価獲得的援助

　社会的評価獲得的援助とは，援助行動をすることにより，周りの人から立派な人と見られて高い評価を得られると考えての援助行動である。人は周りの人から利己的ではなく利他的人間として，徳の高い人あるいは善人，親切の人と見られたいという願望がある。それにより社会的評価を得て，好かれたり，高地位を獲得できたり，人間関係をうまく進められたりすると考える。このため，自分が利他的であることを見せるために，援助行動を行う。

（7）援助行動学習説

　この説は，援助行動は親のしつけや学校での教育，子どもの発達過程により，社会的に学習されるという考えである。人を助ける気持ちは，親や教師が小さいときから教え，また，援助行動をほめることで子どもが学習していくという説である。

　人は発達過程での教育，しつけ，学習により，援助心理を獲得することになる。このため，援助行動の規範は，文化により大きく異なる。子どものころからの賞罰のされ方，周りの人の援助行動の観察により，誰を，どんなときに援助するかの規範が，学習されるからである。

4．援助要請の心理と行動

　ここまでの援助行動は，援助する側の心理について見てきた。次に，助け

を求め，援助を要請する側の心理について見ていく。

（1）援助要請の心理

　援助要請とは，窮地に陥った人が自分一人ではどうにもできず，誰かに援助を依頼することである。しかし，困っているときに助けを求める心理は，単純ではない。それは，援助を要請しようとする行動は，自ら自尊心を脅すことになるからである。相手からさげすまれ，軽蔑される怖れがあるからである。また，断られるかもしれないという心配もある。そのため，援助要請はしたいと思っても，抑制的になる。屈辱感を味わうような状況では，困っていても武士は食わねど高楊枝と，周りに援助を求めないことになる。これが**援助要請の自尊心脅威説**である。

（2）援助要請と性差

　人は脅威を目の前にしたとき，闘うか逃げるかの準備する。このとき，この大きな**ストレスへの心理的生理的反応**が生じる。緊急事態に直面すると交感神経系が支配し，アドレナリンなどの闘うホルモンが分泌される。しかし，女性心理学者テイラーらは，この反応は男性の典型的反応であり，女性は緊急事態に対して異なった反応をするとした。では女性は，どのような反応をするのであろうか。

　テイラーの説明は，進化心理学に基づくものである。人類進化の過程で，男性は数百万年の間，狩猟を中心として生活してきており，サバンナでライオンやトラなどの猛獣と闘ったり，また，敵の部族と闘ったりなど，闘いの連続であった。このため，目の前の脅威に対して，闘うか逃げるかというストレス反応を進化させてきたと言える。他方，女性は日常的には採集生活が中心で，闘争的ではなく，脅威に直面したときも，自分の子どもも含め保護を求めることが優先される。それがたとえ敵であっても，自分と子孫のサバイバルのために，助けを求めたと考えられる。このため女性は，援助要請に抵抗が少なく，男性との異なった対応能力を進化させてきた。

　その特性は現代においても生きており，それが女性のほうが人間関係を良好にすることに役立っているのではないかとされている。実際，ストレスに

対する生理心理学的研究においては，これまでのストレス反応の研究では対象は男性が多く，ストレスにあうと，男性ホルモンであるアンドロゲンが分泌されるとされているが，女性のストレス反応時には，それは分泌されていないことが明らかにされてきている。このような進化心理学的，生理心理学的研究は新しい研究分野といえ，さらなる成果が待たれる。

(3) 援助要請の社会的インパクト理論

　ラタネらは，援助要請においてはインパクト（衝撃）の大きい相手より，インパクトの小さい相手のほうに援助を要請しやすいとして，**社会的インパクト理論**を提唱している。

　社会的インパクトとは，自分が周りの人から受ける衝撃や圧力の強さのことである。インパクト理論では，人はできるだけインパクトを避けるように，あるいは弱めるように行動する傾向があるとしている。この理論では，人間関係の中で受けるインパクトの強さは，次の3つの要因によって決まるとしている。

> **Keyword**
>
> ■**人間関係におけるインパクトの要因**■
> ①相手の勢力の強さ　　②相手との距離の近さ　　③相手の人数の多さ

　①の相手の勢力とは，相手の社会的勢力の強さである。高い地位や強力な権力の持ち主，先輩，また威厳のある人などで，頼もうとしてもその圧力に躊躇して抑制的になる。逆に勢力が弱く，インパクトの少ない部下や後輩には，気軽になんでも頼むことができて，援助要請がしやすいのである。②は相手との距離である。相手との距離が近いほど，インパクトは大きくなる。部長に直接会って依頼するのは気おくれしてしまう。メールなら書きやすい。物理的，心理的距離があるからである。③は相手の人数である。人数が多いと，インパクトは人数分，大きくなる。このため，大勢の人を前に援助を要請することはやりにくい。

　この理論によれば，援助要請は援助者の勢力（地位，権力など）が大きく，

TOPICS 10-8　上の人には助けを求めづらい
［ウィリアムスらの社会的インパクトの実験］

■考えてみよう

　この実験は，ラタネの社会的インパクト理論の実証実験で，コンピュータが故障したとき，誰に援助を求めようとするかを調べている。参加者は大学生で，コンピュータで課題を解く実験に参加する。ところが，実験の途中でコンピュータがフリーズしてしまい，動かない。学生は実験前に，困ったときはコンピュータの横にある電話で，実験者に助けを求めることができると言われている。実験では，実際に故障したとき，学生が実験者に電話をかけ援助を求めるのにどのくらい時間がかかったか，その時間が測られた。

　実験条件は，援助を求める相手である実験者の地位や外見に違いがあった。ある条件では，実験者はきちんとした身なりをして

いて，関係者から，実験者は研究者で高い地位の人として紹介されていた。別の条件では，身なりがラフで，実験のアシスタントで，低い地位の人として紹介されていた。また，援助を求める実験者との距離は，実験者が参加者から見える隣の部屋にいる場合と，実験者は参加者から見えない部屋にいる場合とがあった。さらに，援助可能者数は，援助できる人の数が多い条件では実験者が3人いると伝え，少ない条件では実験者は1人であると伝えた。

　このような実験状況の下で，援助を求めるまでの時間が測られ，どのような条件のとき参加者はすぐに援助を求め，また，どのような条件のとき援助を求めることを躊躇したであろうか，調べられた。

■実験結果

　実験の結果，援助を求めるまでの時間は，実験者が地位の低いアシスタントの場合，時間が短くすぐに連絡があった。一方，相手が地位が高い研究者の場合，電話するのに躊躇があった。また，援助者が見えない条件のほうが，電話をかけるまでの時間はより短かった。さらに，援助者の数は，援助できる人が3人いる場合より，援助でき

る人が1人しかいない場合のほうが時間が短かった。この結果はいずれも，ラタネの社会的インパクト理論を実証した結果となっている。**社会的インパクト理論**では，インパクトが大きくなるのは，相手の勢力が高いとき，相手との距離が近いとき，相手が多いときで，この場合，援助要請が抑制されるとしている。　　　　　(Williams & Williams, 1983)

影響源の大きさ

影響源からの距離

図　ラタネの社会的インパクト理論

近くにいるほど，また相手の人数が多いほど援助が求めにくく，逆に勢力が弱く，遠くにいて，少人数の場合，要請しやすいということになる。しかし，それでは有効な援助が得られにくい。助けてもらえる相手は，力が強く，近くにいて，大勢のほうが良いのである。援助要請のしやすさと援助の実現とは，皮肉にも逆の関係になっている。このインパクト理論の実証のために，ウイリアムスとウイリアムスは TOPICS 10-8 のような実験を行っている。

5. ソーシャル・サポート

　ソーシャル・サポートとは，困ったことがあったとき話を聞いてくれる友人，上司から叱られたとき慰めてくれる同僚，引っ越しの手伝いをしてくれる仲間，お金に困ったとき助けてくれる人など，緊急のときの援助をしてくれる人である。困ったことや悩みなどのサポートをしてくれる人のことで，身近で信頼できる親しい人を指す。社会心理学では，そのような提供者が身近にいるかどうかが，日常生活全般を安心して快く過ごせるかどうかに大きく関わってくるとして，ソーシャル・サポートを重要視している。

　このソーシャル・サポートは**健康心理学**でも，中心的に研究されている。それは，ソーシャル・サポートに恵まれていることが，単に心理的に快く生活できるということだけではなく，身体的健康にも大きく寄与していることが明らかにされているからである。

(1) ソーシャル・サポートの効果

　ソーシャル・サポートの受け手は提供者からのサポートにより，心理的，物理的，身体的な困難から救われることになる。コーエンらはこのことを図10-4 のような緩衝モデルでストレスとの関係を説明している。ストレスが少ないときは心理的にも身体的にも問題は少ないが，ストレスが大きくなったとき，ソーシャル・サポートが少ないと状況は悪化する。ソーシャル・サポートが多いとそれが緩和されるというのである。

　ソーシャル・サポートは次のような効果がある。

TOPICS 10-9　協力と競争のマトリックス
［レイブンの目標と手段の相互依存関係］

■考えてみよう

　協力と競争という観点から社会的状況を見ていくと、対人的状況にはいろんな局面があることが分かる。柔道や卓球など相手と一対一のスポーツの試合では、勝つか負けるかで競争的状況である。この状況は、一方が勝ったら必ず他方は負ける。両者を合わせるとプラスマイナスゼロになるということから、この状況は**ゼロ和関係**と呼ばれている。これに対して、同じスポーツでも、マスゲームなどは全員が協力して1つのゲームを作りあげていくので協調的状況である。これは、**非ゼロ和関係**と呼ばれる。

　勝負を競うスポーツの世界ではゼロ和タイプが多いが、現実の社会生活の対人関係では、ゼロ和関係と非ゼロ和関係が混在している。二人が協力して両勝ちする状況もあれば、競って両方が損することもある。

　レイブンは、協調し易い状況や競争が生じやすい状況を分析し、関係を下図のようにマトリックスにしている。その分析では、相対する2人の作業を、目的と手段という2点から、当面する状況が2人にとって相互依存的であるか独立的であるかに分類している。それが図の3×3マトリックスである。図の各セルの中には、分かりやすいように学生のゼミの成績評価に関する教授の方針と、学生間の競争・協力の依存独立の関係を例示しているので各々の関係を考えてみよう。

■解説

　成績がゼミ学生個人の成績順につけられるとしたら、成績評価は相互に対立することになり、ゼロ和タイプの競争状況となる。各人の目標はマイナスの相互依存関係になる。一方、成績はゼミ全体の成果で決め、全員同一の成績がつけられるとなると、成績評価はプラスの相互依存関係となり、協力状況となる。また成績は、学生間の比較ではなく、各学生の成果の絶対価とすると、成績評価は相互に独立的関係となる。

　次に手段として、たとえばコンピュータが学生の人数分ないとしたら、手段において学生間は対立関係となり、競争的状況となる。学生人数分のコンピュータがある場合は、独立的関係と言える。また、分担を決め、ネットでつないで情報交換したらプラス

の依存的関係となり、協力的状況となる。

(Raven & Rubin, 1983)

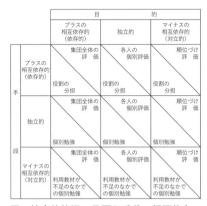

図　社会的状況の目標と手段の相互依存
　　関係（学生のゼミの成績評価の例）

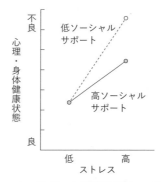

図 10-4　ソーシャル・サポート緩衝モデル　(Cohen & Wills, 1985)

Keyword

■ソーシャル・サポートの効果■

①道具的サポート効果　　②情報的サポート効果　　③情緒的サポート効果

a. 道具的サポート

　これは，ケガや病気をしたとき，車を用意して病院まで送ってくれるようなサポートである。困っているとき，それを気軽に頼め，気軽にやってくれる人がいると助かる。具体的行動で助けてくれる人が，道具的サポート提供者である。また，カラオケに行きたいときや旅行に行きたいとき気軽に声をかけられ，付き合ってくれる人がいると，自分の欲求が簡単に満たすことができる。この場合も道具的サポートである。

b. 情報的サポート

　これは，困っているときや悩んでいるときに相談にのってくれて，必要な情報を教えてくれたり，的確なアドバイスをしてくれたりする人である。

c. 情緒的サポート

　これは，悩んだり，困ったりしているとき，ずっと一緒にいてくれて安心でき，心の助けになる人である。

相手を信頼するか，先に裏切り，得するか
［ドイッチの囚人のジレンマの実験］

■考えてみよう

協力と競争の人間関係の研究で最もよく知られているのが，囚人のジレンマの状況である。**囚人のジレンマ**とは次のような状況である。

共犯と見られるが，物証のない2人が別件で逮捕された。警察は自白させるために2人を別々の部屋で尋問し，次のように司法取引をもちかけた。「もし先に自白すれば，本来なら3年の刑を3カ月にしてやる。ただし，相棒にも同じ話をしている。お前が黙秘し続け，相棒が先に自白したとなると，相棒は3カ月だがお前は5年の刑になる」と自白を迫る。もし，2人が黙っていれば自白がとれず，物証がないため，別件の容疑で刑は6カ月となる。このような状況に置かれた2人は，黙秘を続けるであろうか，それとも自白するであろうか。

これを協力と競争の人間関係的に見ると，黙秘が協力，自白が競争という選択である。心理的に見ると，相手を信頼して黙秘するか，相手を信用せず先に裏切るかの選択となる。2人とも互いを信頼して黙秘すれば刑は軽い。しかし，その信頼を相手から裏切られると，相手の刑は軽く，自分は重い

刑となる。自分が裏切ると自分だけ刑が軽くなる。つまり，競争に勝つことになる。しかし，2人がそう考えて2人とも自白すると，2人とも得はせず相応の刑に服することになる。これが囚人のジレンマと言われる状況である。

ドイッチは，この状況を下図のように得点ゲーム化し，実験ゲームで競争と協力の行動を検討している。図に示すように，2人ともAを選んだ場合，2人とも2点ずつもらえる。逆に2人ともBを選んだ場合，2人ともマイナス2点ずつとなる。自分がA，相手がBの場合，自分は5点を失い，相手は5点を獲得する。逆も同じである。参加者はどのような選択をするであろうであろうか。

		相手の選択	
		A	B
自分の選択	A	2 / 2	5 / −5
	B	−5 / 5	−2 / −2

図　囚人のジレンマ・ゲームの得点表例

■実験結果

実験の結果，参加者が最初，Aの協力解を選ぶと，相手がBを選ぶと自分が5点失い，相手が5点得することになる。このため，最初のAを選んだ人も次第にBを選ぶ。5点獲得した相手は，Bのまま選択肢を変えないのでAのままだと，5点の損が続くことになるからである。しかし，それでは2人ともBとなりお互い2点ずつ失うことになる。この状態を共貧関係という。いったん共貧関係に陥ると，なかなか抜け出せない。2人と

もAを出し，2点ずつ獲得するようにな状態を共栄関係という。相互のコミュニケーションがないと，この共栄関係が成立するまで，かなりの試行錯誤を必要とする。しかし，実験条件として2人がコミュニケーションできるようにすると，短期間で互いにAを選択し，共栄関係を成立させる。この実験によりジレンマ状況におけるコミュニケーションの重要性が明らかにされた。　　　　　（Deutsch, 1973）

　ソーシャル・サポートの提供者は，具体的には友人，恋人，家族，親族，会社の上司部下，同僚，サークルの仲間などであるが，カップルや夫婦にとっては，互いに相手が中心的なサポート提供者となることが多い。

　ソーシャル・サポートの研究は，人生をより良く生きていくうえでの人間関係の重要性，特に情緒的に支えてくれる親しい人の重要性を明らかにしている。ストレスの多い現代のような競争社会において，ストレスの緩衝材として，親しい人との日常的な関係が極めて重要である。そのことを明らかにしている，次のようなソーシャル・サポートと疾病の調査研究がある。

　バークマンとサイムは，米国カリフォルニア州の住民を対象に，ソーシャル・サポートと健康の関係を調べている。調査は，30 ～ 69 歳の男女約 5 千人ついて，約 9 年の長期にわたって，各人の人間関係の経緯と健康状態，また，死亡との関係を追跡調査した。その結果，ソーシャル・サポートに恵まれている人のほうが，家族や友人との接触が多く，楽しい日常生活を送っていた。また，血圧や免疫力など生理的にも良好であったが，それだけでなく，長寿であることが明らかになった。

6. 協力と闘争の進化論的心理

　人は優越欲求を強く持っているので，競争には勝ちたい，友達より上でいたい，ライバルには負けたくないなど，対人関係では優位に立ちたいと思っている。生存場面で弱肉強食をイメージすると，進化論的には協調的な人よりも，力の強く闘争心の強いほうが生き抜くとされてきた。

　しかし，最近の進化心理学では，人類のサバイバルにおいてはむしろ，協力的傾向のほうが生き残ってきたとされてきている。特に我々の直接の祖先ホモサピエンスは，人類の中でも集団で協力してサバイバルしてきたと言われている。個人として生き残るのが難しい窮地でも，集団で協力し合えば克服できることも多く，それによりホモサピエンスという種が生き残ってきた。人はお互い助け合い，自己利益も他者利益も高めるような協力的行動を，強く進化させてきたと言える。

　しかし，人が互いに協力し合うのは簡単ではない。競争的な場面では強い

人が勝つが，協力的な場面では協調的な人が勝つとは限らない。むしろ，協力関係を秘かに裏切る人が，その場では大きな利益を得て，協力しているほうは大損することも少なくない。人には利己的で競争的で，裏切り傾向が強い人もいる。マクリントックは他の人と関係するときに何に価値を置くかによって，人を次のような 3 種類のタイプに分けている。

a．協力的志向者
　自分と相手の両方の利益が最大になることに価値を置いて，対人的行動をする人。

b．競争的志向者
　相手に勝つことに価値を置いて，対人的行動する人。

c．個人志向者
　周りの人との勝ち負けや優劣にはあまり関心がなく，とにかく自分の利益を最大限にすることに価値を置いて，対人的行動をする人。

　人は協調すれば 2 人とも利益が得られることが分かっているのに，なぜ競争的に対応して 2 人とも損失してしまうのであろうか。ショプラーは社会に蔓延する恐怖心と貪欲な雰囲気が，それを生む心理的要因になっているとしている。蔓延する恐怖は，相手に協力を利用され，裏切られ，搾取されるのではないかという怖れである。人を信用できない社会ではこの傾向が強くなる。貪欲さは，相手を犠牲にしてでも自分の利益を最大限にしたいという，優越と勝利への欲望である。勝ち残ること，相手を負かすことが求められている競争社会では，この傾向が強くなっているというのである。対人関係における互いの信頼が重要であることが示唆されている

第 11 章

攻撃行動の心理

　世界の多くの国で日本のアニメ，たとえば『ドラゴンボール』などが放映禁止になっていたり，観るときは親の指導が必要とされていたりする。それは，これらのアニメが暴力的要素を多く含んでいて，子どもが攻撃性を身につけてしまうので教育上良くないという理由である。その科学的エビデンスとしてよく知られているのが，TOPICS 11-1 に示すバンデューラの幼児の攻撃性についての社会的学習の実験である。人に攻撃性があるのは確かだが，その心理的要因にはこのような学習説を含め諸説ある。

1. 攻撃性観察学習説

　学習説はバンデューラらの研究に基づくもので，人は攻撃行動を見ているだけで，攻撃性を持つようになるという**観察学習説**である。他の人の行動を観察し学習するので**社会的学習**とも呼ばれ，また，その人をモデルとして行動を学ぶので**モデリング学習**とも呼ばれている。子どもは発達過程でこの学習法を用いて多くのことを学ぶが，攻撃行動もそのひとつである。バンデューラらはさらに，幼児に，大人が人形を殴ったり蹴ったりした後で，その大人がジュースとキャンディを褒美としてもらう，という場面を見せた。その結果，褒美をもらう場面を見た幼児は，攻撃行動がより多くなった。報酬が加味されることにより，観察学習がより容易に成立することが示された。

　一般的には，社会の中では攻撃行動は強く罰せられ，報酬は受けないとされている。しかし，実は称賛されている場面もある。激しいスポーツをしている子どもに，コーチは強くアグレッシブに戦うことを促す。スポーツ観戦で熱くなる人が多く，強く，激しく戦うことをあおる。ドラマでも，倍返し

暴力的な大人を見た子どもは攻撃的になる

［バンデューラらの攻撃行動のモデリング実験］

■考えてみよう

　実験は，保育園で3〜6歳の子どもを参加者に，1人ずつ行われた。幼児はたまたま，部屋で大人が図1のようにビニール人形を殴ったり，蹴ったり，また，馬乗りになったりなど，暴力的な行動をしているのを見てしまう。このような大人の暴力的行動を観察した後，子どもは別の遊び部屋に連れて行かれる。そこには興味をそそる玩具がある

が，それでは遊べないと言われる。子どもは欲求不満になる。その部屋には先ほど大人が殴っていたのと同じビニール人形が置かれている。このとき，子どもはこの人形に対してどのような行動をとるか，それを観察室から調べられた。別の条件では，子どもを，暴力的行動を見ないで，人形のある部屋に連れて行き，行動を観察した。

図1　モデルとなる大人の攻撃的行動

■実験結果

　大人の暴力的行動を見た子どもは，ビニール人形に対して，大人の暴力的行動を見なかった子どもに比べ，倍近くの攻撃行動をした（図2）。また，攻撃行動を男女児で比較してみると，男児のほうが女児より攻撃行動が多かった。さらに，暴力的行動をしている大人が男性のほうが，女性の場合より，多くの攻撃が見られた。

　他の実験条件では，ビデオで大人が暴力

的行動をしている映像を子どもに見せたり，アニメ化して黒猫の主人公が暴力的行動をしているビデオを見せたりした。そのような状況でも，暴力的行動を観察した子どもは，人形に対する暴力的行動を多く行うのが見られた。

　このことからバンデューラらは，観察することにより，攻撃行動の学習が成立するとした。

（Bandura et al., 1963）

図2　子どもの攻撃行動の観察学習

する人がヒーローとなり，共感を生む。視聴者はその攻撃者を自分と同一視する。戦争は正義のためで，国のため，組織や集団のため，攻撃的に戦うことが称賛される。米国の心理学者は，ホッケーでアグレッシブなプレイをする息子をほめる父親は多いとしている。社会にアグレッシブな行動を称賛する風潮がある以上，学習心理学的には，特に男子はより身体的攻撃性を身につけることになると言える。

2. 進化心理学的攻撃性

　進化心理学においても，人類，特に男性は，攻撃性を強くするように進化してきたとされている。それは，男性が先史時代から狩猟生活をし，猛獣と戦い食料としたり，自分の部族やそのテリトリーを守るためにそれを侵す他の部族と闘い，家族を守り，自分たちの地域を守るために闘ってきた。自分の部族を守るためには，男性は強力な攻撃性が必要であり，より強い攻撃力を持つ男性が部族を守り，食料を獲得でき，生き残ることができた。また，そのような人が周囲から称賛され，女性から魅力的とされ，結婚し，その子孫が繁栄してきた。

　他の動物同様，オスである男性は，自らの遺伝子を継ぐ子孫を残すための，メスをめぐるオス同士の闘いにも勝ち残らなければならない。つまり，性淘汰である。動物界のオスは周りのオスより強くなろうとし，ここでも，より強い攻撃力が必要とされる。多くの動物は，攻撃力の強いオスが勝ち残っていく。強いオスが周りのメスを総取りしてハーレムを作る，アザラシやオットセイのような動物もいる。そこでは，より攻撃性が強いオスの遺伝子が残っていくことになる。

　サバンナでサバイバルするため，女性は自分と自分の子どもの安全を守ってくれ，より獲物（食物）を運んできてくれる男性，より腕力が強く，より権力のある男性を，パートナーとして選択してきた。それに応えるように，男性はより腕力を強くし，より高い地位に就こうとし，男性同士が争うことになる。現在でも統計的研究によれば，男同士の争いの原因は，地位や権力の争いと女性に関する争いが多いとされている。

TOPICS 11-2

不満から八つ当たりするのは本当か
［バーコヴィッツの八つ当たり攻撃行動の実験］

■考えてみよう

　この実験の参加者は，男子学生である。まず実験者から，「罰の効果」についてというエッセイを書くように言われる。別の条件の学生は，「雪」についてのエッセイを書くように言われる。

　このとき，参加者は冷水に片手を入れたまま，このエッセイを書くように指示される。これは参加者に不快感を持たせるための方法である。別の条件では，不快感がないぬるま湯に片手を入れたまま書くように指示される。この場合は不快感はない。

　エッセイを書き終えた学生は，次に報酬と罰による実際の学習効果の実験に参加する。そこでは，参加者は先生役と生徒役に分かれる。実験対象者は先生役になった学生である。先生役は生徒役に指定された問題を出題し，その解答をチェックし，正解の場合は報酬として5セントを与え，不正解の場合は罰として不快な音を聞かせるように，と指示された。ただし，罰の大きさ，つまり不快な音の大きさは，先生役の学生の裁量で決めてよいと言われる。

　さて，エッセイを書いたとき，冷水に手を入れて不快な思いをした学生と，ぬるま湯に手を入れていた学生がいたが，そのことが後の罰の実験の不快音の大きさに影響を与えるであろうか。

■実験結果

　この実験は，まず参加者に罰の効果のエッセイを書かせ，プライミング効果で，無意識に罰に関する意識を活性化させた。次に冷水に手を入れて不快感を生じさせる。この実験は，不快な感情を持つと八つ当たり的に攻撃行動が起こることを調べている。その不快感により，参加者が罰を与える先生役になったとき，より強い罰の大きな音を与えるだろうと予測している。

　このとき，参加者が罰を与えようとしている生徒役の学生は，参加者の不快な感情には何の関係もなく，また，参加者も罰を強くしたからといって，冷たさによる不快感を和らげることにはならない。もし，ここで罰の不快音が大きかったから，これは参加者の八つ当たり的な攻撃行動と考えられる。

　実験の結果は，冷水に手を入れたまま罰のエッセイを書いた先生役は，生徒役によ り強い罰を与え，ぬるま湯に手を入れたまま雪のエッセイを書いた先生役は，より弱い罰を与えていた。このことから，この場合の罰行為の大きさは，不快感からの八つ当たり的攻撃行動とみなすことができた。

（Berkowitz, 1989）

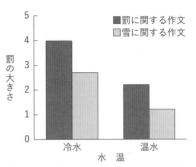

図　水温と作文内容による攻撃反応強度

　女性も攻撃的でないことはない。女性の場合，自分の遺伝子を継承できる子どもの数は限られているので，継承者である子どもを守るための攻撃性は，強く，その攻撃性が強いほうが生き残ることになるといえよう。

3. 精神分析の死の本能（攻撃本能）

　精神分析の提唱者フロイトは，第5章で述べたように，人を本当に動かしている心的エネルギーは，本人も気づかない心の深層のイドにあるリビドーであると考えている。**リビドー**は生の本能であり，自らが生きる力であり，その中心は性的欲求であるとした。さらにフロイトは，人は生の本能だけでなく，その逆の，死の本能も持っていると考えた。そして，死の本能のエネルギーを**タナトス**と名づけ，それは自分を生かすのではなく，自分を破壊し，死に至らせるエネルギーであるとした。

　しかし，自己には自我防衛メカニズムがある。自分を守るため，防衛機制の**置き換え**により，自らに向かう破壊的攻撃欲求を他の人に向けることになる。これが他者への攻撃行動となって現れる。また，置き換えにより，この本能をスポーツなどに向かわせるとしている。ボクシングのジムに通ったり，ビデオでアクションものを観たりすることにより，自らの攻撃欲求を発散しているとされる。これを精神分析では**カタルシス（浄化作用）**と呼んでいる。また，対人的集団的に，正義の名において置き換えが行われ，相手の国を悪の集団として攻撃的行動を正当化し，戦争などの暴力的行為が行われる。この置き換えは現代の戦争でも同じである。

4. 攻撃的男性ホルモン

　男性は女性より良い意味でアグレッシブ，悪い意味で暴力的な傾向を持っている。そのことは，男性のほうがアグレッシブなスポーツを好み，また殺人など，凶悪犯は圧倒的に男性のほうが多いことでも分かる。その原因として，先に述べた男性の進化の方向性や，しつけやメディアの影響などの社会的学習環境がある。

TOPICS 11-3

ルームランナーで激しく走った後は攻撃的になる

[ジルマンの生理的興奮と攻撃の実験]

■考えてみよう

この実験は，学習における罰の効果を調べるものである。実験は2人で行われ，参加者が先生役と生徒役になる。ただし，この実験では，先生役と生徒役は前半と後半で交替すると言われる。

さて，先生役は生徒役に問題を出し，できなかった場合，罰として電気ショックを与えることになる。実は，前半の先生役の参加者はサクラ（実験協力者）で，生徒役の本当の参加者に与える電気ショックの回数は，9回の場合と3回の場合が設定されている。また，前半と後半の間に，参加者はルームランナーで走るように言われる。この激しい運動により，参加者は興奮状態になる。このような生理的興奮を作らない条件もあり，その場合，机上での簡単な作業を行った。

実験の後半は，先生役と生徒役を交替し，本当の参加者が電気ショックを与える役になる。前半で電気ショックを9回受けた参加者は，3回受けた参加者より，不快感を強くしているはずである。そんな参加者が後半で先生役になった場合，前に自分に多くの電気ショックを与えた人に，報復的により多くの電気ショックを与えるであろうか，受けた電気ショックの回数が少なかった参加者との比較が調べられた。

また，この実験では，ルームランナーで走り生理的に興奮状態の参加者と，それをしなかった参加者の，相手に与える電気ショックの回数も比較し，どちらがより多い電気ショックを与えたかも調べられた。この実験は，運動による興奮の攻撃性への転移が見られるかどうかも調べられている。

■実験結果

実験の結果，前半で先生役の参加者から電気ショックを多く受けていた参加者は，仕返し的により多くの電気ショックを与えていた。つまり，攻撃行動には，明らかに報復性が見られたのである。また，ルームランナーにより生理的に興奮した参加者の電気ショックの回数を，ルームランナーなしの参加者の回数と比較すると，ルームランナーで走った参加者のほうが電気ショックをより多く与えていた。これは，興奮の転移により攻撃行動が誘発されたと考えられ，ジルマンの**攻撃行動の興奮転移説**を実証したと言えよう。　　　　　　(Zillman et al., 1972)

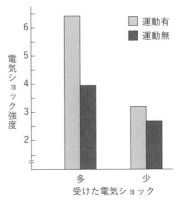

図　相手に与えた電気ショック強度

　さらに，最近では攻撃性の生理心理的な男女の違いも明らかにされてきている。その１つは，男性ホルモンの**テストステロン**が関係しているという。胎児の染色体がテストステロンのシャワーを浴びると，男児となる。テストステロンは男女ともに所有しているが，圧倒的に男性のほうが多く，それが男性のいわゆる雄々しさや性欲の強さに関係している。研究の結果，男性の中でもテストステロンのレベルの高い男性は，攻撃性や暴力性が強い。たとえば，男子学生寮で寮生のテストステロンを測定し，各人の行動を調べると，テストステロンの高い学生はより攻撃的で，低い学生はより温和であることが明らかにされている。

5. 攻撃性誘発の状況要因

　暴力事件は人の日常生活や社会生活に大きな影響を与える。DV もいじめも殺人も，重大な社会的問題である。このような暴力やいじめをなくすにはどうしたらいいか，学問的にも関心が持たれ，社会心理学が社会に貢献できるテーマとなっている。そのうちの１つに，人はどのようなときに攻撃的になるのかという，攻撃行動の状況的要因の研究がある。暴力は，攻撃性の高い人によって行われやすいと考えられる。それは性格心理学の研究分野であるが，実は暴力行為には，性格以上に状況要因が影響している。攻撃的な人がいつでも攻撃行動をするわけではなく，また，通常は温和な人も，相手や状況により，時に攻撃的になる（図 11-1）。ここでは，攻撃行動が生じる状況的要因について，代表的理論や実験を紹介していく。

(1) フラストレーション−攻撃仮説
　人はどのようなときに攻撃的になるのであろうか。多くの場合，フラストレーションが高じて攻撃行動が生まれたと考えられている。欲しいものが手に入らないとき，目標を誰かに妨害されたり奪われたりしたとき，人から侮辱されたりしたときなどである。欲求が阻止されたり，自尊心が傷つけられたときに，人はフラストレーション状態になり，その不満のはけ口として攻撃行動が起こされる。このような一般的な考え方を心理学の法則として整理

TOPICS 11-4　侮辱されると反撃する
［バーコヴィッツの侮辱と攻撃行動］

■考えてみよう

　この実験の参加者は，小集団でジグソーパズルを解くという課題を行う。このとき，参加者は実験条件により，次の3種類のフラストレーション状況に置かれ，どの状況において攻撃行動が強くなるかが調べられた。

　第1の状況は，課題のパズルは実は解けないパズルであり，参加者はフラストレーション状態になる。

　第2の状況は，途中でメンバーの1人が解決を妨害するため，パズルが進まなくなるという，対人妨害によるフラストレーション状態である。

　第3の状況は，集団としてパズルは解けるが，参加者は他のメンバーからやり方を激しく非難され，屈辱感を味わうというフラストレーションである。

　実験は攻撃性を見るため，パズル問題が終了後，電気ショックを使った学習実験を行う。このとき，参加者は先生役となる。そのとき，生徒役の人にどのくらい強く電気ショックを与えるだろうか。3つの状況による攻撃行動の違いが調べられた。

■実験結果

　実験の結果，3種類のフラストレーションのいずれの場合でも，フラストレーション状況になかった人よりも，より強い電気ショックを生徒役の人に与えており，**フラストレーション−攻撃行動**が支持される結果となった。

　さて，3種類のフラストレーション下での攻撃行動を比べると，一番強く電気ショックを与えたのは，非難され，屈辱感を味わわされた人であった。次が，人から完成を妨害された人であった。このことから，フラストレーションは課題解決よりも人間関係に起因するほうが大きく，特に自己が屈辱的に非難されたとき，攻撃性が最も強くなることが明らかにされた。

　また，ある人から「無能」呼ばわりされ，自尊心をひどく傷つけられた人は，電気ショックを与える相手が自分を傷つけた人だと分かると，その人に強いショックを与え

た。屈辱感によるフラストレーションは，相手を直接攻撃する気持ちを強くしていた。それにより，自尊心の回復を試みていると思われる。

(Berkowitz, 1989)

器械の前面パネルのボタンを押すことにより，相手に対して電気ショックを与えることができる。ボタンにより強度が異なるので，どのボタンを押すか，またどのくらい長く押すかにより，そのときの攻撃行動が測定される。

図　攻撃行動測定器 (Baron & Byrne, 1984)

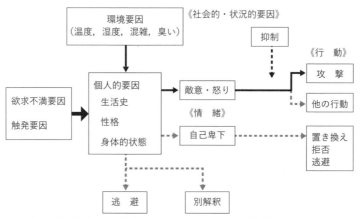

図 11-1　攻撃行動の原因（Raven & Rubin, 1983 を元に作成）

したのが，ダラードらの古典的フラストレーション‐攻撃仮説である。この説は，前提として次のことを提唱している。

---

①フラストレーションは，なんらかの攻撃行動を生じさせる。
②攻撃行動は常にフラストレーションから生じる。

　その実証実験として，次のような実験を行っている。幼児を対象にして，目の前に魅力的なおもちゃを部屋に置く。ただし，幼児には見えるが手が届かないように設定し，フラストレーション状態にする。しばらくの後，そのおもちゃで遊ぶことができるようにし，そのときの行動を調べた。一方で，別の幼児には最初からこのおもちゃで遊ばせその行動を観察し，両者の遊びの中の攻撃行動を比較した。その結果，フラストレーションの後で遊んだ幼児は，おもちゃを投げたり，叩いたりなど，攻撃行動が多く見られた。これは明らかに，フラストレーションによる攻撃行動であると考えられる。

　しかし，この説では，フラストレーションは必ず攻撃行動を生じるとしているが，他の行動を生じさせることもある。実際，フラストレーションのとき，攻撃行動ではなく，絶望したり，うつになったりする人もいる。次に攻撃行動はすべてフラストレーションから生じるという考えも，他の原因から

TOPICS 11-5

やられたら，やり返す
［バーコヴィッツとギーンの攻撃の報復と手掛かりの実験］

■考えてみよう

　この実験の参加者は，課題解決能力を向上させるため，罰が効果的であるかどうかを調べる実験であると言われている。実験は2人1組で行われ，先生役と生徒役になる。先生役は生徒役への課題を出題し，相手の答えの出来の悪さに応じ，相手により多くの電気ショックを送るように言われた。そして，2人の役割は，前半と後半で交代して行うことも伝えられた。さて，実験が始まると，生徒役の参加者は先生役から出来が悪いとされ，7回も電気ショックを受ける，条件により1回しか受けない場合もある。また，実験者からこの先生役の人の名前は「カーク」であると知らされる場合と，別の条件の人は，相手は「ボブ」だと言われる場合がある。前半と後半の交代の間に，参加者はカーク・ダグラス主演の映画『チャンピオン』の格闘場面を7分間観た。別の条件の人は，陸上のフィールド競技のフィルムを観た。映画を観た後に，先生役と生徒役が交代して罰の効果の実験を続けた。

　前半で多くの電気ショックを受けた人は，先生役になったとき，報復的に生徒役の人に何回くらい電気ショックを与えるであろうか。また，格闘場面の映画を観ることは，後半の罰を与えることと関係していたであろうか。さらに相手の名前が映画の主人公と同じ「カーク」であることは，影響があったであろうか。

■実験結果

　実験の結果，生徒役のとき多くの電気ショックを受けた参加者は，後半，先生になったとき，前半で自分に電気ショックを与えた人に，より多くの電気ショックを与えていた。このことから，人は報復の心理から攻撃行動をすることが明らかにされた。

　また，映画で陸上競技場面を見た参加者よりも，格闘場面を見た参加者のほうが，より多くの電気ショックを与えていた。暴力場面を見ることが，攻撃行動を促すことも明らかにされた。さらに，先生役の名前が「カーク」と言われた参加者は，格闘映画で攻撃者を演じているカーク・ダグラスと相手の「カーク」という名と結び付けられ，最も多く電気ショックを与えていた。攻撃と結びつくような手掛かりがあるときに，攻撃行動が誘発されやすいことを明らかにした。この結果は，**攻撃行動の手掛かり説**を実証したといえる。

(Berkowitz & Geen, 1966)

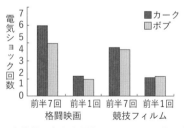

図　生徒役に与えた電気ショックの平均回数

生じる攻撃行動もあると批判された。前述の観察学習による攻撃行動は，フラストレーションからではない証拠のひとつである。

　これらの反論の結果，現在では，この説は部分的に確認されるとなっている。ただ，フラストレーションが攻撃行動を起こすこと，また，攻撃行動の原因のひとつはフラストレーションであることは確かであり，攻撃行動を理解するうえで，いまでも欠かせない重要な理論である。

　ダラードらのフラストレーション－攻撃仮説は，攻撃の対象が置き換えられることも示唆している。これは，職場の人間関係を考えるうえで役に立つ。たとえば，上司に叱られフラストレーションがたまった部下は，上司を攻撃対象とするのではなく，弱い相手の部下に向ける。その部下も，フラストレーションがたまると，さらに弱いアルバイトやパートの社員を攻撃対象にし，フラストレーションを解消しようとする。このように，フラストレーションによる攻撃行動は，フラストレーションの元になった相手には向かわず，攻撃行動をしやすい相手に向けられることが多い。これを**攻撃対象の置き換え**といい，思わぬところで暴力事件が起こることの一因になっている。

　バーコヴィッツは，ダラードの古典的フラストレーション－攻撃仮説を再検討し，修正フラストレーション－攻撃仮説（不快－攻撃仮説）を唱えている。この説では，フラストレーションは人にネガティブな情緒を生じさせ，その不快感が人を攻撃的にさせるというのである。そのことを実証するためTOPICS 11-4 のように不快感情を生じさせる実験を行っている。

（2）興奮転移説

　ジルマンは，攻撃行動は感情的興奮の転移によっても生じるとして，興奮転移説を唱えている。この説では，もともとはささいな不満でも，感情的に興奮しているときは増幅されて大きく感じられ，その不快感から大きな怒りを感じてしまい，攻撃行動を起こすとしている。日常的例としては飲食店でアルコールが入ったときは，ささいな行き違いから大ゲンカになったり，スポーツや祭で興奮したりしているとき，乱闘が起こりやすいなどである。ジルマンらはこの説を TOPICS 11-3 のような実験で証明している。

TOPICS 11-6　上司の指示なら攻撃的行為もやる
[ミルグラムの権威への服従実験]

■考えてみよう

　参加者は，この実験は記憶に及ぼす罰の効果の心理学的研究である，と言われる。参加者は男性2人で，くじ引きにより，1人が先生役，もう1人が生徒役となる。生徒役は隣の部屋に移り，罰を受けるときの電気ショックの電極を付けられる。先生役は，生徒役にマイクで記憶学習用の単語の対のリストを提示して，1回ごとに解答を得る。もし，生徒役が解答を間違えた場合，その都度，電気ショックの罰を与えるように実験者から言われる。しかも，間違えるたびに，電気ショックの強度を一段ずつ上げるように指示される。

　先生役の前には送電器が置かれており，15〜450ボルトまで，15ボルトきざみで30個のスイッチが付いている。ショックの強さに対応して，「かすかなショック」「危険―すごいショック」などの文字表示も付いている。

　先生役は，生徒役が答を間違えると，電気ショックの強さを15ボルトから始め，間違うたびに15ボルトずつ上げていくことになる。課題が進み，生徒者の誤答により電気ショックは100ボルトを超える。そのとき，隣室の生徒役から「痛い！やめてくれ」という声が聞こえる。このとき先生役はどう対応するであろうか。たいていの先生役は，やめようと思い，それを実験者に問う。すると，実験者から，実験なので続けるようにと続行が指示される。先生役はどうするだろうか。結果は次のTOPICS 11-7に示されている。

　さらにミルグラムは，この服従実験を教師役と生徒役の身体的物理的距離を変えて，次の4つの実験バリエーションで行っている。

①遠隔条件 ── 生徒役は見えない。また，苦しむ声も聞こえない。

②声のフィードバック条件 ── 前記の基本実験で，先生役から生徒役は見えないが，苦しむ声は聞こえる。

③近接条件 ── 2人は同室で，約45センチ離れている。この条件では苦しむ声だけでなく，苦しむ生徒役が見える。

④接触条件 ── 先生役は生徒役の手を押さえないと，電気ショックを与えることができない。　　　　　　　(Milgram, 1974)

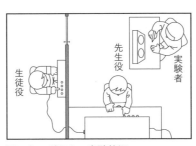

図　ミルグラムの実験状況

(3) 手掛かり攻撃誘発説

　米国では銃による殺人事件が多い。もしそこに銃がなかったら，殺人事件が起きなかったケースも多いと思われる。目の前に銃があると，小さな争いが大惨事になってしまうこともある。日本では銃が手近にないので，殺人事件が少ないとも言われている。銃のような凶器を見ることにより，攻撃行動が誘発され，殺人事件を起こさせる可能性もある。バーコヴィッツらは，怒った人は銃の引き金を引くが，銃があることが人に引き金を引かせることも少なくないとしている。そして，攻撃行動の手がかり誘発説を唱え，そのことを証明するため，TOPICS 11-5 のような攻撃行動の手掛かり実験を行っている。

6. 権威への服従的攻撃行動

　ミルグラムの服従実験は，権威を基盤とした指示による服従行動としての攻撃行動を扱った研究である。まず，実験の参加者になったつもりで，TOPICS 11-6 を読んでいただきたい。

　ミルグラムは，別の参加者にこの実験内容を擬似体験的に説明し，そのときどのような行動をするかを判断させた。その結果，状況を冷静に判断した参加者は，大半の人が途中で電気ショックを送るのを止めると答えた。止めると答えたときの平均値は約 120 ボルトあった。最後まで送電すると答えた人はほとんどいなかった。相手の人が痛がり，やめてくれと言われた場合，嫌がること，危険なことを続けるはずがないという常識的な回答であった。ところが，実際に実験を行うと，TOPICS 11-7 で示したように，6 割以上の人が最後の最高ボルトまで電気ショックを与えたのである。

　ではなぜ，先生役の人は強い電気ショックを送り続けたのであろうか。ミルグラムは，それは自らの攻撃心からではなく，権威への服従としての攻撃行動だからだ，としている。人は通常，自分の行動は自分で判断し，行動を自己決定していると思っている。しかし，組織のメンバーとなると，組織内の地位と役割に応じて組織人として行動する。人間は社会的動物であり，組織の中では上からの指示で動くことになる。ミルグラムは，このときの心理

TOPICS 11-7　被害者との距離が攻撃性を決める
［ミルグラムの権威への服従実験の結果］

■基本実験の結果

この実験は，いかに人は権威に対して服従して，危険な攻撃行動までしてしまうのかを研究している。実験の結果，生徒役は電気ショック強度が上ると，実験者に何回も中止を問いはしたが，実験者が続けるように言うとそれに従い，65％の人が隣室からの中止願いにもかかわらず，最後の 450 ボルトまで電気ショックを続けた。途中で止めた人は 35％であった。生徒役の参加者は，内心はともかく，行動では学習者の苦しむのを知りながらも実験者の指示に従い，電気ショックを与え続けたのである。

ミルグラムは，この実験により，人の持つ権威への服従の心理と，相手が嫌がっているにもかかわらず，権威からの指示に従い，攻撃を実行することを実証したのである。

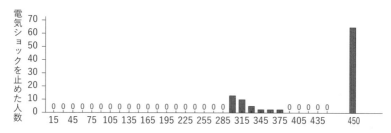

図　電気ショックのレベルと止めた人の人数

■バリエーション実験の結果

前の TOPICS の4つの身体的物理的距離において，先生役が実験者の指示に従わないで電気ショックを止めた割合は，遠隔条件で0％，声のフィードバック条件で35％，近接条件で60％，接触条件で70％という結果になった。先生役は生徒役が近くにいればいるほど，実験者への服従が減少し，攻撃行動を減少させた。

この結果の説明として，①近いほど苦しみを共感的に理解できる，②遠くの人の存在は気にならない，③近くなるほど，罰を与えるのに気がひける，④近くにいる人と人間関係が形成されやすい，⑤近くにいる他者への攻撃は，報復を受ける恐れがある，などが考えられる。それでも，実験者からの指示への服従はどの条件でも多く見られ，人の持つ権威への服従傾向の強さが明らかにされた。

(Milgram, 1974)

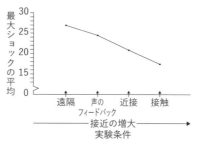

図　被害者の距離と最大ショックの平均

を**代理の心理状態**と呼んでいる。

　人は，自律的人間であると同時に歯車的人間である。人はこの２つの心理を状況により使いわける。人間が社会的動物として集団生活をするなかで生き残ってきたことを考えると，服従の心理は，共同生活や組織活動には必要な心理傾向である。このミルグラムの実験は，米国の男性を対象に行っているが，オーストラリアでの実験では，権威への服従率は米国よりも低く，特に女性は非常に低いことが示された。服従傾向は文化によっても，また性差によっても異なることが明らかにされている。

　ところで，ミルグラムの服従実験は多くの批判を生んだ。その１つは，実際には電気ショックは伝わらないが参加者をそのような心理的窮地に追い込む実験操作には，倫理上問題があるとされた。このため，以後このような操作実験は行われなくなった。もう１つの批判は，この実験が非常に人工的な状況なので，結果はそのまま現実社会に適用できないという批判である。

　この実験に限らず多くの社会心理学の実験は，科学的であることを目指し，条件統制を厳しくしているが，実験は統制すればするほど自然科学と異なり，このような批判を受けることになる。しかし，条件統制が厳格でない実験は，信憑性がなくなってしまう。そこで，心理学者は実験的研究については条件は厳格にし，他方でフィールド実験として現場でも研究を行い，両方から理論を実証していくことを試みている。

7. 殺人事件の数

　攻撃行動の最も悲惨なのは殺人である。殺人の心理は，怒りのあまり，憎しみのあまり，攻撃の衝動が大きくなり，自分でも抑えきれなくなり人を殺めてしまうとされる。ただ他方には，より冷静に，利己的，計画的に殺人を犯す事件もある。いずれにしても，殺人は人の命を瞬時に奪うことで，現代社会においては許されることではない。しかし，殺人はなくならない。ときに大事件となり，マスコミはそのいきさつを詳細に報じ，誰もが殺人者の心理に関心を持ち，真相を知ろうとする。

　では，世の中で殺人事件はどのくらいの数，起こっているのであろうか。

TOPICS 11-8　社会が不況になると殺人事件は増えるか
[厚生労働省の統計結果]

■考えてみよう

　他殺について，社会心理学的に関心が持たれていることのひとつは，社会の経済状況と殺人の関係であろう。たとえば，不景気になり失業者が増えると殺人事件は多発する，との意見がある。実際はどうであろうか。

■調査結果

　厚生労働省の統計結果から関係を見てみよう。冷静に統計的に失業率と他殺率を比較すると，両者は関連していないことが分かる。ここにも，**ヒューリスティックス**的な考えが影響していると考えられる。

　日本での他殺者数は下図のとおり減少傾向にある。世間やマスコミでは「最近は物騒になった」「怖い世の中になった」と言う人が少なくないが，実際には半減している

のである。また，日本の他殺者数は，他の西欧諸国と比べて少ないほうである。

　厚生労働省の日本の失業率と他殺者数，自殺者数を比較すると下図に示されるように，1950 ～ 70 年くらいまでは，失業率と自殺者数，他殺者数とは関連しているが，2000 年代以降は失業率と自殺者数は関連しているが，他殺者数は関連していない。

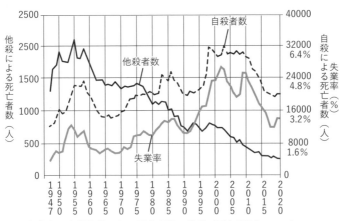

図　失業率と自殺他殺による死亡者数の推移（厚生労働省，2022）

日本社会での本書刊行時点の他殺者数は，年間300〜400人である。その数は想像より少ないと思う人が多いのではないだろうか。もっと多いと思ってしまうひとつの原因が，第1章で触れた利用可能性**ヒューリスティック**による。殺人事件が起こるとマスメディアは連日トップニュースとして，またワイドショーで取り上げられ，SNSで話題となる。そのため，その数を想像するとき，このヒューリスティックから，実際よりかなり多いと考えてしまう。この場合，他と比較してその数の位置を知ることが大事と言える。

　他の比較できる数値としては，交通事故による死者数が挙げられるだろう。交通事故による死者数は，かつては年間1万人を超えていた。最近，急激に減少しているが，それでも年間約3,000人くらいである。では，自殺者数は年間何人くらいだろうか。他殺者と比べて多いだろうか。メディアは伝搬を恐れてこの件の報道には抑制的であるが，年間2万人を超えている。他殺はこれらと比べるとかなり少ないことが分かろう。

　しかし，殺人事件は社会を揺るがせる大きな問題であり，恐怖の的である。このため，殺人事件に対する関心は高く，社会心理学的にも注視される。たとえば，悲惨な殺人事件が起こりマスコミが大騒ぎすると，市民も口々に「本当に最近は物騒な世の中になったものだ」と言い，社会に怒りをぶつけることになる。では，本当に殺人事件は昔より多くなっているのだろうか。また，世の中が以前より物騒になっているのだろうか。

　米国のある調査会社が市民に，「最近殺人が増えていると思うか」と質問している。2016年の調査結果は，最近殺人が増えていると思うと答えた人は70%であった。つまり，多くの人は殺人事件は増加していると思って，今の社会状況を怖れているのである。では，米国の殺人率（10万人当たりの死者数）の経年変化はどうなっているか。銃の保持がより容易な米国は日本よりかなりその数が多いことは想像できるが，他殺者の数は，2000年以降は10万人当たり毎年5人くらいである。1990年前後に比べその数は半減しており，毎年，下降線をたどっている。以前より物騒ではない世の中になってきているのである。ここには，個々人の認識と社会の現実との間に大きなギャップがあることが分かる。

第IV部

集団行動と
経済的行動

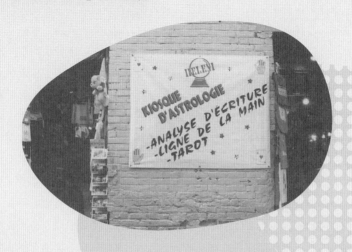

第 12 章

集団の心理

　人は社会の中に生まれ，社会の中で育ち，社会の中で活動する。生まれた
ときから一生を集団の一員として生きていく。その意味で人は社会的動物で
ある。家族の中に生まれ，その家族に支えられながら成長する。成長過程で
は，学校，学級という集団に所属し，社会的人間として成長していく。社会
人となると，会社などの集団や組織の成員となり，その中で生活し，社会に
貢献し，自ら家族を持つ人が多い。ときには所属集団に反発もするが，再び
集団の一員となり，自らも集団を作り，成長し，生きていく。誰も所属集団
に愛憎はあるが，人は集団と何らかの関係を持ちながら生きていく。居心地
のいい集団の一員であることが，人生を楽しく生きていける基盤となる。

　社会心理学は，人と集団との関係を詳しく研究している。人は学校や会社
などのフォーマルな社会組織に所属し，その中で仲間や友人というイン
フォーマルなグループを作り，交互作用をし，さまざまな感情を持ち，社会
活動をしていく。社会にはさまざまな集団があり，その中にさまざまな人間
関係がある。人は集団成員になりたいと思い，また，自ら集団を作りたいと
も思う。ここでは，まず集団の持つ魅力について見ていく。

1. 集団の魅力

　社会心理学者のレヴィンは，初めて小集団を実験的研究の対象とし，**グ
ループ・ダイナミクス（集団力学）**を創設した。グループ・ダイナミクスで
は，人はなぜ進んで集団に参加しようとするのか，その魅力が研究されてい
る。集団の主要な魅力として，次の5点が挙げられている。

TOPICS 12-1
参加者同士が規範を作り出す
［シェリフの集団規範の形成実験］

■**考えてみよう**

完全暗室の中で 1 つの小さな光点を提示すると，その光点は動いていないにもかかわらず，見る人には揺れて動いて見える。シェリフはこの視覚の自動運動現象を用いて集団の規範形成実験を行っている。

参加者は，1 人で判断する個人条件と，2～3 人が横一列に並んで順番に判断する集団条件で判断した。実験者は「合図の後，光点を映します。光点が動き出し 2～3 秒で消えます。光点がどれくらいの動いたか口頭で報告してください」と言う。試行は各 100 回行う。集団状件では，お互い他の人の答えを聞きながら順に答えた。

参加者は 2 群に分かれた。1 つは，個人

状件で判断して次に集団で判断するグループと，もう 1 つは，最初は集団条件で判断し，次に個人条件で判断するグループである。各個人の判断にはかなりの違いがあるが，集団で行った場合，各自の判断が互いに影響されるか，調べられた。

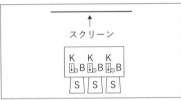

B：シグナルボタン　K：反応キー　S：参加者
図 1　実験状況

■**実験結果**

この実験は，集団規範が作られるプロセスを知る研究である。

実験の結果，最初に個人で 100 回判断する個人条件では，図 2 の左端のようにかなり異なる個人独自の基準点が作られていった。しかし，次に集団条件に移行し判断した場合，個人条件で独自の規範を形成した人も，集団の中で何回か他の人の答えを聞くなかで，次第にもともとの個人規範を離れ，その集団共有の判断に収れんされて行き，図の右端のように集団としての規準が

成立していくことが明らかにされた。

一方，図 3 のように最初，集団条件で判断した参加者は，はじめから集団共有の判断規範を成立させた。そして，その後で個人条件になっても，その集団規範が保持された。

この実験は，集団内で相互作用が行われると，集団規範が形成され，それが個人状況においても個人規範として維持されることを明らかにしている。　　　(Sherif, 1935)

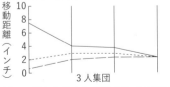

図 2　個人条件から集団条件での移動距離

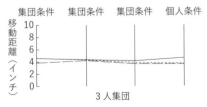

図 3　集団条件から個人条件での移動距離

Keyword

■集団や組織に参加する5つの魅力■

①集団や組織の活動それ自体の魅力

②集団や組織の目標に対する魅力

③集団や組織の持っている社会的価値への魅力

④集団や組織が自分の目標の達成手段となる魅力

⑤集団や組織内の人間関係の魅力

①集団や組織の活動それ自体の魅力

　サッカーや合唱は1人ではできない。やりたいと思う人は，サッカーや合唱の部活やサークルに入ることにより，チームの一員としてプレイができ，希望を実現できる。集団の魅力は，1人ではできない活動が，その成員になることによりできることである。

②集団や組織の目標に対する魅力

　地球温暖化を防ぐためSDGsの活動をしたいと思っても，1人ではなかなかできない。環境団体に入って仲間と一緒に活動することにより，希望がかなえられる。

③集団や組織の持っている社会的価値への魅力

　ランクの高い大学や大企業に入ると，集団が持っている社会的価値と自分を同一視できる。それにより，自分を高めることができる。

④集団や組織が自分の目標の達成手段となる魅力

　希望の大学に入りたいために進学塾に入る。教師になるために教員養成系の大学に進むなど，自分の目標達成のためのステップとして，その集団に魅力を感じる。

⑤集団や組織内の人間関係の魅力

　楽しそうな雰囲気のあるサークルに魅力を感じ，入って仲間との交流や人間関係を楽しむ。

TOPICS 12-2　集団対立を解消する方法は？
［シェリフらの集団間葛藤の解消の実験］

■考えてみよう

この実験は，11，12歳のお互い未知の少年たちの，別々の2つのキャンプを利用して行われた。

【第1段階：集団の形成】少年たちは，別々のキャンプ地で集団生活を始める。この段階において2つの集団は交流することなく，各々の集団で共同活動により団結心が生まれ，名前（イーグルスとラトラーズ）を持ち，リーダーを決め，一定の規範を持つようになった。

【第2段階：集団間の葛藤】2つの集団で対抗試合を催し，実験者は故意に相手集団に対する敵対心を生み出すような操作した。これにより，2つの集団間に対立関係を生じた。その結果，各集団内にはどのような変化が生じたか調べられた。

【第3段階：葛藤の解消】2つの集団に敵対的関係が生じた後，実験者により，両集団が友好的な関係になるような操作が行われた。まず，両集団が一緒に映画を観るなど楽しい時間を過ごした。次に，単独の集団では達成は不可能な課題を生じさせ，両集団が協力するような状況を作り出した。これにより，両集団に共通の上位目標が設定された。両集団は協力して，水道管の故障した場所を探すことや，故障したトラックを協力して動かす作業をし，それに成功した。このような作業が，2つの集団の敵対心を解消したであろうか。

図　集団の野外実験

■実験結果

この実験は少年のサマーキャンプを利用して，集団間の対立の発生やその解消を，野外での現場実験として行った。この古典的研究は，キャンプ場にちなんで「泥棒洞窟実験」と呼ばれている。

第2段階で集団間の対立が生じ，両集団の間で悪口や殴り合いが生じ，お互いの小屋の襲撃などが生じた。両集団は対立的気運が高まり，結束が強まった。それに伴い各集団内の地位や役割が変化し，戦いに強いリーダーに交替した。そして集団活動の大部分の時間とエネルギーが，相手集団を打ち負かすための作戦や行動に費やされた。

第3段階の実験者による対立の解消操作により，集団同士の協同的な相互作用を通じて，共通の目標を持つことにより，敵対的感情は友好的感情に変わっていった。

(Sherif et al., 1961)

2. 集団規範と同調行動

(1) 集団所属の魅力とストレス

　人は集団や組織の持つ上記のような魅力にひかれて集団に入る。ただ，集団に入ってしばらくすると，その集団には入る前に想定していた魅力が充足されないことが分かることもある。また，自分の能力がないことを知らされ，その集団に所属している意味がなくなることもある。たとえば，プロサッカー選手になりたくてクラブチームに入ったが，自分の実力ではプロになれないことが分かることがある。

　だからといって，すぐにやめるわけではない。それは，そこでの集団活動を通して別の魅力が生まれるからである。特に，集団に入るとその集団内の人間関係が魅力的になる。入るときは集団の目標や活動にひかれて入るが，入ってからは友人ができ，人間関係に魅力を感じて集団に参加し続ける場合も多い。人間関係は集団の中で生まれ，深まるので，それが集団所属の魅力となる。たとえば，大学生の入学時の目的は，教養を身につけることや専門知識を習得することであるが，内閣府の青年の調査によると，大学生が在学している意義の一番の理由として挙げられているのは，友情を育むことと答えている。

　しかし一方で，集団に所属すると，集団生活がストレスとなることも多い。集団活動で一番大きなストレスは，自分の思いどおりにならないことや周りからの**同調圧力**である。自分が正しいと思っていたり，やりたいと思っていたりする行動が否定され，上司やリーダーあるいは集団の多数決で決めたことが優先される。また，組織の規則や規範のため，嫌なことでも指示どおりにやらなければならない。集団は，各自がバラバラに思い思いのことをしたのでは統制がとれず，成果も上げられなくなる。集団には一致した行動が必要であるが，個人的にはそれが承知できず不満なことも多い。

(2) 集団斉一性

　集団は一致した行動をとろうとするため，凝集性と斉一性の圧力が働く。

TOPICS 12-3　みんなの意見と違っていたとき，みんなに合わせるか

［アッシュの同調行動の実験状況］

■考えてみよう

　この実験は6人集団での知覚実験である。参加者が実験室に着くと，もう他の5人は席に着いており，6番目の席に着くように言われる。

　実験者は，図1のように，2つのカードを全員に見えるように示す。1枚には線が1本書いてある。もう1枚には線が3本書いてあり，各線の下にABCと書かれている。課題は，1本のほうの線分と同じ長さの線分を，3本の線の中から選んで記号を答えることである。

　このとき実験者は，「答えを書き取るので，大きな声で1番目の人から順番に答えるように」と言う。このため，6番の人は，前の5人の答えを聞いてから答えることになる。実験が始まると，まず最初のカードについて，1番目の人が答えるのを聞く。ここに示した図1の場合，答えは明らかにBであり，1番目の人はBと答える。2番目，3番目の人もBと答えるのを聞く。そして6番の人もBと答える。

　さて，3回目のカードが提示されたときも図と同じような線なので，答えは見てすぐにBと分かる。ところが，このとき，1番目の人がAと答える。さらに，2番目の人も同じくAと答えた。3, 4, 5番目の人も同じくAと答えた。そして，6番目の人の番となる。1～5番目までの人が全員同じで，Aと答えたのである。6番目の人は，Bが正解だと思っている。このとき6番目の人は何と答えるであろうか。

　実験では，このような線分判断を18回行ったが，そのうち12回が1～5番目までの人が同じ誤答をした。そして，それを聞いた6番目の人の回答を調べた。

　この実験は，集団圧力による同調行動を調べる実験で，1～5番目までの参加者は実験協力者のサクラで，意図的に一致した誤答を答え，6番目の本当の参加者の回答が，その影響を受けるかを調べたのである。正解が明瞭な課題であるが，何％くらいの人が集団の圧力に屈して，集団の答えに同調するであろうか。結果は，TOPICS 12-4に示す。

標準カード　　　比較カード

図1　アッシュの同調行動の実験用刺激カード

図2　アッシュの同調行動の実験風景
（数字は回答順序）

集団メンバーは，集団ができると自然に，あるいは意識的に集団としてまとまろうとする。これが**集団凝集性**であり，集団の斉一性をもたらす。集団メンバーは集団活動のまとまりを強調し，協調しようとする。そのことにより不満な成員もいるが，集団の力はそれにより強化される。

　集団成員は，互いに規範に合致するように働きかけを行い，集団の凝集性をより高めようとする。そして，その凝集性を崩す人に対しては，斉一性を保つように多くの働きかけがなされ，圧力がかけられる。そのことはグループダイナミクスの実験で実証されている。

　フェスティンガーは，集団の斉一性を図るための集団成員間のコミュニケーションは，①その課題について集団成員間のズレが大きいほど，②その課題が集団にとって重要な課題であるほど，③その集団の凝集性が強いほど，活発になるとしている。

　シャクターは実験で，討議集団の中に他のメンバーに最後まで同調しない人と，中途で他のメンバーの意見に同調する人を入れて，討議を行った。その結果，同調しない人にコミュニケーションがしばらく集中するが，ある時点を過ぎると急速に減少する。つまり，いくら言っても意見を変えない人には，他の成員は説得をあきらめるのである（図 12-1）。その時点で，その人は他のメンバーから無視され，心理的に集団メンバーから排除されることに

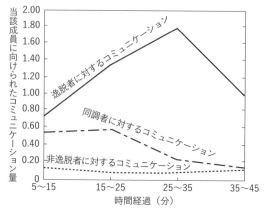

図 12-1　討議集団の他の成員からのコミュニケーションの量 (Hollander, 1967)

<table>
<tr><td>TOPICS
12-4</td><td>全員一致は強い同調圧力となる
［アッシュの同調行動の実験結果］</td></tr>
</table>

■実験結果

　アッシュのこの実験は，表向きは線分の知覚実験ということになっているが，本当の目的は，集団圧力への同調行動の研究である。実験の結果，このように答えが明確である課題においても，集団の全員一致の圧力下では，全体で回答数の3分の1強の答えが，誤った他の回答者の答えに同調し，集団と同じ誤答を答えた。また，全体の80％強の参加者が，少なくても1回以上の間違った答えに同調していた。

　さて，アッシュはこの実験にバリエーションを加え，同調行動が生じる状況をさらに詳しく検討している。その1つは，圧力となる人数の実験的研究である。元の実験では，サクラの人数は5人でそこでは3分の1の同調行動が見られたが，その人数を1〜16人まで変えて実験している。その結果，1人とか2人では，ほとんど同調行動は起こらないことが分かった。しかし，3人になると，大きな同調が引き起こされた。そして，4人以上になっても同調率は変わらず，さらにあまり多いとかえって同調が減る傾向が見られた。

　また，別の全員一致ではない実験も行っている。6人集団の実験で，サクラのうち1人が他のメンバーに反して常に正しい答えをした場合である。この場合，6人目の参加者の同調行動は極めて低くなることが明らかにされた。さらに，このサクラが正解ではなく，他のメンバーとは違ったもう1つの間違いの回答をしたとしても，同調行動は著しく低下した。このことは，同調行動には集団の全員一致の答えが大きな圧力になっていることが明らかになった。また，正誤にかかわりなく，集団の中に他の人と違った意見を言う人がいると，集団の圧力が弱まり，メンバーが他の意見を発言しやすくなることが示された。

　また，最近は fMRI により，同調行動のときの脳の変化も研究されている。

(Asch, 1953)

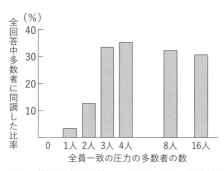

図1　集団圧力の人数による同調傾向の実験結果

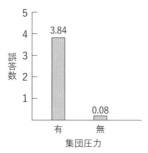

図2　12試行中の誤りの数

なるのであろう。

(3) 集団規範

　集団規範は集団活動には必須なので，集団の規範形成過程や集団決定の持つ効果については，TOPICS 12-1 など，従来から多くの実験的研究がなされている。集団規範や凝集性や斉一性は，集団には必要であるが，集団のメンバー一人ひとりにとっては圧力になり，ストレスにもなる。実際，集団生活をしていると，集団規範や集団圧力によりやりたいことができない，言いたいことが言えないという不満も多い。この**同調圧力**は，社会心理学の古くからのテーマである。新型コロナウィルスの世界的，全国的感染により，国は規制に従うように自粛要請をし，マスク着用やワクチン接種を勧めた。多くの国民はそれに従うことになったが，このとき，単に自分が従うだけでなく，周りの人も従うように目を光らせた。このとき，メディアが採り上げたのが同調圧力という用語で，これを機会に一般的にも多用されるようになった。

(4) 同調行動

　人間は太古から家族や部族など小集団を形成して，集団の力で生きてきた。個としては力は強くはないが，大脳を大きく発達させ，知力をつけ，メンバー同士の協力により，サバイバルしてきた。集団はメンバーが協力し，一致団結すると大きな力を持つことができる。そのためには，集団としてまとまり，一団となることが必要である。このため，集団圧力が強く働く。この圧力については，アッシュによる同調行動の実験が知られている。アッシュの同調行動の実験は，TOPICS 12-3，12-4 で詳しく説明してある。

(5) マイノリティ・インフルエンス

　集団の中には圧力に抗い少数だが反対意見を言う人がいる。その意見がときに集団に影響を与えることがある。少数派の意見が集団全体に影響を及ぼすことを，**マイノリティ・インフルエンス**（少数派影響）と呼ぶ。このことを実験的に研究したのが，フランスの社会心理学者モスコビッチである。
　アッシュの同調行動は，集団の多数派から少数派への影響で，**マジョリ**

**TOPICS
12-5**

少数でも一貫して主張していれば，多数者に影響を与えるか

［モスコビッチらの少数者影響の実験］

■考えてみよう

この実験は，色の知覚に関する6人での集団実験である。課題は，呈示される一連のスライドの色を答えることである。回答は決められた順に1人ずつ口頭で答える。参加者は毎回互いの回答を聞くことになる。

実験は，6枚のスライドが順に，15秒間呈示される。これが6回繰り返され，計36回行われる。呈示されたスライドは，明るさは異なるが，すべて青色のスライドである。しかし，6人のうち2人は実験協力者（サク

ラ）で，回答の際には，青ではなく常に一貫して「緑」と答える。

サクラの回答順番は，1番目と2番目に答える場合と，1番目と4番目に答える場合がある。サクラ以外の本当の参加者は4人であり，相対的には多数である。このとき，少数の2人の回答に影響されて，青を「緑」と答える人が何%くらいいるか，サクラがいない条件での結果と比較し調べられた。

■実験結果

この実験は，少数者による一貫した回答が，多数者の回答に影響を与えるかを検討している。

実験の結果，2人のサクラがいない条件では，「緑」と回答した率はわずか0.25%にすぎなかった。それに対して，2人のサクラがいた条件では8.42%であった。

この結果は，参加者は一貫して「緑」と答えた少数者の影響を，多少とも受けたと言えよう。少数者の影響を受け，1回でも

「緑」と回答した者は，全体の32%であった。また，別の条件で，サクラが，「緑」と答えたり「青」と答えたりして，一貫しない判断をした。この場合は，「緑」と答えた率は1.25%であった。サクラの影響は，一貫した答えの場合より，かなり少なかった。この結果から，少数者の一貫した回答が，多数者に影響を与えることが明らかにされ，**マイノリティ・インフルエンス**が実証された。

(Moscovici et al., 1969)

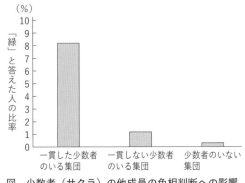

図　少数者（サクラ）の他成員の色相判断への影響

ティ・インフルエンスと呼ばれる。多数派が同調行動を起こさせるのは，多数意見ということで多くの成員がその意見を集団規範ととらえ，同調していると考えられる。しかし，少数派の意見でもそれが規範性を持つと，その意見が影響力を持つことになる。モスコビッチは，規範という視点から集団内の少数派の影響に注目した。

　では，どのようなときに少数派の意見が規範となりうるのだろうか。それは，既存の集団規範があいまいのとき，あるいは集団が不安定なときなどで，メンバーが新しい規範を求めているときである。そんなとき，自信を持って自分の意見をはっきりと一貫して発言する人がいると，たとえ1人であってもその人の意見が正しいのではないかと思い，同調が起こる。

　モスコビッチは，マイノリティ・インフルエンスは，集団に変革を起こす起点となるとしている。変革は世の中が不安定なとき，少数から始まり，それが多数になり，社会が変革されることになるのである。

　関連する研究によると，マイノリティ・インフルエンスは上記のように，はっきりとその場で集団に影響を与えることがあるが，それだけでなく，その場では表面上は影響がなくても，それを聞いた他のメンバーの内面に影響を与え，後にその意見が取り入れられることもあるとされる。少数派の意見は予想以上に他のメンバーの心に影響を与えるのである。

３. 社会的勢力の人間関係

　日本の集団や組織では，タテの人間関係が重視されている。タテの人間関係とは，上下の人間関係であり，地位や立場により力関係が明確にされていて，基本は上意下達で，上の人が指示し下の人は服従する。典型的には職場の上司と部下の関係，部活の先輩と後輩の関係，師匠と弟子の関係などである。日本ではその関係は，敬語の使い方で明示される。対照とされるヨコの人間関係とは，力関係が平等で，職場での同僚との関係，クラスやサークルでの同級生との関係，近所の人との関係などである。言葉の使い方でいうと，ため口かお互い丁寧語で話す関係である。

　かつての日本の会社でいえば，「社長－部長－課長－係長－主任－ヒラ」

TOPICS 12-6　権威の指示には素直に服従する
[ホフリングらの医師-看護師の勢力関係実験]

■考えてみよう

この実験は，米国オハイオ州にある実際の病院で，夜間勤務中の看護師を対象に行われた。看護師に勢力を行使したのは，権威を持つ医師である。その医師は電話で，看護師に次のような指示した。「自分はハンフォード医師である。いま別のところにいるが，指示するので患者に投薬するように」と話す。看護師はその医師とは面識はない。同病院の規則として，看護師が薬物を投与する場合には，事前に医師から書面による指示が必要となっている。しかし，ハンフォード医師は電話で，「薬品棚にアストロテン（実際にはこのような薬物は存在しない）があるか調べてくれ」と看護師に頼む。薬品棚には「アストロテン：5mg. カプセル：

通常投薬量5mg. 1日の最大投薬量10 mg.」と記された箱を置いておく。看護師が確認の報告をすると，ハンフォード医師は「カーソンさん（実際の入院患者）にすぐ，アストロテンを20 mg，アストロテンを4カプセル，すぐに投与してください。私は10分以内に病室に行くので，そのときに指示書にサインをするが，行く前に薬が効いてほしいので，よろしく」と頼む。

この内容は，最大投薬量の2倍もの量を一度に投与するようにという指示である。このような状況で，看護師がこの医師の指示に従うか，医師の勢力の影響が調べられた。

■実験結果

実験の結果，ハンフォード医師からの電話を受けた22名の看護師のうち，21名が医師の指示に従い行動を起こした。看護師はアストロテンのカプセルを4個持って，患者の病室に向かったのである。ただし，病室に行く前に実験協力者が看護師を止め，実験の内容について説明し，実際には投薬

は行われなかった。専門職の看護師は，医師（勢力者）に命じられると，多くが規則違反を犯し，患者に重大な行為をしようとしてしまったのである。社会的勢力の力が実際の場面で，いかに効力を発揮しているかが実証された。　　　　　（Hofling et al., 1966）

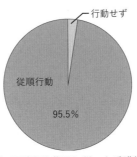

行動せず

従順行動
95.5%

図　医師の不適切な指示に従った看護師の比率

と上から下までタテにつながっており，たとえば課長は部長を上司としているが，係長を部下としている。係長は課長を上司とし，主任を部下としている。このような上下関係の中で，支配・服従の勢力的関係が，社員を結束させ組織を動かしてきたのである。ただ，その勢力的行動が効力を持つかどうかは，勢力行使を受けた部下がそれを受け入れるかどうかで決まる。部下が拒否すれば，勢力的行動は効果を発揮しない。

　では，人はどのようなときに相手の人の勢力を受け入れ，その指示や命令を従うのであろうか。フレンチとレイブンは，影響を受ける立場から社会的勢力を研究し，社会的勢力を以下の6つの心理的基盤により受け入れるとしている。

Keyword

■6種類の社会的勢力■

①強制的勢力　②報酬的勢力　③正当的勢力

④準拠的勢力　⑤専門的勢力　⑥情報的勢力

（1）強制的勢力

　昔の軍隊や体育会系の部活では，上官や先輩の指示に従わなければ，ところかまわず鉄拳が飛んだ。こんな状況下では，体罰を受けたくないので，理不尽なことでも上官や先輩の言うとおりに行動した。強制的勢力とは，勢力者からの罰が恐ろしくて，その指示や命令を受け入れるような勢力を指す。もちろん罰は，体罰だけでなく，叱る，無視するなどの言語的，心理的罰や，解雇や減給などの会社的罰や経済的罰も含まれる。

　この勢力を使うと，相手は罰を怖がっているので，なんの説明もなく簡単に相手を自分の思いどおりに動かすことができる。権力や権限を持つ人は，下の人が容易に動くため，この強制的勢力を頻繁に用いることになる。また，必要以上に命令を出し，部下を使い，しかも部下への評価は低いのである。そのことが TOPICS 12-7 のようなキプニスの実験で明らかにされている。これは**権力者の堕落**と呼ばれている。

　強制的勢力の乱用は，ジンバルドーのスタンフォード監獄実験（TOPICS

TOPICS 12-7

強い権限は部下への指示や評価に どんな影響を与えるか

[キプニスの権力者の堕落実験]

■考えてみよう

この実験は、管理職の部下に対する行動を、ビジネスシミュレーションで調べている。参加者は大学生で、企業の管理者の役を演じる。管理者には4人の部下がつく。管理者の仕事は部下を監督し、仕事を指示し、成果を上げることであると言われる。部下の役として高校生がつく。部下は別の作業室で仕事をしており、管理者はマイクで部下に指示や命令を送る。部下はイヤホンをつけて作業をしているので、管理者は指示や命令を部下一人ひとりに直接伝え、部下はこのイヤホンを通して聞くことになる。

実験前に、管理者にこの作業は1セッション3分間で、1セッションに1人ができる平均の個数基準が伝えられる。基準以上の作業成績を上げれば会社は利益が上がるので、そうするために管理者の指示や監督が重要であると伝えられた。管理者と部下の連絡は連絡係が行い、セッションごとに管理者のところから製品の素材を4人の部下のところに持っていき、部下はそれを組み立て、連絡係が完成品を持って帰る。

このような状況で、ある条件では管理者に強い権限が与えられた。部下への支払い額の増減、部下の解雇、そして作業の追加などが、管理職の裁量で自由にできると伝えられた。別の条件では、管理者は強い権限は与えられず、簡単な作業指示だけを行うように言われる。

実験は、この2つのタイプの管理者が、部下に対して行う命令、指示などの管理行動がどのように違うのか調べられた。また、各々の自己評価や部下評価も調べられた。さらに、この実験が終わった後、実験者は管理者役の大学生に、部下役の高校生たちと一緒にコーラを飲みながら雑談をしないかと言った。参加者がそれに応じたか、調べられた。

■実験結果

実験の結果、強い権限を持つ管理者役の大学生は、高校生の部下に頻繁にメッセージを送り続け、自ら多くの影響を及ぼそうとした。また、強い権限の管理者は、部下の能力を低く評価していた。業績が上ったときは、部下評価ではなく、自己評価を高めた。実験後の部下との雑談に参加したいと言った人は、35%であった。一方、弱い権限の管理者役たちは、75%が参加すると答えた。

つまり、強い権限を持った管理者役は、権力を行使し、命令指示を多発し、自分を高く評価し、部下を低く評価した。また、部下との交流を好まなかった人が多かった。キプニスはこれを、**権力者の堕落**と呼んでいる。

(Kipnis, 1972)

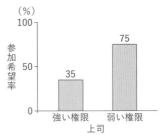

図　部下との雑談に参加を希望した管理職の比率

12-8）でも明確にされている。その実験により，人が強制的勢力を持つと
いかに支配的で残虐になるかが明らかにされ，同時に人が相手に強制的勢力
を認めると，いかに服従的になるかも証明された。

　しかし，強制的勢力下での服従は，心からの服従ではない。面従腹背のこ
とも多い。上司がこの勢力のみを使用していると，部下の心は上司から離れ
てしまう。

（2）報酬的勢力

　報酬的勢力とは，勢力者の言うとおりにしてその指示に従うと，自分が利
益を得られると期待できる場合である。社長から給与を得ていると考えてそ
の指示に従うのが報酬的勢力である。報酬的勢力の報酬はお金だけではな
く，人から褒められたり，認められたりすることは，心理的報酬となる。

　報酬的勢力は，それで自分の欲求を満たすことができるので，ポジティブ
な気分を持って従うことができる。そのため，その欲求充足を援助してくれ
る報酬的勢力者には好意を持つ。ただし，その人が報酬的勢力の持ち主では
なくなった場合，もはや言うことを聞かなくなる。

（3）正当的勢力

　学校では，先生は生徒にテストを実施したり，質問し，答えさせたりす
る。これはごく自然のことで，当然，学生はテストを受け，答えを考える。
たいていの学生はテストは好きでないし，当てられるのも好まない。しか
し，指示には素直に従う。それは，教室では先生の言に従うのが当たり前で
ある，と思っているからである。この場合，生徒にとって先生は，指示を出
す正当性を持っている。組織の中の上下関係の指示も，下の人が上の人の正
当性を認めて従っていることが多い。

　人は1人で行動するときは，自分で考え，自分で判断して行動を決める。
しかし，組織の一員となって組織行動をするときは，正当性のある上の人の
指示に従順に従う傾向を持っている。これが正当的勢力の基盤となる。

TOPICS 12-8　監視が権限を持つと囚人役に横暴になる

［ジンバルドーの模擬刑務所実験］

■考えてみよう

この実験は，看守と囚人という権威的人間関係における攻撃行動などを調べるため，実験室の中に刑務所を作り，参加学生を看守役か囚人役として入所させ，その行動を観察した。

看守役の学生は刑務所に集合した後，カーキ色の制服，鏡面のサングラス，警棒，笛，手錠，鍵を与えられ，囚人を監視するよう指示される。囚人を常に番号で呼び，また行動制限もできると言われた。一方，囚人役の学生はある日突然，地元の警察によって逮捕され，刑務所に連行され，そこで取り調べを受け，裸にされ，指紋を取られ，囚人服に着替えさせられ，囚人番号を与えられて刑務所に収容された。入所後は手紙を書くことや，タバコを吸うこと，トイレに行くことも看守の許可を必要とした。このような明確な権力構造の下での看守役の攻撃行動と，囚人役の服従行動が観察された。

図　ジンバルドーの模擬刑務所実験の風景 (Zimbardo et al., 1977)

■実験結果

この実験は，当初2週間を予定されていた。しかし，実験が始まると間もなく，看守役の学生が実験者の予想を超えて攻撃的で専制的になり，勝手に行動を禁止するようになった。他方，囚人役の学生は最初は看守役に反抗したが，効を奏しないことが分かると，看守にへつらうようになった。このため，看守役の行為が行き過ぎるようになり，実験は6日間で打ち切られた。実験と分かっていても，権力を手にするとそれを濫用し，攻撃的になることが実証された。

この実験は，囚人役を窮地に追い込むことから倫理的に問題視され，以後このような実験は行われなくなっている。また最近では，この実験の監視役が極めて攻撃的であったとの実験結果についても，実際は実験者側からの示唆により，過激化したとされる報告がなされている。(Zimbardo et al., 1977)

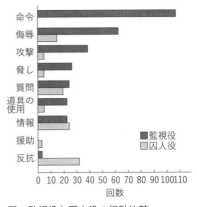

図　監視役と囚人役の行動比較

（4）準拠的勢力

　準拠的勢力とは，勢力者に強い尊敬やあこがれ，愛情を持っていて，その人の言うことや指示なら自ら進んで受け入れ，そのとおりに行動したいという気持ちが強い，同一視の勢力である。

　典型的には，武道やスポーツの師や監督，コーチ，あるいは先輩の指導に従うとき，この勢力によることが多い。スポーツだけでなく，学問でもビジネスでも，師や先達と仰ぐ人がいたら，その言に従いたいという気持ちが湧き出る。

（5）専門的勢力

　専門的勢力とは，相手の人がある特定分野において自分より高度な技術や深い知識を持っているとき，それを認め，その分野についてその人の指示に素直に従おうとするときの勢力である。たとえ相手が自分より地位が低くても，その専門分野においてはその勢力を認め，指示に素直に従うことになる。

　具体的には，会社の上司が自分の部下に，コンピュータの使い方を聞くときなどである。この勢力はその特定分野に限られる勢力であるが，それでもそれがたび重なると，2人の上下関係にも少なからぬ影響を与えることになる。また，日本では1つの専門分野で極めて優れている人には，他の分野においても勢力を認めることが少なくない。一芸に秀でた人を他の分野でも信頼する文化がある。

（6）情報的勢力

　ある情報を特定の人が持っていて，周りの人がそれを必要とする場合，その人は情報的勢力を持つことになる。その情報を得たいため，専門的勢力同様にその人の指示に従うことになる。

　ただし，情報的勢力が専門的勢力と異なり，当の情報がいったん共有されてしまうと，勢力の基盤を失ってしまう。深い専門知識はないが情報的勢力を持ち続けたい人は，常に相手の人が欲しがるような新しい情報を求め，持ち続けなければならない。

TOPICS 12-9　優秀な人の判断には影響される
［マウスナーの権威の線分判断実験］

■考えてみよう

　この実験は，呈示された線分の長さを判断するという課題である。まず最初に，参加者は，線分の長さの判断 100 回行う。それが終了すると，その参加者は実験者から，次の人の線分判断の記録係を頼まれる。このとき，記録表には正解が書いてあり，記録をつけながらその人の正解率を知り，その人が極めて優秀な判断者であることを知ることになる。

　別の条件では，記録しているとき，相手の人の正答率がかなり低いことを知る。次に，実験者から，その人と 2 人で線分判断をすることが伝えられる。このとき，答える順番が決められ，最初の参加者は常に直前に記録した人の後で答えることになる。つまり，相手の答えを知ってから自分の答えを言うのである。

　このとき，優秀な参加者とそうでない参加者の後の本当の参加者の回答は，先行する参加者の答えにどの程度影響されるであろうか。

■実験結果

　実験の結果，記録をつけたとき非常に正解率が高かった人の後に判断した場合，自分の最初の判断を変更し，相手の判断に合わせて判断を変えていた。これは，相手の社会的勢力を受け入れたと考えられる。他方，成績が悪かった人の後に線分の長さを判断した人は，先行する判断にはほとんど影響を受けず，自分の判断を続けることが明らかにされた。

　マウスナーの実験はアッシュの同調行動の実験状況に似ているが，この実験では，一対一の 2 人で単純な線分判断をする状況である。アッシュの実験では，相手が 3 人以上になると大きな同調圧を感じ，影響を受けるが，相手が 1 人の場合，まったく影響を受けないことが明らかにされていた。しかし，1 人であっても，その人が優秀であると思われた場合，専門勢力が働き，大きな影響を受けることが明らかにされた。

(Mausner, 1954)

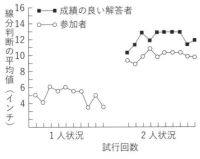

図 1　成績優秀者と一緒の場合の行動

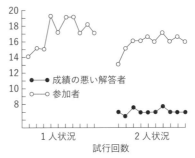

図 2　成績劣悪者と一緒の場合の行動

4. リーダーシップ

　人は集団を形成して活動しているが，その集団を効果的に機能させるには，リーダーシップを必要とする。リーダーシップは，集団の成果を大きく左右し，また成員の満足度や幸せに大きく影響する。社会心理学のリーダーシップ研究では，リーダーがどのようなリーダーシップをとることが，集団の発展や成員の幸福を作りあげるのかが課題となっている。

　集団や組織はそれぞれが目標を持っていて，それをできるだけ上手に，スムーズに実現しようとする。1つの目標に向かって活動を効果的に進めるためには，他の成員をリードするリーダーが必要となる。単なる人の集まりでは，どんな活動もうまく進まない。仕事の分担や役割の分化が必要であり，集団の構造化が必要となる。そのためには，集団をリードするリーダーシップが重要となる。

　身近な例でいうと，スポーツチームの監督のリーダーシップが話題となる。チームが優勝するとその手腕が称賛され，負けると非難される。監督がプレーしているわけではないが，確かに監督のリーダーシップの効果は大きく，チームは前年と同じメンバーにもかかわらず，監督が交替すると最下位のチームが優勝することもある。

　スポーツチームだけでなく，企業などの職場でもトップのリーダーシップは重要で，会社の業績や成長にそれが反映される。また，職場の一人ひとりにとっては，社長以上に関係するのが直属の上司のリーダーぶりである。上司のリーダーシップは，部下への影響が大きく直接的である。部下にとっては上司のリーダーシップが，日々の仕事や心理に影響を与えられることになる。このため，上司のリーダーシップは部下にとって最大関心事となり，職場の仲間の間でも日常的に話題になっている。

　一方，リーダーシップに対応する部下や後輩たちのフォローアップも，集団や企業の成果を上げることや，上司と部下の関係や雰囲気づくりには，大きな影響を持っている。

　社会心理学では古くからリーダーシップの研究が行われているが，その主

**TOPICS
12-10**

講義方式と集団決定方式では
どちらが有効か

[レヴィンの集団決定の実験]

■考えてみよう

レヴィンは，公的機関が個人の食習慣の変容など行動を変化させるために，講義方式と集団討議方式のどちらが効果的であるか，実際のコミュニティを使って実験を行った。講義方式は専門家の説得的な講演を聴き，集団決定方式ではメンバーが集団で討議のした後，挙手などにより自己決定の表明をした。

【実験1】赤十字の課題は，食肉不足に対処するため，それまで敬遠されていた内臓物いわゆるモツを家庭の料理に加えるようにすることである。

参加者は 15 人前後の主婦のグループである。実験条件として，講義条件と集団討議条件で行われた。講義条件では，専門家によりモツの栄養価等が詳しく説明され，調理法も印刷して配布された。一方，集団討議条件では，最初の数分間モツの栄養の問題と調理法について簡単な説明を行った後，集団討議を行った。討議が終わった後に，モツ料理を家庭で料理しようという意志を挙手によって示した。実験後，戸別訪問により，モツを料理したか調べられた。

【実験2】課題は，ミルクの家庭での消費量を増やすことである。参加者は地域の主婦グループである。参加者は講義方式か，集団討議方式に参加した。講義方式ではミルクの栄養について専門家から説明を聞いた。集団討議方式では簡単な説明の後，話し合いをし，集団決定を挙手で表明をした。実験の4週間後，戸別訪問により，両集団の主婦のミルク消費量の増減を調べた。

■実験結果

この実験は，集団討議決定方式の有効性を実証した研究である。

実験1の実験の後，追跡調査を行った結果，モツを料理した主婦は講義参加者では3%であった。一方，集団決定参加者では32%であった。

実験2の4週間後の追跡調査の結果，集団決定した主婦のうち，半数の人がミルク量を増やしていた。他方，講義方式の主婦の使用増は 15 ～ 30%であった。2つの実験において，集団討議の集団決定方式のほうが，講義方式よりその後の行動への効果は大きいことが明らかにされた。(Lewin, 1953)

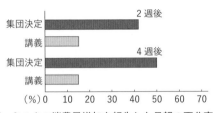

図　ミルクの消費量増加を報告した母親の百分率

な流れは，次の３つのアプローチである。

■リーダーシップの３つのアプローチ■
①リーダーシップ資質論
②リーダーシップ行動論
③リーダーシップ状況論

（1）リーダーシップ資質論

　メディアは，一国の首相や大統領，大会社の CEO，スポーツチームの監督のリーダーを，その資質について常に話題として取り上げ，ときに褒め，また厳しく批判する。居酒屋では上司のリーダーシップが話題となり，ここでは多くが批判的である。いずれにしろ，人はリーダー論が好きであり，誰もが一言ある。古くから中国古典やギリシャ哲学にも，リーダー資質論が語られている。社会心理学においても，リーダーはどのような資質を持ち，能力を持つか，研究されてきている。そのなかで，優れたリーダーには他の人にはないリーダーとしての資質がある，とするのが資質論である。研究の結果，リーダーには，指導力，決断力，統率力などが必要とされてはいるが，研究者により諸説あり，決定的な結論は出ていない。

　古今東西傑出したリーダーが数多く出ているが，各人が極めて個性的であり，また時代や状況により独特のリーダーシップが発揮されている。そのために，画一的特性は抽出されにくい。ただ，概略すると，仕事を積極的に進めようとする率先力と，メンバーとの関係を良くする人間関係力の２つの特性が，リーダーとしての資質であるとされている研究が多い。

　また，傑出したリーダーにはカリスマ性が必要なため，カリスマリーダー説を唱える研究者もいる。その研究では，ガンジーやキング牧師のような時代の流れを変えるような偉大なリーダーに注目し，彼らを変革型リーダーシップの持ち主としている。この考えでは，リーダーシップは２つの型があるとしている。

TOPICS 12-11　集団で議論するとリスキーな結論に向かう

[ワラックらのリスキー・シフトの実験]

■考えてみよう

この実験は，互いに未知の6人集団で行われる。まず，6人が会議用テーブルに座ると質問紙が配布され，12の仮想場面について，一人ひとり，個人の判断を回答する。

課題は，社会生活の中である重大な状況が生じ，どちらを選択するか迷っている人へのアドバイスを考えることである。その仮想場面の①は，リスクを伴うが，もしうまくいけば大きな報酬を得られるような転職をするか，報酬は低いがリスクのない，安全な現職のままでいるかの決断へのアドバイスである。そこで実験者は，最低どの程度の成功の見込みがあるなら，リスクをとるほうの行動を勧めるかを，参加者に質問した。

仮想状況はこのほかに，次のようなものがある。

②危険だが高収入の株式投資。
③試合で同点狙いより逆転狙いの作戦。
④医学部をやめ，音楽家を目指す。

各個人が回答し終わると，次に実験者は，その6人で12の場面各々について討議して，全員一致の回答を出すように指示する。そして，討議し集団決定した後，再び個人としての回答を求めた。

実験終了後，最初の個人の回答と集団討議後の回答とが比較され，どちらのほうがリスクをとる行動を選んだか，集団討議の影響が調べられた。

■実験結果

実験は，集団討議による意思決定の影響を検討することが目的である。

6人の集団決定と，討議前の各個人の意思決定を比較すると，全体として集団の決定のほうがリスキーな方向にシフトしていた。12課題のうち10課題で，リスキー・シフト現象が見られた。その理由は，リスキーな傾向の人ほど討論で積極的な役割を演じて，他のメンバーはその影響を受けること，討議を通してリスキーな主張のほうが，社会的に価値があると思えてくること，などが考えられている。ただ，課題によっては逆のコンサーバティブ（保守）シフトも見られた。

また，討議後の個人回答も，討議前の個人の意思決定より，よりリスキーな方向にシフトしていた。

いずれにせよ，討議し，集団で一致した意見を出そうとすると，決定が個人判断より

も極端化した。この現象は，**集団討議による極端化シフト現象**と呼ばれている。

(Wallach et al., 1962)

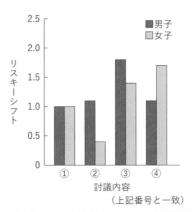

図　個人の集団決議前の決定と集団討議後の決定の差

■リーダーシップの２つ型■

①変換型リーダーシップ　　②変革型リーダーシップ

　変換型リーダーシップとは，メンバーの期待によりリーダーとして働き，その期待に応えて，メンバーの欲求を満足させるリーダーである。一方，**変革型リーダーシップ**は，メンバーに新しい考え方を説き，メンバーを変化する社会に合わせるように新しい価値観を持たせ，組織を劇的に変えていくリーダーである。

(2) リーダーシップ行動特性説

　リーダーシップ行動特性論では，リーダーの行動に焦点を合わせている。どのような行動がリーダーとしてふさわしいか，という視点である。

　代表的理論としては，古典的なマクレガーの**ＸＹ理論**がある。Ｘ理論では，部下は基本怠け者なので，彼らを統率するリーダーは，アメとムチによる動機づけを与えることで管理することとされる。Ｙ理論では，部下は自己実現を目標としているので，リーダーは部下の動機を知り，それに合わせた指導をすることにより，組織を効果的に働かせることができるとしている。

　三隅の**ＰＭ型リーダーシップ論**も同様の行動特性説である。三隅のＰＭ理論では，集団を統率するリーダーには２つの役割があるとしている。それは，集団の持つ目標を達成しようとするＰ機能と，その集団を維持しようとするＭ機能である。そして，個々のリーダーがそれぞれの機能について，その能力をどの程度持っているとメンバーから思われているかによって，集団のリーダーは４つの型に分けられるとしている（図12-2）。

　ＰＭ型リーダーシップは，自ら積極的に仕事をし，仕事に自ら責任を持つ。また，部下の仕事をそれぞれ明確に与え，目標を示し，責任与える。その一方で，組織の人間関係を的確に把握し，部下の意見や心情にも十分配慮するリーダーである。Ｐｍ型は，仕事中心で自らも仕事に積極的に取り組み，業績を上げることに専心するが，部下の心情や人間関係には関心を示さ

集団作業では匿名だと手を抜く

TOPICS 12-12

[ラタネらの社会的手抜きの実験]

■考えてみよう

この実験は，互いに未知の男子学生6人が1集団として実験する。参加者は一緒に広めの防音室に入り，半円状に1mずつ離れて座る。半円の中心4m先に音圧計が置かれている。実験者は「これから指名する人には，大声や拍手で音を出してもらいます。合図をしたら，できるだけ大きな音を出して，5秒間続けてください」と言う。実験者の指名に従い，各学生は叫び声と拍手をする。人数の条件により，1人で，あるいは2人，4人，6人で行った。2人以上の集団の場合，合図で全員一斉に行った。

このときの各自の声や音を音圧計により測定し，音の大きさを各人の努力量とした。各人の出す音量は，集団を構成する人数において異なるのであろうか。異なるとしたら，各人が一番大きな声や音を出すのは，何人集団のときであろうか。集団でやると競争心から，より大きな声が出るのであろうか。それとも手抜きをするであろうか。

■実験結果

この実験は，集団で一緒に匿名で行動すると，個人は手を抜くかどうかを検討した，社会的手抜きの研究である。

実験の結果，声の場合も拍手の場合も，集団の人数が多くなるにしたがい，1人当たりの音圧は減少することが示された。単独条件を100％とした場合，2人集団では単独のときの66％しか出していないこと，さらに6人集団では単独のときの36％しか出していないことが明らかになった。

このことは，他の人と一緒だと，できるだけ力を出すようにと指示されて，自分でも精一杯しているつもりであるが，無意識のうちに自分の努力を減らすということが明らかになった。この実験の状況では各人の成果は分からないので，競争心が刺激されることもなかったのである。　(Latané et al., 1979)

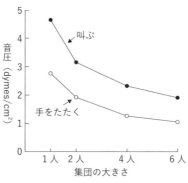

図　集団の大きさと1人当たりの音量

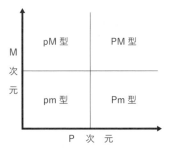

図 12-2　PM 理論のリーダーシップ 4 類型
(三隅, 1984)

ないリーダーである。ｐM型のリーダーは，自分と部下との関係，部下同士の関係など，集団の中の人間関係に心を配り，仕事の成果よりも集団内の和を大事にするリーダーである。ｐm型のリーダーシップは，組織の業績にも，組織内の人間関係にもあまり関心がないリーダーである。

5. リーダーシップの集団状況論

　リーダーシップには，前述したように，大きく分けて2つの機能がある。1つは，集団の仕事を重視し，その成果を最大限上げることに力を注ぐ，**課題志向型**のリーダー機能である。もう1つは，集団のメンバーをまとめる**集団維持志向型**のリーダー機能である。

　では，この2つのリーダーシップ機能は，どちらが実際に集団の成果を上げるのであろうか。フィードラーは，実際の成果は単にリーダーの志向だけでは決まらないとして，リーダーシップの**状況決定論**を提唱している。フィードラーによれば，集団成果を決めるのは，①リーダーとメンバーの関係，②課題の構造，③リーダーの地位の勢力3つの要素である。

　この中で最も大きな影響を与えるのは，①のリーダーとメンバーの関係で，とりわけ，メンバーがリーダーに好意的にあるかどうかであるとしている。メンバーの多くがリーダーに好意を持ち，敬意を持っている場合，メンバーはリーダーの指示によく従うので，課題志向型リーダーのほうが仕事の効率が上がり，集団成果は上がる。逆に，リーダーに対してメンバーの多く

TOPICS 12-13

コミュニケーションの中心にいる人がリーダーになる

[リービットのコミュニケーション構造の効果の実験]

■考えてみよう

　この実験では，学生5人ずつで1つの集団が作られた。そして，各学生は図1の○印に示されるような，相互連絡ネットワークの各位置に置かれる。ネットワークの型は，円形，鎖型，Y型，車輪型である。各成員は，このネットワーク構造に従い，情報交換できる相手とメモのやり取りを行い，課題を解決していく。

　まず，実験者から各成員に星形，円など

5種の記号が描かれている用紙が配布される。集団が解く課題は，自分が持っている記号の情報を互いに交換することにより，全員に共通する記号をできるだけ早く正確に発見することである。課題は15回くり返される。どのネットワークの型が，最も早く正確に回答できるであろうか。また，作業活動での満足度や各型の集団で，どの位置の人がリーダーになったか，などが調べられた。

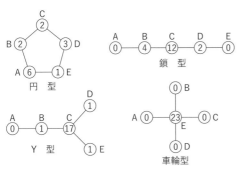

図1　異なるコミュニケーションの型
　　　（各数字は，リーダーと認知された総数）

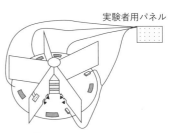

図2　集団コミュニケーション・
　　　ネットワークの実験装置

■実験結果

　この実験は，集団内のネットワーク構造の作業効率と，成員満足度やリーダーの発生について調べた研究である。実験の結果は，正解までの所要時間と正答数をネットワークごとに比べると，車輪型やY型など，中心的成員がいる構造（中心度が高い集団）の集団のほうが，円型や鎖型のような中心的成員がいない構造（中心度が低い集団）よりも，効率良く課題を解くことが明らかにされた。会社など仕事の組織がこの型であることは納得できよう。

　一方で，作業の楽しさなど成員の心理的満足度は効率性とは逆で，中心度の高い集団より低い集団のほうが高かった。ただ，個別の心理的満足度を見ると，ネットワークの中心的成員（たとえば車輪型のCや，Y型のC）は円型などの成員よりも満足度が高く，逆に周辺的位置の成員（たとえば鎖型のAや，Y型のE）は円型の成員よりも低いことが分かった。

　また作業後，リーダーとして適当な人を各成員に問うと，中心度が高い位置の人がリーダーに選ばれた。

(Leavitt, 1951)

が好意的ではない場合，指示しても従わないことも多く，集団の成果は上がらない。この場合，集団維持型リーダーのほうが人間関係に配慮するので，対立が少なくなり，結果的に集団成果は上がる。また，集団が混とんとしている場合は，メンバーは方向性を失っているので，課題志向型リーダーのほうが成果を上げることができるとしている。

　このフィードラーの理論は，リーダーや集団の状況により成果が決定されることから，状況決定論と呼ばれている。ちなみに課題の構造とは，課題遂行上の手続きが明確かどうかであり，メンバーに対するリーダーの強制勢力の強さである。フィードラーはこの基準で多くの既存の実験データを整理した結果，課題志向的リーダーシップは，影響力の行使が非常に容易か，あるいは逆にまったく困難なときに効果を発揮し，他方，集団維持志向リーダーシップは，成員に対する配慮の姿勢が好意的に受け取られるとき，リーダーとの関係もメンバー同士の関係も円滑化していき，集団の成果が上がる，としている。

<table>
<tr><td>**TOPICS 12-14**</td><td># どんなリーダーのもとでいじめは
多発するか
［ホワイトとリピットのリーダーシップの型の実験］</td></tr>
</table>

■考えてみよう

　この実験はリーダーシップの古典的研究で，リーダーシップのとり方が，集団の雰囲気，生産性や，集団メンバー間の関係，集団満足度に及ぼす影響を調べている。実験は10歳前後の子どもたち5人集団を，放課後大学生のリーダーが6週間指導した。比較したリーダーシップは，専制型と民主型，自由放任型のリーダーシップである。

　専制型は，リーダーがすべてを決定し，作業の手順もリーダーが示し，メンバー個々の作業分担もリーダーが決めた。リーダーは作業をせず，特定の子をえこひいきし，賞

賛したり，また特定の子を批判した。

　民主型は，作業の見通しを伝え，決定はメンバーの討議により決め，作業の分担もメンバー同士で決めさせた。リーダーも作業に参加し，賞賛や批判は客観的基準に基づき，控えめに行った。

　自由放任型は聞かれたら答えるが，それ以外はメンバーの思いのままに放任していた。

　どの指導法が作業効率が上がったであろうか。また，メンバー間の関係や行動それと集団への満足度が調べられた。

■実験結果

　この実験は，ナチスドイツから米国に亡命した心理学者レヴィンの，専制政治を意識した研究である。しかし，民主的リーダーシップと専制的リーダーシップの下での子どもたちを比較した結果，生産性にはあまり差はなかった。一方，個々人の仕事への意欲や独創性は，民主的リーダーの子どものほうが強かった。また，民主的リーダーの子どもたちのほうがメンバー間の関係が良好で，集団への満足度が高かった。専制的リーダーシップの下では，リーダーへの依存行動が多く，画一的であった。

　注目される点は，専制的リーダーシップの下では，メンバー間の敵意や攻撃性が多く見られ，その攻撃性が特定の弱い少年へのいじめとなって表れた。途中でやめることのできる集団だったので，いじめを受けた少年はやめたが，その少年がやめるとまた，次のいじめ対象者が生まれ，次から次へと脱落者が生まれた。　（White & Lippitt, 1960）

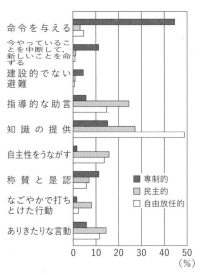

図　少年たちから見たリーダーの行動の比較

第13章
経済行動の心理

　コンビニエンスストアやスーパーマーケットでの買い物は，日常生活において頻繁に行われる行動で，必要であり，楽しみでもある。ショッピングをするたびに，良いモノを買ったとか，値段が高いとか安いとかと思い，買うかどうかを思案し，後で得したとか損したと思い，それを人に話すので日常の話題になる。また，ビジネス上の取り引きでも，交渉のときの心理は重要である。このようなときの心理を考えるのが，社会心理学の経済消費者行動の研究である。買う側の購買心理は，売る側にとっては商品が売れるかどうかの決め手となるので，重要な知見となる。現在は，かつての大量生産消費の時代とは違い，個人は好みにより厳選し購入を決めるので，**マーケティングの心理学**は，産業界においても，より重要性が増してきている。

　心理学者のカーネマンと経済学者のトヴェルスキーは，人が商品を買うときの心理は，従来の経済学が基本とするような合理的選択ではなく，購買時には独特の心理が働くと考え，**経済心理学（行動経済学）**を提唱した。その中心的理論の１つが，**プロスペクト理論**である。

1. プロスペクト理論

　プロスペクト理論の基本心理は，とにかく損はしたくないという，損失回避性である。人には得をしたい心理があるが，それ以上に損はしたくない，損は確定したくないという心理がある。この理論によると，同じ金額でも，得をしたときの快感よりも損したときの不快感のほうが倍以上大きいとされる。この心理はテレビショッピング番組にうまく利用されている。今買えば半額といったＣＭは多い。これは，今買わなければ損をする，今買えば得をする，という損失回避心理を利用したセールスである。

TOPICS 13-1　どんな贈り物すると，相手から評価 されるか

[カーネマンの気前の良さ判断実験]

■考えてみよう

　実験の参加者は，ある人から次の2つの状況で贈り物をもらった，と想像するように言われる。そして，その贈り主がどのくらい自分に気前よく贈り物を選んだかを評定させた。その状況とは，次の2つである。

A：贈り主Aは，あなたにコートを送ろうと思った。コート売り場には，50〜500ドルのコートが並んでいる。その中から，55ドルのコートをあなたへの贈り物として選んだ。

B：贈り主Bは，あなたにスカーフを贈ろうと思った。スカーフ売場には，5〜50ドルのスカーフが並んでいる。その中から，45ドルのスカーフをあなたへの贈り物として選んだ。

　参加者は，AとBの2人の贈り主について，その気前良さを7点満点で評価するように言われた。両者を比較して，どちらを気前が良いとしたであろうか。

■実験結果

　贈り物は，55ドルと45ドルである。金額を客観的に比較すると，Aのほうが10ドルも高い贈り物を選んでいる。贈呈額自体を比較すると，額の高いAのほうが気前が良いということになる。しかし実験では，逆の結果が出ている。参加者のA，Bに対する気前良さの評定結果は，55ドルの贈り主Aに対しては平均5.00であるのに対して，45ドルの贈り主Bに対しては5.63で，Aよりも安い贈り物をしたBのほうを気前が良いと評価したのである。

　これは，認知バイアスのところで説明した**対比効果**が，評定の結果に影響していると言えよう。図形知覚においては対比効果による**錯視**は大きい。図に示されるサンダーの錯視やポンゾの錯視のように，同じ長さの斜線や横線でも周囲の大きさにより，違って見えるのである。

　このことから，人は物を客観的にとらえているのではなく，相対的に見ていることが明らかにされている。この実証実験により，図形だけでなく，贈物やショッピングなど物の価値や金額の心理的判断においても，対比効果は大きく，それが対人的認知に大きな影響を与えていることが明らかにされた。

(Kahneman, 2011)

図　サンダーの錯視

図　ポンゾの錯視

　プロスペクト理論とは，人の経済行動は，特有のプロスペクト（見通し）を考慮した行動心理であるとしている。従来の経済学では，合理的に損得を検討して，正しく判断することを前提にしている。取り引きや買い物はこの経済合理性に基づいて行われるべきだとしている。しかし，現実は取り引きや買い物は，そのようには行われていない。このため，そのような合理的予測は，日常の社会的行動やビジネス上の取り引きをうまく予測できない。実際，経済学は，日頃の購買行動や取り引きの予測にはあまり役に立たないと言われている。

　プロスペクト理論とは，予測できない人間の心理を実験を通して得たデータを考慮して作成された，**行動予測**の理論である。この理論は，実際の実験結果をもとに構築された実証的行動理論なので，予測が可能となる。

　理論構築に用いられた実験は，実にシンプルな一問一答方式の質問である。たとえば次のような設問で，どちらを選択するか，という問いである。

---

　a．無条件で1万円もらえる。
　b．コイントスをして，表が出たら2万円もらえるが，裏が出たら何も
　　　もらえない。

　この問いに，a，bどちらを選択するか問われる。aとbは確率でいうと同じである。しかし大半の人は，不確実な2万円よりも，確実な1万円を手にしようとし，aを選ぶ。損をしたくない心理がここに働いている。

　では，次の質問は，どうであろう。

---

　c．1万円もらったが，無条件で1万円戻せと言われた。
　d．コイントスで表が出たら2万円返すが，裏が出たら返さなくてよい
　　　と言われる。

　このc，dのどちらを選択するか問われる。

　この場合a，b問題と同じ心理で答えるとすると，dでは2万円も大損する可能性があるので，それよりもcを選んで，確実に1万円の損に抑えて損

TOPICS 13-2 自分の持ちものを売るとなると，高くするか

［カーネマンらのマグカップの保有心理実験］

■考えてみよう

　この実験では，自分が所属する大学のロゴ入りマグカップに，学生がいくらぐらいの値段をつけるかが調べられた。

　実験では，次のような3つの状況でマグカップが提示され，そのときの価格について尋ねた。まず，実験者はある学生たちに，当のマグカップと相応の現金を示し，どちらかを選択させた。現金の額はその都度高低変更した。実験者はこれにより，学生にとっての当マグカップの適正な販売価格を知った。続いて，別の学生に，次の2つの条件

でマグカップの価格を質問した。

Ａ：実験者は，当のマグカップを学生にプレゼントし，その後，もし，それを誰かに売るとしたら，いくらで売るかを尋ねた。

Ｂ：実験者は当のマグカップを別の学生に示し，いくらなら買うか，と尋ねた。

　学生はマグカップをいくらなら売る，あるいは買うと答えたであろうか。また，適正価格より高く値付けしたであろうか，低く値付けしたであろうか。

■実験結果

　実験の結果，当のマグカップの適正な価格と考えられる最初の状況では，3ドル12セントであった。

　しかし，Ｂのような状況で買い手となったとき，買い値は2ドル87セントとなり，適正価格よりもやや低い値段がついた。買うときは安く買いたいという心理が働いたと言えよう。

　一方，Ａのプレゼントされたマグカップを売るときの状況での売り値は，7ドル12セントで，適正価格や買うときの値段の倍以上の値段をつけた。

　同じマグカップに対して，なぜこのような大きな価格差が生じたのであろうか。カーネマンらは，それは**保有心理**が働いているからと説明している。人は，自分が持っているものに付加価値をつける傾向があるので，それを手放すとなると，惜しいと感じる気持ちが強くなる。そのため，適正価格より高い値段で売りたいと思うのである。これも，**認知バイアスによる意思決定**と言えよう。また，**プロスペクト理論**で考えると，安く売って損したくない心理が強く働いていると言えよう。

(Tversky & Kahneman, 1981)

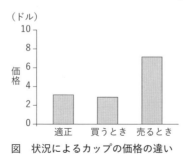

（ドル）

図　状況によるカップの価格の違い

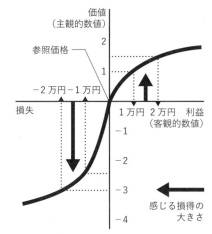

図13-1　プロスペクト理論

を確定しようとする，と考えられる。しかし，実験の結果，多くの人はcではなくdを選ぶのである。それは，損は確定したくない心理が働くからである。

　このような人間の心理を実験結果から見出し，人の意思決定の際の心理を研究し理論化したのが，プロスペクト理論である。その心理の基本は，図13-1のように示されている。

　カーネマンらは具体的にショッピングなど不確実な場面で，人はどのような選択をし意思決定するかを，多くの実験を通して明らかにしている。

　その結果，人は，ショッピング場面で損得を考える場合，損するときと得するときでは，同じ金額でも異なった心理を持ち，違った行動をすることを明らかにした。

　前述のようにカーネマンらの実験は，簡単な一問一答方式であるが，そこから人の独特の心理傾向や深層心理を明らかにしているのである。カーネマンらの有名な実験について，TOPICS 13-1～3で説明しているので，まず，自分で，それぞれの問いに答え，なぜそう答えたか，自分で考えてみてもらいたい。

　カーネマンらはこれらの実験を通して，プロスペクト理論や第1章の社

TOPICS 13-3　失くしたチケットを買い直すか
[トヴェルスキーとカーネマンの心理的財布実験]

■考えてみよう

　この実験では,別々の200人の参加者にAとBのような状況を説明し,その回答を調べている。

A：あなたはその日,ビッグイベントに行くことになっていた。チケットは1万円である。財布とは別に,別のポケットにイベント用に1万円入れておいた。さて,イベント会場に到着し,チケット売場でチケットを買おうとして,そのポケットを探したが,なぜか1万円がなかった。失くしてしまったようだと気づく。そのときあなたは,いつもの財布から1万円出して,もう一度チケットを買うだろうか,

買うのをやめて家に帰るだろうか。

B：あなたはその日,ビッグイベントに行くことになっていた。チケットは1万円ですでに買ってある。さて,イベント会場に到着し,入口でチケットを渡そうとしたら,チケットが見つからない。失くしてしまったようだと気づく。チケット売場には当日売りがある。もう一度チケットを買い直してイベントに参加するだろうか,買うのをやめて家に帰るだろうか。

　この実験は,同じ1万円の再支出だが,AとBという状況の違いによる購入率に違いはあるだろうか。

■実験結果

　実験の結果,Aの,新しいチケットを買う場合は,参加者の88%の人がチケットを購入すると答え,買わずに帰るとした人はわずか12%であった。一方,Bの,失くしたチケットの再購入の場合,46%の人が購入せず帰ると答え,再購入すると答えた人は,54%であった。その時点では同じ1万円の支出にもかかわらず,状況心理の違いにより大きな差が生じたのである。

　その理由をカーネマンらは,**心理的財布**

という考えで説明している。人は,自分のお金を全体で1つの財布ではなく,種々な支出に当てるため,分割された心理的財布を持っている。その財布からその都度,支出しているので,すでに支出された費用に,再び別のお金を当てることに躊躇するのではないか,としている。いわば,自分のお金には色がついている,ということを実証した実験である。　(Tversky & Kahneman, 1981)

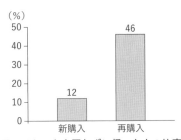

図　チケットを買わずに帰った人の比率

会的認知でも扱っているさまざまな**ヒューリスティックス**が，ショッピングやビジネスの際，あるいは日常生活に使われていることを明らかにしたのである。現実の社会でのマーケティングを考える際に，従来の伝統的経済学や経営学では説明できないことが多く見られていたが，それらをヒューリスティックスやプロスペクト理論を考慮して見ていくことにより，理解が可能となるとしている。このため，経済学に心理学を取り入れた画期的な理論として評価されている。

2. マーケティングの心理理論

　ここでは，マーケティング行動に関係する心理的特徴をとらえた理論を紹介していく。これらはマーケティング学の理論なので，心理学のように実験などで実証されてないが，心理的に興味ある理論なので以下に概略を示す。

(1) ライベンシュタインの理論
　経済学者のライベンシュタインは，市場には，商品そのものとは関係なく購買欲求をかり立てる要因があるとし，3つの心理的要因を挙げている。
　①バンドワゴン効果
　ライベンシュタインは，購買欲求を上げる要因の1つは**同調心理**である

図 13-2　バンドワゴン効果

商品は種類が多いほうが売れるか
[アイエンガーとリッパーの選択のオーバーロード実験]

■考えてみよう

　この実験は，スーパーマーケットで実際の
ジャムコーナーの販売促進として行われた。
食品売場に，実験用として試食コーナーを
設置し，6種類の新しいジャムを並べた。も
う1つの条件では，同じコーナーに 26 種類
の新しいジャムを並べた。そして，その売場
を通りかかった顧客に，店員がこの新しい
ジャムの試食を勧めた。店員の誘いに応じ
て売場で立ち止まり，実際に試食をした顧

客の数を数えた。さらに，そのうち何人が実
際に新しいジャムを購入したかを数えた。
　この実験では，ある商品を売ろうとすると
き，顧客が選択できる商品の数が，購買量
に影響するかどうかを調べた。一般的には，
商品の種類の数は，少ないよりも多いほう
がよいと思われている。実際にそのとおりな
のか，多すぎるということはないのだろうか，
実験している。

■実験結果

　実験の結果,商品が 26 種類と多い場合,
売場を通った約 250 人の顧客のうち，約
60％の人が興味を示し，試食した。一方，
商品が6種類と少ない場合，約 40％の人が
試食した。このことは，商品の種類が多い
ほうが，顧客がジャム販売により興味を持
ち，魅力を感じたことを示している。顧客に
注目されるには，商品の選択肢は多いほう
がよいということになる。
　では，この実験で，立ち止まり試食した
顧客のうち，実際に何割の人が新製品を
買ったのであろうか。実験の結果，26 種類
のジャムを並べた売場の場合，最終的に
買った人は，試食した人のうち，わずか3％

であった。他方，6種類のジャムを並べた売
場では，試食した人のうち，実際に 30％の
人がジャムを買ったのである。この結果は，
選択肢が少ないほうが，最終的には多く購
入されることが明らかにされた。このことは，
購買心理の複雑さを示している。
　選択肢があまりに多い場合，購買の選択
や意思決定が難しくなり，それが負荷過多
（オーバーロード）となり，購買行動を諦め
させてしまい，何も買わずに帰ってしまうと
いうことを示している。アイエンガーはこれ
を，**オーバーロード効果**と呼んでいる。

(Iyenger & Lepper, 2000)

としている。その商品をみんなが持っているという情報や，その商品が大人気で大ブームであるという情報をマスメディアや友人から知らされると，自分も欲しくなるいわば同調の心理で，これを楽隊についていきたくなる心理から，**バンドワゴン効果**と呼んでいる。

②ヴェブレン効果

2番目の購買欲求を高める効果は，ブランド商品などを周りの人に見せびらかしたいという思いで，欲しくなることである。その心理は優越欲求や自己顕示欲求である。これを提案者の名前から**ヴェブレン効果**と呼んでいる。

③スノッブ効果

3番目の購買欲求は，他の人と違ったものを持ち，差別化を意識し，自己満足を得る心理である。これを**スノッブ（気取り屋）効果**と呼んでいる。

(2) 価格の心理効果

購買欲求は，売り手が示す価格によって大きく影響される。買おうと思っていても，価格が高いと買わない。買うつもりがなかったのに，半額セールと表示されていると買ってしまう。このような判断が合理的と言えるかどうか分からないが，提示価格により損得の心理が影響されるので，売り手はそれを利用して売値を提示する。買い手はその額により購買が左右される。その具体例は，テレビショッピングやスーパーマーケットの価格提示に典型的に示されるが，そのいくつかを以下に示す。

①先頭数字効果

スーパーマーケットなどの店先には，198，298，398 などの価格が並んでいる。2,000 円と 1,980 円では差は 20 円しかない。しかし，2,000 円は 2 千円台，1,980 円は千円台である。この先頭数字効果は「千円なんだ，安い」と購買意欲をかりたてる。ところが，税込み価格では二千円を超してしまう。それを大きく書くと，先頭数字が変わるので，とたんに売れなくなるという。税込表示が小さいのはこのためである。

②リフレーム効果

通常価格との比較を明示し，通常の3割引，セールのため5割引などと，買い得感を与えて購買欲求をかり立てる。これが**リフレーミング法**である。

買った新車の広告をよく見る心理

[フェスティンガーの決定後の認知的不協和実験]

TOPICS 13-5

■考えてみよう

この実験は，最近新車を買った人にインタビュー取材し，購入したときから取材の日までの間の新聞に載っていた車の広告を見せ，その中でどの車の広告を見たか，広告内容を読んだか，を尋ねた。

新車購入者は，自分の買った車の広告をよく見て，読んでいるのだろうか。それとも，買おうとしたときに考慮したが，買わなかったほうの車の広告をよく見て，読んでいたであろうか，両者を比べている。

それとは別に，車を買ってからかなり期間が経っている人にも同様の取材をし，新聞の新車広告を見せ，目についたかどうか，読んだかどうかを尋ねている。

■実験結果

実験の結果，新車を買ったばかりの人は，自分が買った新車の広告をよく見て，よく読んでいることが明らかになった。新車の新規購入者の70％が，当の新車の広告に気づき，65％の人がその新車の広告を読んでいた。一方，新規購入者ではない人も，65％の人が新車の広告に気づいていたが，それを読んだ人は41％であった。

また，新規購入者は，自分が買った車の広告は65％の人がよく読んでいたが，購入時，比較検討したが買わなかったほうの車の広告を読んだ人は40％であった。つまりこの実験から，自分が買った新車の広告にはよく気づき，また，よく読んでいることが明らかになった。

このような行動は，すでに車は買っているので，購入のための情報の収集行動ではな

い。それにもかかわらず，すでに買った車の広告をよく読むのはなぜであろうか。新車の広告内容は当然のことながら，その車の性能の良さや格好の良さを強調している。悪いことは何一つ書いてない。買わなかったほうの車の広告も同じである。自分が買った車の広告を読むことは，自分の選択行動への認知的協和情報を集めることができるので，心理的に快である。逆に，買わなかった車の広告を読もうとしないのは，買わなかった車の良さを知ると不協和心理を生じさせるので，そのような行動をあえてしようとはしないと考えられる。

この実験は，**認知的不協和理論**の決定後の行動の実証として行われた。

(Festinger, 1957)

表　自分の車および他の車の広告の読み方

広告の内容	目についた広告の比率（％）		読んだ広告の比率（％）	
	新車の持ち主	古い車の持ち主	新車の持ち主	古い車の持ち主
自分の車	70	66	65	41
決定の際に考慮された車	66	—	40	—

これはヒューリスティックの**アンカーリング効果**を使っている表示である。また，寿司や丼物などランクのある商品の場合，価格を上と並の2種類にすると，並がよく売れる。しかし，同じ価格でも，特上，上，並と3種類用意すると，並より上のほうが売れる。これは中程度を好む人が多いからである。この傾向は日本人だけではない。西欧でも同様の購買心理が働くとされている。絵本の主人公が中を好むことから，名前をとって**ゴルディロックス効果**と呼ばれている。

(3) 限定効果

　時間限定，季節限定，今ある限りなど，限定商品は希少性を感じさせ，価値を高め，購買欲求を高める。これはプロスペクト理論の，損をしたくない心理の応用である。販売時間をカウントダウンすると，さらに希少価値は高まる。加えて，おまけや値引きなどプラスアルファが付くと，購買欲求が促進される。これが2段階要請法で説明した**TNA（that's not all）テクニック**である。また，「無料」とか「ゼロ」という提示に，人の購買欲求はことさら高められる。物がタダで手に入るということに特別のお得感が働く。これは**ゼロコスト効果**と呼ばれている。

　これらは経済合理性から考えると不合理かもしれないが，実際の経済活動やショッピング行動では，このような**ヒューリスティックス**的な判断が頻繁に行われている。それを誘うような方法が多くの販売現場で行われ，効果を上げている。消費者側は分かっていても，それに誘われて購買してしまう。このため，現実の消費活動を考えていく際には，このような心理を販売者側も消費者側も十分に考慮して，対応していくことが必要となる。

　また，この心理メカニズムは単に経済活動だけでなく，さまざまな人間関係の対応においても働いている。現実の対人関係においても，人は損得を考えて行動しているのである。このため，これらの知識は，日常の人間関係を良好にするためにも大いに役立つと言えよう。

TOPICS 13-6　「明日の 100 より今 50」は本当か

[デステノの異時点報酬実験]

■考えてみよう

この実験の参加者は，実験の報酬として お金を受け取ることになるが，その受け取り 方が2つ提示され，どちらかを選択すること になる。

一方の報酬受け取り日は実験日の当日 で，他方の受け取日は実験終了 1 年後であ る。ポイントは，この2つの時点で，受け取 る報酬が異なると言われることである。報酬 は，当日のほうが 1 年後より，低い金額が 提示される。

この実験の場合は，報酬を渡す段階でま ず，今でなく1年後なら 100 ドル渡すと言う。

そして，今渡すこともできるが，その場合は 金額は 10 ドルに下がると言う。その額で参 加者が受け取れば，そこで実験は終了であ る。10ドルでは受け取らないと言った場合， 1ドルずつ上げて受け取るかどうかを判断 させた。そして，参加者がその額なら当日 その場で受け取りたいと言った金額になっ たときに，実験は終了する。

参加者は，1 年後の 100 ドルに対して， 現時点でいくらもらえたら今もらうと言うだろ うか。

■実験結果

実験の結果，現時点での受け取り報酬額 を上げていった結果，参加者が現時点でも らいたいという金額は，1 年後の 100 ドルに 対して，平均して，今もらえるのが 17 ドル なら，もらうという結果が示された。

損得計算上は，100 ドルに対して 17 ドル は少なすぎて，非合理的であると思われる が，実験の結果は当日現金が受け取れると いうことから，現時点で確実に獲得できると いう心理が優先されることが示された。

社会ではこのような場面での選択決定に

は，「明日の百より今 50」という日本のこと わざや，「やぶの中の2羽より，手にした1 羽」という西欧のことわざがある。取引現場 においては，確実な獲得を重視することを 示唆されている。

その心理を，**進化心理学**では，食物サバ イバルはその時点での充足が最優先されて きたことによると説明される。生活レベルで の心理的解釈では，子どもの頃からの発達 過程で，現時点での報酬獲得の重要性が 身についているためと考えられている。

(DeSteno, 2018)

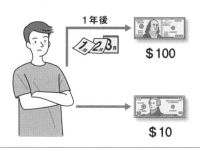

3. 取り引きゲーム

　ビジネスは取り引きである。大半のビジネスは対等ではないが，それを承知で，互いにそれぞれの利益を上げるような取り引きをしたいと思い，実際に行われる。ビジネスの取り引きでは，不公正や身勝手さは嫌われる。自らの利益を失っても，怒りや屈辱感から取り引きを止めることもある。社会心理学にはそのような経済合理性では説明できない心理や行動を，実験ゲームを用いて実証的に明らかにしていく研究分野がある。

　実験ゲームとは，得点や現金を用いて取り引きをゲーム化し，対人関係における人の心理やビジネスなどの取り引きのシミュレーション方法である。この方法は，簡単であるが人の心理の奥深さや駆け引きの妙を明らかにできる。このためビジネス上の心理の解明に役立つことから，社会心理学や行動経済学で多用されている。ここでは，その中の代表的な取引ゲームとして，最後通牒ゲームと独裁者ゲームについて見ていく。

(1) 最後通牒ゲーム

　最後通牒とは，敵対関係にある2国のうちの一方が，もうこれ以上は妥協はできないという条件を相手に通知する文書のことで，国際的にはいわば戦争覚悟の最終通知のことを指す。しかし，最後通牒ゲームは，名前は怖ろしいが，いたって単純なゲームである。ただ，それが究極のビジネス場面や，厳しい対人関係場面の心理と行動を象徴しているとして注目されている。ゲームの典型例を挙げて説明する（図 13-3）。

　この実験ゲームの参加者は未知の A，B の2人で，対面して座るが，2人の間には衝立があり，相手は見えない。また，互いに話すことも禁じられている。実験者は A に 1,000 円を 100 円硬貨 10 枚で渡し，「この 1,000 円をあなたにあげますので，相手の B さんと分けてください。分け方はあなたの自由です。ただし，分け終わった後，B さんがその分け方を拒否した場合，このゲームは成り立ちません。その場合，私に全額を返してもらいます。では，自分の取り分を決め，B さんの分を渡してください」と言う。そして実

TOPICS 13-7	答えた購買動機は本当か
	［ニスベットとウィルソンの内観批判の実験］

■**考えてみよう**

このフィールド実験は，ある商店にたまたま買い物に来た女性を対象にしている。商店の入口で調査員を装った実験者から，ストッキングの市場調査をしていると言われる。品物は店の入口の近くから縦に，つまり手前から奥に向かって，1mおきに4足のストッキング置かれている。市場調査に協力していただけたらそのうちの1足を差し上げるので，その中から好きなものを選び，後で

インタビューに答えてほしいと言われる。そして，選び終えた後に，それを選んだ理由が尋ねられた。

実は，この4足のストッキングはすべて同じものであった。ただし，違いを作るため，異なった香水をかけてある。参加者はどんな理由で，どの位置に置かれたストッキングを選んだであろうか，位置と選択の関係が調べられた。

■**実験結果**

参加者が一番良いと思い選んだ理由は，ストッキングの編み方，薄さ，弾力性などであった。ストッキングが置かれた位置を理由に挙げた人は，1人もいなかった。また，インタビューのとき，位置の影響について実験者が改めて質問しても，それを選んだ理由として認めた人は1人だけであった。しかし，実際の選択は，本人がまったく意識していないが，ストッキングが置かれている順番が大きく影響していた。

結果は，対象者が手にした順序の逆で，奥に行くほど選ばれていた。選ばれた割合

は先頭から順に12%，17%，31%，41%であった。これは，消費者にとって最終決定するまでの選択の余地がまだ残されている場合は，先のものも見たいという気持ちが強くあり，決断を先延ばしする心理が働いていることを示している。ただし，その気持ちはこの実験では無意識に働いていて，本人はそのことを意識しないで行動していた。このことからニズベットらは，自分の意見（内観）は当てにならない，としている。

(Nisbett & Wilson, 1977)

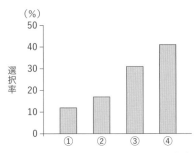

図　ストッキングの置かれた順番と選択率

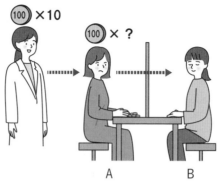

図 13-3　最後通牒ゲーム

験者は，分け前を手にした B に，その分配を承諾するか拒否するかを聞く。
承諾すれば，A から渡された分は，受け取れることになる。受け取りを拒否
すれば，A にも B にも何も残らない。実験は，B が承諾しても拒否しても，
それで終了する。このような実験状況のとき，A は自分と相手に，どのよう
な分配をするであろうか。また，B はどのような分配のとき，承諾したり拒
否したりするだろうか。それが調べられた。

　まず，このゲームを B の立場で見てみよう。B は自分には資金はまったく
配分されず，また分配権もなく，ただ A の分配を待ち，それに不服の場合，
拒否できるだけである。しかも，拒否してしまうと配分はゼロとなる。一
方，どんな分配率でも，承諾すれば分配された分は自分の得になる。たと
え，9 対 1 でも 100 円の得になる。経済合理性から言えば，配分されれば
配分率にかかわらず，承諾したほうが得することになる。このため，拒否
は，金銭を獲得するという点からは，まったく非合理的選択である。しか
し，実験の結果，9 対 1 の配分率の場合，ほとんどの B は拒否することが
明らかにされた。このような状況では，人は経済合理性では行動しないこと
が明らかにされた。

　別の実験で，単独で実験上，単に実験者から 100 円を分配されたら，参
加者の大半はそれを受け取る。しかし，この場合のように相手がいて，相手
が 900 円，自分が 100 円だけという分配だと，それを不服として拒否する

自分で買った宝くじは当たる

[ランガーの宝くじ販売実験]

■考えてみよう

これは，2つの会社を使った宝くじの販売の実験である。実験者はまず両社の社員に宝くじを売る。宝くじの番号礼には，表に番号，裏に米フットボール選手の写真と名前が書かれている。宝くじは1枚1ドルで売られた。当選者の賞金は50ドルである。実験では，宝くじを買うとき異なった2つの条件で売られた。1つの条件では，カードの中から欲しいカードを選ぶことができた。もう1つの条件では，カードは自分では自由に選べず実験者から順に手渡された。

さて，抽選日の朝，宝くじを売った実験者は，片方の会社の購入者を集め，「実は別の会社の何人かが，新たに宝くじを買いたいと言ってきた。でも，もう売るくじが手元にない。そこで皆さんが持っているくじを買い取りたい。いくらなら手持ちの宝くじを売ってもらえるか」と尋ねた。売りたくない人にも金額を言うよう求めた。

このとき，参加者は，いくらなら売ってもいいと答えたであろうか。また，カードを自分で選択して買った場合と，単に手渡された場合とでは，売り値に違いがあるだろうか。比較し，調べられた。

■実験結果

この実験は，**自己コントロール感**の影響の実証的研究である。実験の結果，単に順番にカードを手渡された社員の売り値の平均は1.96ドルで，元値の1ドルのほぼ倍であった。自分が手にしている物の価値を高く評価するという**保有心理**が働き，倍になったと考えられる。他方，自分でカードを選んだ社員の売り値の平均は，8.67ドルであった。

くじの当りはずれは，偶然であるにもかかわらず，自分が選んだカードは，自分が関与して選んだという自己コントロール感から，当たると思っているのである。

また，売りたくないと断った人が28.3%いたが，そのうちの66.7%の人が，自分でカードを選んだ人だった。自分で選んだカードは手離すのが惜しく，自我関与が高く，保有欲求は単に配られたカードよりかなり大きいことが分かる。

(Langer, 1975)

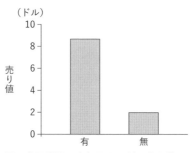

（ドル）

売り値

有　　　無

図　自己選択の有無とカードの売り値

のである。

　では，なぜ得を捨ててまで拒否するのであろうか。たいていの人は，Ａの不公平さに腹を立て，Ａにそのことを知らしめるため，拒否を選択すると考えられる。ここでは，判断は経済合理性ではなく，**対人的公正性**の観点から判断され，感情的に決められている。もちろん，これはこのゲームだけでなく，日常的なビジネスや対人関係の場面でも同様の心理が働くと言える。では，どのくらいの分配率ならＢは承諾するであろうか。この実験は簡単なので，多くの国で行われていて多少の文化差はあるが，実験の結果，Ａ対Ｂ＝6対4の分配率でＢが承諾することが多いとされている。

　次にこのゲームをＡの立場から見てみよう。Ａには分配権があり，分配に先立ちＢが拒否したらＡにも利益がないことが分かっているので，Ｂが拒否しない分配をしようとするであろう。実際，実験の結果，分配率が多いのは半々や6対4であり，平均してもＡの取り分は若干多いだけである。

　この実験ゲームで，人はかなり公正感をもっており，また，一方で相手の極端な不公正は許さず，自分が損しても許さないという行動をとることが明らかにされた。

　実験終了後，Ｂの参加者にその心理を聞いても，不公正への感情を訴える人が多かったという。この**公正感**が人間関係のルールとなっており，このような対人的状況においてはどちらの立場になっても公正性のもとに協力し合うことが，結局，得であると考えていることが明らかにされた。

（2）独裁者ゲーム

　最後通牒ゲームでは分配するＡのほうが有利な立場であるが，それでもＢには，Ａの分配を拒否してゲームをやめ，Ａの有利さを無効にする権限がある。Ａはそれを恐れて，経済合理性とはかけ離れた選択をする。では，その恐れをなくしたら，どう行動するであろうか。それが独裁者ゲームのルールである。

　独裁者ゲームも，最後通牒ゲームと同様，参加者はＡとＢの2人である。2人は未知で，顔も見えず，話もできない。実験者はＡに1,000円を渡し，Ｂと分けるように言う。その分け方はＡの思いどおりで，Ｂには拒否権も何

TOPICS 13-9　もらえないと分かったレコードの評価は
［ブレムらの心理的リアクタンスの実験］

■考えてみよう

　参加者は，「この実験はレコード会社の依頼で，大学生の音楽の好みを調べる市場調査であり，2日にわたりこの実験室で行われる」と言われる。

　1日目は4種類のフォークソングのテープを聞き，それぞれの好ましさについて0〜100までの101段階尺度で評定した。そのとき，翌日の2日目の調査が終了した後，レコード会社から謝礼として，4枚のレコードのうちの1枚が無料で贈呈される，と伝えられる。

　さて，実験2日目は，「繰り返し聞くことにより評価が変わるかどうかを調べるので，前日と同じテープをもう一度聞いてもらう」と言われる。そして，実験を開始する前に，「贈答用のレコードが今朝届いたのですが，手違いがあったらしく，4枚のうち1枚が荷物の中に入っていませんでした」と伝えられる。ただ，実験用のレコードは手元にあると言われ，学生は，前日と同じ4曲を聴き，同じように100点尺度で好ましさを評定した。

　このとき，実験操作として届かなかったと言われた曲は，前日の評価で各学生が3番目に好むと評定した曲のレコードである（このため学生により異なる）。参加者にとって，届かなかったということは，その曲のレコードはもらえないということになる。そこで，もらえなくなってしまった曲への評価は上がるだろうか下がるだろうか，それが調べられた。

■実験結果

　この実験は，人は選択の自由が制限されると，制限された選択肢への魅力が高くなり，好意が増すことを実証した研究である。実験の2日目に届かなかったため，もらえる可能性がなくなったレコードは，前日はあまり好まれていなかった3番目の曲であった。しかし，実験の結果，もらえないと分かると，その曲への評定が前日の評定より上がっていることが明らかになった。選択の自由が妨害されたため，ほかの3曲への評価がほとんど変わらなかったのに対して，届かなかったレコードのみ，前日の評価よりも好意度が上がっていたのである。

　制限されると好意が増すこの現象を，ブレムは**リアクタンスの心理**と呼んでいる。

(Brehm et al., 1966)

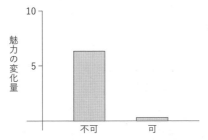

図　入手可・不可による3位レコードの魅力の変化

もない。Aが分配率を決めたところで，実験は終了する。つまり，Aは絶対
権力者であり，そこから独裁者ゲームと名づけられている。

　この場合，経済合理的な判断としての分配率でいうと，Aは1,000円すべ
てを手にして，Bには何も渡さないのが正解である。Bとは未知で顔も見え
ず，後で会うこともないし，仕返しされることもない。実際に実験ゲームと
して行った場合，Aはどのような分配率でBで分け合うであろうか。

　実験の結果，経済合理性に基づいてAが1,000円すべてを取り一人占めす
るのは少数で，全体の約30%であった。残りの70%の人は，Bにも分配す
る。その分配率は最後通牒ゲームよりも低いが，平均すると7対3か8対2
となる。なかには，半分ずつに分ける人もいる。

　その心理は，経済合理性から考えると疑問であるが，対人関係的に考える
と説明がつく。それは，同じゲームに参加している相手への思いやりや，実
験を仕切っている実験者の目への配慮などがあり，それが独裁者ゲームを独
裁的に行うことを躊躇させていると考えられる。人の持つ進化上獲得した利
他性や公平性が働いているとする進化心理学者もいる。

文　献

■第1章

Bruner, J. S. & Goodman, C. C. (1974) Value and need as organizing factors in perception. *Journal of abnormal and social psychology*, **42**, 33-44.

Cohen, C. E. (1981) Person categories and social perception: Testing some boundaries of the processing effects of prior knowledge. *Journal of Personality and Social Psychology*, **40**, 441-452.

Festinger, L. (1957) *A theory of cognitive dissonance*. Row, Peterson. ［末永俊郎監訳（1965）認知的不協和の理論：社会心理学序説．誠信書房］

Festinger, L. & Carlsmith. J. M. (1959) Cognitive consequences of forced compliance. *Journal of Abnormal and Social Psychology*, **58**, 203-210.

Hamilton, D. L. & Gifford, R. K. (1976) Illusory correlation in interpersonal perception: A cognitive basis of stereotypic judgement. *Journal of Experimental Social Psychology*, **12**, 392-407.

Heider, F. & Simmel, M. (1944) An experimental study of apparent behavior. *American Journal of Psychology*, **57**, 243-259.

Kahneman, D., Slovic, P., & Tversky, A. (Eds.) (1982) *Judgment under uncertainty : Heuristics and biases*. Cambridge University Press.

La Piere, R. T. (1934) Attitudes vs. actions. *Social Forces*, **13**, 230-237.

Lau, R. R. & Russell, D. (1980) Attributions in the sports pages. *Journal of Personality and Social Psychology*, **39**, 29-38.

内閣府（2018）我が国と諸外国の若者の意識に関する調査（平成 30 年度）［https://www8.cao.go.jp/youth/kenkyu/ishiki/h30/pdf/s2-1.pdf］（2022 年 9 月 12 日確認）

Masuda, T., Ellsworth, P. C., & Mesquita, B. (2008) Placing the face in context: Cultural differences in the perception of facial emotion. *Journal of Personality and Social Psychology*, **94**(3), 365-381.

Nisbett, R. E. (2003) *The geography of thought: How Asians and Westerners think differently and why*. Free Press

Simons, D. J. & Chabris, C. F. (1999) Gorillas in our midst: Sustained inattentional blindness for dynamic events. *Perception*, **28**, 1059-1074.

Tversky, A. & Kahneman, D. (1973) *Availability: A heuristic for judging frequency and probability, cognitive psychology, vol.*4. pp.207-232.

Wason, P. C. & Johnson-Laird, P. N. (1972) *Psychology of reasoning: Structure and content*. Batsford.

■第2章

Aronson, E., Willerman, B., & Floyd, J. (1966) The effect of a pratfall on interpersonal attractiveness. *Psychonomic Science*, **4**, 227-228.

Berglas, S. & Jones, E. E. (1978) Drug choice as a self-handicapping strategy in response to non-nontingent success. *Journal of Personality and Social Psychology*, **36**, 405-417.

Bushman, B. J., Baumeister, R. F., Thomaes, S., Ryu, E., Begeer, S., & West, S. G. (2009) Looking again, and harder, for a link between low self-esteem and aggression. *Journal of Personality, 2, 2009.*

Festinger, L. (1954) A theory of social comparison processes. *Human Relations, 7,* 117-140.

Harré N., Hoster, S. & O'Neill, M. (2005) Self-enhancement, crash-risk optimism and the impact of safety advertisements on your drivers. *British Journal of Psychology, 96,* 215-230.

Hass, R. G. (1984) Perspective taking and self-awareness: Drawing and E on your forehead. *Journal of Personality and Social Psychology, 46*(4), 788-798.

Kruger, J., Dunning, D. (1999). Unskilled and Unaware of it : How difficulties in recognizing one's own incompetence lead to inflated self-assessments, *Journal of Personality and Social Psychology, 77,* 1121-1134.

Langer, E. J. (1975) The illusion of control. *Journal of Personality and Social Psychology, 32,* 311-328.

Lau, R. R. & Russell, D. (1980) Attributions in the sports pages. *Journal of Personality and Social Psychology, 39,* 29-38.

Leary, M. R., Tambor, E. S., Terdal, S. K., & Downs, D. L. (1995). Self-esteem as an interpersonal monitor: The sociometer hypothesis. *Journal of Personality and Social Psychology, 68,* 518-530.

Morse, S. J. & Gergen, K. J. (1970) Social comparison, self-consistency, and the concept of self. *Journal of Personality and Social Psychology, 16* 148-156.

内閣府（2019a）我が国と諸外国の若者の意識に関する調査

内閣府（2019b）若者の体力・容姿に対する誇りの日米比較

Rogers, T. B., Kuiper, N. A. & Kirker, W. S. (1977) Self-reference and the encoding of personal information. *Journal of Personality and Social Psychology, 35,* 677-688.

Rosenberg, M. (1965) *Society and the adolescent self-image.* Princeton University Press.

Ross L. D., Amabile, T. M. & Steinmetz, J. L. (1977) Social roles, social control, and biases in social-perception processes. *Journal of Personality and Social Psychology, 35,* 486-494.

Ross, M. & Sicoly, F. (1979) Egocentic biases in availability and attribution. *Journal of Personality and Social Psychology, 37,* 322-336.

Scheier, M. F. (1980) Effects of public and private self-consciousness on public expression of beliefs. *Journal of Personality and Social Psychology, 39,* 514-521.

Taylor, S. E. & Brown, J. D. (1988) Illusion and well-being: A social psychological perspective on mental health. *Psychological Bulletin, 103,* 193-210.

Tesser, A. & Paulhus, D. (1983) The definition of self: Private and public self-evaluation maintenance strategies. *Journal of personality and Social Psychology, 44,* 672-682.

■第 3 章

Asch, S. E. (1946) Forming impressions of personality. *Journal of Personality and Social Psychology, 41,* 258-290.

Baron-Cohen, S., Leslie, A.M., & Frith, U. (1985) Does the autistic child have a "theory of mind"? *Cognition, 21,* 37-46.

Higgins, E. T., Rholes, W. S., & Jones, C. R. (1977) Category accessibility and impression formation. *Journal of Experimental Social Psychology, 13,* 141-154.

Jones, E. E. (1964) *Ingratiation*. Appleton-century-crofts.

Jones, E. E. & Davis, K. E. (1965) From acts to dispositions: The attribution process in person perception. In L. Berkowitz(ed.), *Advances in experimental social psychology, vol.2*. Academic Press.

Jones, E. E., Gergen, K. J., Gumpert, P., & Thibaut, J. W. (1965) Some conditions affecting the use of ingratiation to influence performance evaluation. *Journal of Personality and Social Psychology*, **1**, 613-625.

Kelley, H. H. (1950) The warm-cold variables in first impressions of persons. *Journal of Personality*, **18**, 431-439.

Loftus, E. F. (1979) *Eyewitness testimony*. Harvard University Press. ［西本武彦訳 (1987) 目撃者の証言. 誠信書房］

Luchins, A. S. (1958) Definitiveness of impression and primacy-recency in communications. *Journal of Social Psychology*, **48**, 275-290.

Nisbett, R. E., Caputo, C., Legant, P. & Maracek, J. (1973) Behavior as seen by the actor and as seen by the observer. *Journal of Personality and Social Psychology*, **27**, 154-164.

Snyder, M. (1987) *Public appearances/private realities: The psychology of self-monitoring*. Freeman. ［齊藤勇監訳 (1998) カメレオン人間の性格──セルフ・モニタリングの心理学. 川島書店］

Taylor, S. E. & Fiske, S. T. (1975) Point of view and perception of causality. *Journal of Personality and Social Psychology*, **32**. 439-445.

Wimmer, H. & Perner, J. (1983) Beliefs about beliefs: Representation and constraining function of wrong beliefs in young children's understanding of deception. *Cognition*, **13**, 103-128.

■第 4 章

Ainsworth, M. D. S., Bleher, M. G., Waters, E. & Wall, S. (1978) *Patterns of attachment: A psychological study of the strange situation*. Erlbaum.

Baron-Cohen, S., Leslie, A. M., & Frith, U. (1985) Does the autistic child have a theory of mind? *Cognition*, **21**, 37-46.

Bartlett, M. & DaSteno, D. (2006) Gratitude and prosocial behavior: Helping when it costs you. *Psychological Science*, **17**, 319-25.

Bowlby, J. (1969) *Attachment and loss, vol.1. Attachment*. Hogarth press. ［黒田実郎他訳 (1991) 母子関係理論 I　愛着行動. 岩崎学術出版社］

Cacioppo, J. I. & Petty, R. E. (1981) Electromyograms as measures of extent and affectivity of information processing. *American Psychologist*, **36**, 441-456.

Cannon, W. B. (1927) The James-Lange theory of emotion. *American Journal of Psychology*, **39**, 106-124.

Cornelius, R. R. (1996) *The science of emotion: Research and tradition in the psychology of emotions*. Prentice-Hall. ［齊藤勇監訳 (1999) 感情の科学──心理学は感情をどこまで理解できたか. 誠信書房］

Ekman, P. (1966) *Darwin and facial expression*. Academic press.

Ekman, P. (1973) *Darwin and facial expression: A century of research in review*. Academic Press.

Fantz, R. L. (1961) The origin of form perception. *Scientific American*, **204**(5), 66-72.

Greenberg, J., Pyszczynski, T., Solomon, S., Rosenblatt, A., Veeder, M., Kirkland, S., & Lyon, D. (1990) Evidence for terror management theory Ⅱ : The effects of mortality salience on reactions to those who threaten of bolster the cultural worldview. *Journal of Personality and Social Psychology*, **58**, 308-318.

Hansen, C. H. & Hansen, R. D. (1988) Finding the face in the crowd: An anger superiority effect. *Journal of Personality and Social Psychology*, **54**, 917-924.

Harlow, H. F. & Harlow M.K. (1962) Social deprivation in monkeys. *Scientific American*, **207**, 136-146.

Harlow, H. F. & Zimmermann, R. R. (1959) Affectional responses in the infant monkey. *Science*, **130**, 421-432.

Holmes, T. H. & Rahe, R. H. (1967) The social readjustment rating scale. *Journal of Psychosomatic Research*, **11**, 213-218.

Kahneman, D., Fredrickson, B. L., Schreiber, C. A., & Redeimeier, D. A. (1993) When more pain is preferred to less: Adding a better end. *Psychological Science*, **4**, 401-405.

Pennebaker, J. W. & Beall, S. K. (1986) Confronting a traumatic event: Toward an understanding of inhibition and disease. *Journal of Subnormal Psychology*, **95**(3), 274-281.

齊藤勇 (1990) 対人感情の心理学. 誠信書房

Seligman, M. E. P. (2011) *Flourish: A visionary new understanding of happiness and well-being, and how to achieve them*. Ink Well Management. [宇野カオリ監訳 (2014) ポジティブ心理学の挑戦――"幸福"から"持続的幸福"へ. ディスカヴァー・トゥエンティワン]

Schachter, S. & Singer, J. (1962) Cognitive, social and physiological determinants of emotional state. *Psychological Review*, **69**, 379-399.

Zimbardo, P. G. (1977) *Shyness: What it is, what to do about it*. Addison Wesley.

■第5章

アドラー, A.著／高橋堆治訳 (1983) 子どもの劣等感――問題児の分析と教育. 誠信書房

Atkinson, J. W. & Litwin, G. H. (1960) The achievement motive and test anxiety conceived as motive to approach success and motive to avoid failure. *Journal of Abnormal and Social Psychology*, **60**, 27-36.

Berke, R. L. (2000, September 12) Democrats see, and smell, "rats" in GOP ad. *New York Times on the Web*. www.nytimes.com

Cialdini, R. B., Borden, R. J., Thorne, A. & Slan, L. R. (1976) Basking in reflected glory: Three (football) field studies. *Journal of Psersonality and Social Psychology*, **34**(3), 366-375.

Dweck, C. S. (2006) *Mindset*. Penguin Random House.

Freud, S. (1917) *Vorlesungen zur einfuhlung in die psychoanalyse*. [懸田克躬・高橋義孝訳 (1972) 精神分析学入門. フロイト著作集１. 人文書院]

Freud, S. (1933) *Neue folge der vorlesungen zur einfuhlung in die psychoanalyse*. [懸田克躬・高橋義孝訳 (1972) 精神分析学入門. フロイト著作集１. 人文書院]

Greenwald, A .G. & Banaji, M. R. (1995) Implicit social cognition: Attitudes, self-esteem, and stereotypes. *Psychological Review*, **102**, 4-27.

Horner, M. S. (1972) Toward an understanding of achievement-related conflicts in women. *Journal of Social Issues*, **28**, 157-176.

Langer, E. J. & Rodin, J. (1976) The effects of choice and enhanced personal responsibility for the aged: A field experiment in an institutional setting. *Journal of Personality and Social Psychology*, **34**(2), 191-198.

Maslow, A. H. (1970) *Motivation and personality*. Harper & Row. ［小口忠彦監訳（1987）人間性の心理学──モチベーションとパーソナリティ．産業能率短大出版部］

McClelland, D. C., Atkinson, J. W., Clark, R. A. & Lowell, E. L. (1953) *The achievement motive*. Appleton-Century-Crofts.

McClelland, D. C., & Burnham, D. H. (1976) Power is the great motivator. *Harvard Business Review*, **54**, 100-110.

McDougall, W. (1908) *Introduction to social psychology*. Methuen.

Murray, H. A. (1938) *Explorations in personality*. Oxford University Press. ［外林大作訳編（1961）パーソナリティ．誠信書房］

Triplett, N. (1898) The dynamogenic factors in pacemaking and competition. *The American Journal of Psychology*, **9**, 507-533.

Weiner, B., Heckhausen, H., Mayer, W. U. & Cook, R. E. (1972) Causal ascriptions and achievement behavior : A conceptual analysis of effort and reanalysis of locus of locus of control. *Journal of Personality and Social Psychology*, **21**, 239-248.

■第 6 章

Argyle, M., Henderson, M., Bond, M. H., Iizuka Y. & Contarello, A. (1986) Cross-cultural variations in relationship rules. *International Journal of Psychology*, **21**, 287-315.

Cialdini, R. B., Vincent, J. E., Lewis, S. K., Catalan, J., Wheeler, D., & Danby, B. L. (1975) Reciprocal concessions procedure for inducing compliance: The door-in-the-face technique. *Journal of Personality and Social Psychology*, **31**-206-215.

Freedman, L. & Fraser, S. C. (1966) Compliance without pressure: The foot-in-the door technique. *Journal of Personality and Social Psychology*, **4**, 195-202.

Hovland, C. I., Lumsdaine, A. A., & Sheffield, F. D. (1949) Experiments on mass communication. *Studies in social psychology in World war II*. Princeton University Press.

Hovland, C. I. & Weiss, W. (1951) The influence of source credibility on communication effectiveness. *Public Opinion Quarterly*, **15**, 635-650.

Janis, I. & Feshbach, S. (1953) Effects of fear-arousing communications. *Journal of Abnormal and Social Psychology*, **48**, 78-92.

Janis, I. L., Kaye, D. & Kirschner, P. (1965) Facilitating effects of "eating-while-reading" on responsiveness to persuasive communications. *Journal of Personality and Social Psychology*, **1**, 181-186.

Janis, I. L. & King, B. T. (1954) The influence of role playing on opinion change. *Journal of Adnormal and Social Psychology*, **49**, 211-218.

Jones, E. E. & Harris, V. A. (1967) The attribution of attitudes. *Journal of Experimental Social Psychology*, **3**, 1-24.

McGuire, W. J. & Papageorgis, D. (1961) The relative efficiency of various types of prior belief-defense in producing immunity against persuasion. *Journal of Abnormal and Social Psychology*, **62**, 327-337.

Petty, R. E. & Cacioppo, J. T. (1986) The elaboration likelihood model of persuasion. In L.

Berkowitz (Ed .), *Advances in experimental social psychology*. Academic Press.

Petty, R. E., Cacioppo, J. T., & Goldman, R. (1981) Personal involvement as a determinant of argument-based persuasion. *Journal of Experimental Social Psychology*, **41**, 847-855.

■第 7 章

Argyle, M. & Dean, J. (1965) Eye-contact, distance of affiliation. *Socimwtry*, **28**, 289-304

Barnlund, D. C. (1973) *Public and private self in Japan and the United States*. The Simul Press. [西山千訳 (1973) 日本人の表現構造——ことば・しぐさ・カルチュアサイマル出版会]

Burgoon, J. K., Buller, D. B., & Woodall, W. G. (1989) *Nonverbal communication: The unspoken dialogue*. Harper and Row.

Cook, M. (1970) Experiments on orientation and proxemics. *Human Relations*, **23**, 61-76.

Hess, E. H. (1971) Attitude and pupil size. In R. C. Atkinson, *Contemporary personal psychology*. Freeman and company.

Hall, E. T. (1966) *The hidden dimension*. Doubleday.

Kraut, R. E. & Johnston, R. E. (1979) Social and emotional messages of smiling: An ethological approach. *Journal of Personality and Social Psychology*, **37**, 1539-1553.

Matarazzo, J. D., Saslow, G., Wiens, A. N., Weitmsn, M., & Allen, B. V. (1964) Interviewer head nodding and interviewee speech durations. *Psychotherapy: Theory, Research and Practice*, **1**, 54-63.

Rosenberg, B. G. & Langer, J. (1965) A study of postural-gestural communication. *Journal of Personality and Social Psychology*, **2**, 593-597.

Rosenthal, R. & Jacobson, L. (1968) Teacher expectations for the disadvantaged. *Scientific American*, **218**, 19-23.

Sussmann, N. M. & Rosenfeld, H. M. (1982) Influences of culture, language, and sex on conversational distance. *Journal of Personality and Social Psychology*. **42**(1), 66-74.

■第 8 章

Altman, I. & Haythorn, W. W.(1965) Interpersonal exchange in isolation. *Sociometry*, **23**, 411-426.

Aronson, E. & Linder, D. (1965) Gain and loss of esteem as determinants of interpersonal attractiveness. *Journal of Expimental Social Psychology*, **1**, 156-171.

Baumeister, R. F. & Leary, M. R. (1995) The need to belong: Desire for interpersonal attachment as a fundamental human motivation. *Psychological Bulletin*, **117**, 497-529.

Byrne, D. & Nelson, D. (1965) Attraction as a linear function of proportion of positive reinforcements. *Journal of Personality and Social Psychology*, **1**(6), 659-663.

Dion, K. K. (1972) Physical attractiveness and evaluation of children's transgressions. *Journal of Personality and Social Psychology*, **24**, 207-213.

Dunbar, R. (2021) *Friends understanding the power of our most important relationships*. Little Brown.

Festinger, L., Schachter, S., & Beck, K. (1950) *Social pressures in informal groups: A study of housing community*. Harper.

Gergen, K. J., Ellsworth, P., Maslach, C., & Seipel, M. (1975) Obligation, donor resources, and reactions to aid in three cultures. *Journal of Personality and Social Psychology*, **31**, 390-400.

Heider, F. (1958) *The psychology of interpersonal relations.* John Willey.〔大橋正夫訳（1978）対人関係の心理学.　誠信書房〕

内閣府（2018）我が国と諸外国の若者の意識に関する調査（平成 30 年度）〔https://www8.cao.go.jp/youth/kenkyu/ishiki/h30/pdf-index.html〕（2022 年 9 月 20 日確認）

Rubin, Z. (1975) Disclosing oneself to a stranger: Reciprocitiy and its limits. *Journal of Personality and Social Psychology,* **11**, 233-260.

Schachter, S. (1959) *The Psychology of affiliation: Experimental studies of the sources of gregariousness.* Stanford University Press.

Snyder, M., Gangestad, S., & Simpson, J. A. (1983) Choosing friends as activity partners: The role of self-monitoring. *Journal of Personality and Social Psychology,* **45**, 1061-1072.

Williams, K. D., Cheung, C. K. T., & Choi, W. (2000). Cyberostracism: Effects of being ignored over the internet. *Journal of Personality and Social Psychology,* **79**, 748-762.

Zajonc, R. B. (1968) Attitudinal effects of mere exposure. *Journal of Personality and Social Psychology, Monograph Supplement,* **9**, 1-27.

■第 9 章

Aronson, E. & Linder, D. (1965) Gain and loss of esteem as determinants of interpersonal attractiveness. *Journal of Personality and Social Psychology,* **1**, 659-663.

Bowlby, J. (1969/1991) *Attachment and loss : Vol.1. Attachment.* Penguin Books.〔黒田実郎ほか訳（1976/1991）母子関係の理論 1　愛着行動.　岩崎学術出版社〕

Byrne, D. & Nelson, D. (1965) Attraction as a linear function of proportion of positive reinforcements. *Journal of Personality and Social Psychology,* **1**, 659-663.

Clark, R. D., & Hatfield, E. (1989) Gender differences in receptivity to sexual offers. *Journal of Psychology and Human Sexuality,* **2**, 39-55.

Davis, K. E. (1985) Near and dear: Friendship and love compared. *Psychology Today,* **19**, 22-30.

Dutton, D. G., & Aron, A. P. (1974) Some evidence for heightened sexual attraction under condition of high anxiety. *Journal of Personality and Social Psychology,* **30**, 510-517.

Gergen, K. J., Gergen, M. M., & Barton, W. H. (1973) Deviance in the dark. *Psychology Today,* **10**, 129-130.

Hatfield, E. & Wlster, G. W. (1978) *A new look at love.* University Press of America.〔齊藤勇監訳（1999）恋愛心理学.　川島書店〕

Hazan, C. & Shaver, P. R. (1987) Romantic love conceptualized as an attachment process. *Journal of Personality and Social Psychology,* **52**, 511-524.

Heider, F. (1958) *The psychology of interpersonal relations.* John Willey.〔大橋正夫訳（1978）対人関係の心理学.　誠信書房〕

法務省（2020）「協議離婚制度に関する調査研究業務」報告書.〔https://www.moj.go.jp/content/001346483.pdf〕（2022 年 9 月 20 日確認）

花王（2021）日本人女性の「平均顔」と印象による顔の特徴を解析.　粧業日報, 2021 年 2 月 5 日号

Kenrick, D. T., Growth, G. R., Trost, M. R., & Sadalla, E. K. (1993) Integrating evolutionary and social exchange perspectives on relationships: Effects of gender, self-appraisal, and involvement level on mate selection criteria. *Journal of Personality and Social Psychology,*

64, 951-969.

Lee, J. A. (1973) *The colors of love: An exploration of the ways of loving.* New Press.

Murstein, B. I. (1972) Physical attraction and marital choice. *Journal of Personality and Social Psychology,* **22**, 8-12.

内閣府 (2005a) 少子化社会に関する国際意識調査報告書.

内閣府 (2005b) 結婚相手や同性相手との出会いのきっかけ.

内閣府 (2005c) 平成 17 年度　国民生活選好度調査――国民の意識とニーズ.

内閣府 (2010) 少子化社会に関する国際意識調査報告書.

内閣府 (2011) 結婚・家庭形成に関する調査報告書.

内閣府 (2015) 少子化社会に関する国際意識調査報告書.

内閣府 (2018) 我が国と諸外国の若者の意識に関する調査

内閣府 (2022) 令和 4 年版男女共同参画白書. [https://www.gender.go.jp/about_danjo/whitepaper/r04/zentai/index.html] (2022 年 9 月 20 日確認)

Rubin, Z. (1970) Measurement of romantic love. *Journal of Personality and Social Psychology,* **16**, 265-273.

Schacter, S. (1964) The interaction of cognitive and physiological determinants of emotional state. In L. Berkowitz (Ed.), *Advances in experimental social psychology, Vol.1.* Academic Press. pp.49-79.

Singh, D. (1993) Adaptive significance of female physical attractiveness: Role of waist-to-hip ratio. *Journal of Personality and Social Psychology,* **65**, 293-307.

Sternberg, R. J. (1986) A triangular theory of love. *Psychological Review,* **93**, 119-135.

Walster, E. (1965) The effect of self-esteem on romantic liking. *Journal of Experimental Social Psychology,* **1**, 184-197.

Walster, E. (1965) The effect of self-esteem on romantic liking. *Journal of Personality and Social Psychology,* **1**, 184-197.

Walster, E., Aronson, V., Abrahams, D., & Rottmann, L. (1966) Importance of psysical attractiveness in dating behavior. *Journal of Personality and Social Psychology,* **4**, 508-516.

Zanna, M. P. & Pack, S. J. (1975) On the self-fulfilling nature of apparent sex differences in behavior. *Journal of Eexperimental Social Psychology,* **11**, 583-591.

Zajonc, R, B. (1968) Attitudinal effects of mere exposure. *Journal of Personality and Social Psychology. Monograph Supplement,* **9**, 1-27.

■第 10 章

Baron, R. A. & Byrne, D. (1977/1984) *Social psychology: Understanding human interaction.* Allyn & Bacon.

Batson, C. D., Duncan, B. D., Ackerman, P., Buckley, T., & Birch, K. (1981) Is empathic emotion a source of altruistic motivation? *Journal of Personality and Social Psychology,* **40**, 290-302.

Berkman, L. F. & Syme, S. L. (1979) Social networks, host resistance, and mortality：A nine-year follow-up study of Alameda county residents. *American Journal of Epidemiology,* **109**, 186-204.

Charities Aid Foundation (2018) *World Giving Index.*

Cohen, S. & Wills, T. A. (1985) Stress, social support, and the buffering hypothesis. *Psycho-*

logical Bulletin, **98**, 310-357.

Cunningham, M. R., Jegerski, J., Gruder, C. L., & Barbee, A. P. (1995) Helping in different social relationships: *Christy begins at home.* Unpublished Manuscript. University of Louisville, Department of Psychology.

Cunningham, M. R., Steinberg, J., & Grev, R. (1980) Wanting to and having to help: Separate motivations for positive mood and guilt-induced helping. *Journal of Personality and Social Psychology*, **38**, 181-192.

Darley, J. M. & Latané, B. (1968) Bystander intervention in emergencies: Diffusion of responsibility. *Journal of Personality and Social Psychology*, **8**, 377-383.

Deutsch, M. (1973) *The resolution of conflict: Constructive and destructive processes.* Yale University Press.

Deutsch, M. & Krauss, R. M. (1960) The effect of threat upon interpersonal bargaining. *Journal of Personality and Social Psychology*, **61**, 181-189.

Gergen, K. J. & Gergen, M. M. (1981) *Social psychology.* HBJ (Hartcourt Brace. Jovanovic).

Jecker, J. & Landy, D. (1969) Liking a person as a function of doing him a favour. *Human Relations*, **22**, 371-378.

Latané, B. & Darley, J. M. (1968) Group inhibition of bystander intervention in emergencies. *Journal of Personality and Social Psychology*, **10**, 215-221.

Latané, B. & Wolf, S. (1981) The social impact of majorities and minorities. *Psychological Review*, **88**, 438-453.

Mathews, K. E. Jr. & Canon, L. K. (1975) Environmental noise level as a determinant of helping behavior. *Journal of Personality and Social Psychology*, **32**, 571-577.

Mintz, A. (1951) Non-adaptive group behavior. *Journal of Abnormal and Social Psychology*, **46**, 150-159.

内閣府 (2018) 我が国と諸外国の若者の意識に関する調査.

Raven, B. H. & Eachus, H. T. (1963) Cooperation and competition in means-interdependent triads. *Journal of Abnormal and Social Psychology*, **67**, 307-316.

Raven, B. H. & Rubin, J. Z. (1983) *Social psychology. (2nd ed.).* John Wiley & Sons.

Williams, K. B. & Williams, K. D. (1983) Social inhibition and asking for help: The effects of number, strength, and immediacy of potential help givers. *Journal of Personality and Social Psychology*, **44**, 67-77.

■第 11 章

Bandura, J., Ross, D., & Ross, S. (1963) Imitation of film-mediated aggressive models. *Journal of Abnormal and Social Psychology*, **66**, 3-11.

Bandura, A. (Ed.) (1971) *Psychological modeling: Conficting theories.* Atherton.［原野広太郎・福島脩美訳 (1975) モデリングの心理学——観察学習の理論途方法. 金子書房］

Baron, R. A. & Byrne, D. (1977/1964) *Social psychology: Understanding human interaction.* Allyn Bacon.

Berkowitz, L. (1989) Frustration-aggression hypothesis: Examination and reformulation. *Psychological Bulletin*, **106**, 59-73.

Berkowitz, L., Cochran, S., & Embree, M. (1981) Physical pain and the goal of aversively stimulated aggression. *Journal of Personality and Social Experimental Social Psychology*,

40, 687-700.

Berkowitz, L., & Geen, R. G. (1967) Stimulus qualities of the target of aggression: A further study. *Journal of Personality and Social Psychology*, **5**, 364-368.

Bjorkqvist, K., Lagerspetz, K. M. J., & Kaukiainen, A. (1992) Do girls manipulate and boys fight? Developmental trends regarding direct and indirect aggression. *Aggressive Behavior*, **18**, 117-127.

Buss, A. H. (1971) Aggression pays. In I. J. L. Singer (Ed.), *The control of aggressionand violence*. Academic Press.

Dallard, J., Doob, L. W., Miller, N. E., Mowrer, O. H., & Sears, R. R. (1939) *Frustration and aggression*. Yale University Press. [宇津木保訳 (1959) 欲求不満と暴力. 誠信書房]

Milgram, S. (1974) *Obedience to authority*. Harper & Row.

厚生労働省 (2022) 人口動態調査.

OECD (2014) *How was life?*

Raven, B. H. & Rubin, J. Z. (1983) *Social psychology. (2nd ed.)*. John Wiley & Sons.

Turner, C. W., Layton, J. F. & Simons, L. S. (1975) Naturalistic studies of aggressive behavior: Aggressive stimuli, victim visibility, and horn honking. *Journal of Personality and Social Psychology*, **31**, 1098-1107.

Zillman, D., Katcher, A. H., & Milavsky, B. (1972) Excitation transfer from physical exercise to subsequent aggressive behavior. *Journal of Experimental Social Psychology*, **8**, 247-259.

Zimbardo, P. (1969) The human choice: Individuation, reason and order versus individuation, impulse and chaos. *Nebraska Symposium on Motivation*. University of Nebraska Press.

Zimbardo, P. G., Haney, C., Banks, W. C., & Jaffe, D. (1977) The psychology of imprisonment: Privation, power and pathology. In J. C. Brigham & L. S. Wrightsman (Eds.), *Contemporary issues in social psychology, 3rd ed.* Cole Publishing Company. pp. 202-216.

■第 12 章

Asch, S. E. (1953) Effects of group pressure upon the modification and distortion of judgments. In D. Cartwright & A. Zander (Eds.), *Group dynamics*. Harper. pp. 151-162.

Festinger, (1951) Interpersonal communication in small group. *Journal of Abnormal and Social Psychology*, **46**, 92-99.

Fiedler, F. E. (1967) *A theory of leadership effectiveness*. McGraw-Hill.

Hofling, C. K., Brotzman, E., Dalrymple, S., Graves, N., & Pierce, C. (1966) An experimental study of nurse-physician relations. *Journal of Nervous and Mental Disease*, **143**, 171-180.

Hollander, E. P. (1967) *Principles and method of social psychology*. Oxford University Press.

Kipnis, D. (1972) Does power corrupt? *Journal of Personality and Social Psychology*, **24**, 33-41.

Latané, B., Williams, K. & Harkins, S. (1979) Many bands make light the work: The causes and consequences of social loafing. *Journal of Personality and Social Psychology*, **37**, 822-832.

Leavitt, H. J. (1951) Some effects of certain communication patterns on group performance. *Journal of Abnormal and Social Psychology*, **46**, 38-50.

Lewin, K. (1953) Studies in group decision. In D. Cartwright & A. Zander (Eds.), *Group dynamics: Research and theory*. Tavistock.

Mausner, B. (1954) The effect of one partner's success in a relevant task on the interaction of observer pairs. *Journal of Abnormal and Social Psycholog*, **49**, 557-560.

Mausner, B. (1954) The effect of prior reinforcement on the interaction of observer pairs, *Journal of Abnormal and Social Psycholog*, **49**, 65-68.

三隅二不二 (1984) リーダーシップ行動の科学 (改訂版). 有斐閣

Moscovici, S., Lage, E., & Naffrechoux, M. (1969) Influence of a consistent minority on the responses of a majority in a color perception task. *Sociometry*, **32**, 365-380.

Sherif, M. (1935) A study of some social factors in perception. *Archives of Psychology*, **187**.

Sherif, M., Harvey, O. J., White, B. J., Hood, W. R., & Sherif, C. W. (1961) *Intergroup conflict and cooperation: The robbers cave experiment*. Institute of Group Relations.

Sherif, M. & Sherif, C. W. (1969) *Social psychology*. harper & Row.

Wallach, M. A., Kogan, N. & Bem, D. J. (1962) Group influence on individual risk taking. *Journal of Abnormal and Social Psycholog*, **65**, 75-86.

White, R. & Lippitt, R. (1960) *Autocracy and democracy*. Harper and Row.

■第 13 章

Brehm, J. W. (1966) *A theory of psychological reactance*. Academic Press.

DeSteno, D. (2018). *Emotional Success: The power of gratitude, compassion, and pride*. Houghton Mifflin Harcourt.

Festinger, L. (1957) *A theory of cognitive dissonance*. Row, Peterson. [末永俊郎監訳 (1965) 認知的不協和の理論――社会心理学序説. 誠信書房]

Guth, W., Schmittberger, R., & Schwarze, B. (1982) An experimental analysis of ultimatum bargaining. *Journal of Economic Behavior and Organization*, **3**, 367-388.

Iyenger, S. S. & Lepper, M. R. (2000) When choice is demotivating: Can one desire too much of a good thing. *Journal of Personality and Social Psychology*, **79**, 995-1006.

Kahneman, D. (2011) *Thinking, fast and slow*. Farrar, Straus and Giroux.

Kahneman, D. & Tversky, A. (1972) Subjective probability: A judgment of representativeness. *Cognitive Psychology*, **3**, 430-454.

小林佳世子 (2021) 最後通牒ゲームの謎――進化心理学からみた行動ゲーム理論入門. 日本評論社

Langer, E. J. (1975) The illusion of control. *Journal of Personality and Social Psychology*, **32**, 311-328.

Leibenstein, H. (1976) *Beyond economic man: A new foundation for microeconomics*. Harvard University Press.

Nisbett, R. E. & Wilson, T. D. (1977) Telling more than we can know: Verbal reports on mental behavior. *Psychological Rreview*, **84**, 231-259.

Tversky, A. & Kahneman, D. (1981) The framing of decisions and the psychology of choice. *Science*, **211**, 453-458.

人名索引

事項索引

サ　行

【著者紹介】

齊藤 勇（さいとう いさむ）

立正大学名誉教授，日本ビジネス心理学会会長，
ミンダナオ国際大学客員教授，文学博士
山梨県生まれ，早稲田大学大学院博士課程単位取得満期退学

主　著　『イラストレート心理学入門』『イラストレート人間関係の心理学』
　　　誠信書房，『日本人の自己呈示の社会心理学的研究』誠信書房，『対人感情
　　　の心理学』誠信書房，『欲求心理学トピックス100』(編) 誠信書房，『経営
　　　心理学トピックス100』(編) 誠信書房，『対人社会心理学重要研究集』全
　　　7巻 (編) 誠信書房，『経営産業心理学パースペクティブ』(編) 誠信書房

イラストレート　社会心理学（しゃかいしんりがく）

2023年11月15日　第1刷発行

著　　者　　齊　藤　　　勇
発　行　者　　柴　田　敏　樹
印　刷　者　　西　澤　道　祐

発　行　所　　株式会社　誠　信　書　房
〒112-0012　東京都文京区大塚 3-20-6
電話　03 (3946) 5666
https://www.seishinshobo.co.jp/

印刷／あづま堂印刷　製本／協栄製本

イラストレート 心理学入門 [第3版]

齊藤 勇 著

心理学の入門書として、また大学の教科書として選ばれ続け、毎年増刷を重ねてきた大好評ロングセラーの第3版。入門的な内容と、かみくだいた解説は踏襲しつつ、性格の特性論や効果的学習法など、注目の研究動向も盛り込んだ。また、心理学史上のエポックメイキングな実験を分かりやすくまとめたトピックスも、イラストと構成を刷新してさらに分かりやすくなった。楽しく読んで、心理学の全体を見渡す知識を身につけることができる。

A5判並製　定価（本体1500円＋税）

イラストレート 人間関係の心理学 [第2版]

齊藤 勇 著

対人心理学に関する実験を紹介したトピックスで定評のあるテキストの第2版。日常の人間関係において生じる心理と行動のプロセスについて、豊富なイラストや図表で解説する。今版では全体の構成は変えずに本文を全面的に書き換え、トピックスも加筆した。人間関係の心理学を学ぶうえで必ず押さえておかなければいけない論点をコンパクトに網羅し、時代の趨勢に合わせ内容を刷新した。

A5判並製　定価（本体1800円＋税）

図説 心理学入門 [第2版]

齊藤 勇 編

はじめて心理学を学ぶ人のために、心理学全般についての基本的な知識が得られるように、ビジュアルにわかりやすく説明した入門書。心理学上の重要な考え方や主要な実験についてはトピックスとして右側の頁にまとめ、どこからでも学べるようになっている。今版では、新たに「臨床心理学」の章を設けるとともに、ほぼ全章で最新の知識を加えるなど、大幅な修正を行なった。

A5判並製　定価(本体1800円＋税)

図説 社会心理学入門

齊藤 勇 編著

好評の『図説 心理学入門』の姉妹編。豊富な図版と約100点のトピックスで、社会心理学を初めて学ぶ人にもわかりやすく、楽しく読み進められるように編集した。本書は、自己、人間関係、集団、文化と大きく四分野に分け、小さな社会から大きな社会へと視点を移せるよう構成し、また、社会心理学の研究方法や主要な理論的背景にも言及した、社会心理学の入門書である。

A5判並製　定価(本体2800円＋税)

人間関係の心理学 [第2版]

齊藤 勇 編

対人関係に関する著名な実験をトピックスとして紹介し解説。楽しく読める社会心理学の入門書として定評を得ている前著の改訂版。

A5判並製　定価(本体2200円＋税)

対人心理学トピックス100

齊藤 勇 編

人間関係に関する社会心理学の知識を集めて、一口話的に独立したトピックスとしてとりあげ、イラスト入りでわかりやすく解説している。むずかしい人間関係を客観的にとらえ、余裕のある人間関係をつくるために、現代心理学がとらえる人間関係を興味深く紹介する。

四六判並製　定価(本体1500円＋税)

日本人の自己呈示の社会心理学的研究
ホンネとタテマエの実証的研究

齊藤 勇 著

謙遜、自己卑下的発言など自分を低く評価する日本人の自己呈示傾向を内心との不一致から検証し、その特徴を明らかにしていく。

A5判上製　定価（本体4500円＋税）

感情の科学
心理学は感情をどこまで理解できたか

R.R.コーネリアス 著
齊藤 勇 監訳

広範、多岐にわたる感情研究を大きく、生理・行動・認知・社会の四つのアプローチに分類、整理し、わかりやすく解説した。諸説に対する反論も交えながら、各アプローチの古典的研究から最近の研究の新しい展開までをバランスよくまとめたテキスト。

A5判並製　定価（本体3800円＋税）

影響力の武器［新版］
人を動かす七つの原理

ロバート・B・チャルディーニ 著
社会行動研究会 監訳

人を動かす6つの原理を導き出した、社会心理学の不朽の名著が満を持して登場！ 人を、社会を、世界を動かす影響力の原理とは。

四六判上製　定価(本体2900円+税)

オンライン・インフルエンス
ビジネスを加速させる行動科学

B・ボウタース / J・フルン 著
社会行動研究会 監訳
益田靖美 訳

『影響力の武器』のチャルディーニら行動科学者の理論を、実際のオンラインビジネスに応用し、改善が実証された方法を具体的に公開。

A5判並製　定価(本体2700円+税)